UN ANÁLISIS PROFUNDO DEL LIBRO DE ISAÍAS

UN ANÁLISIS PROFUNDO DEL LIBRO DE ISAÍAS

DR. ALAN B. STRINGFELLOW

A menos que se indique lo contrario, todas las citas de la Escritura han sido tomadas de la *Santa Biblia, Versión Reina-Valera 1960*, (rvr), © 1960 por las Sociedades Bíblicas en América Latina; © renovado 1988 por las Sociedades Bíblicas Unidas. Usadas con permiso. Todos los derechos reservados.

Algunas definiciones de palabras hebreas y griegas han sido tomadas de las versiones electrónicas de Strong's Exhaustive Concordance of the Bible (© 1980, 1986, y se asignaron a World Bible Publishers, Inc. Todos los derechos reservados) o New American Standard Exhaustive Concordance of the Bible (nasc), (© 1981 por The Lockman Foundation. Todos los derechos reservados.).

Texto en negritas en las citas de la Escritura indican énfasis del autor.

Traducción al español por:
Belmonte Traductores
Manuel de Falla, 2
28300 Aranjuez
Madrid, ESPAÑA
www.belmontetraductores.com

Edición: Ofelia Pérez

Un análisis profundo del libro de Isaías
Un estudio verso a verso

ISBN: 978-1-64123-370-5
eBook ISBN: 978-1-64123-371-2
Impreso en los Estados Unidos de América.
© 2019 por Alan B. Stringfellow

Whitaker House
1030 Hunt Valley Circle
New Kensington, PA 15068
www.whitakerhouse.com

Por favor, envíe sugerencias sobre este libro a: comentarios@whitakerhouse.com.
Ninguna parte de esta publicación podrá ser reproducida o transmitida de ninguna forma o por algún medio electrónico o mecánico; incluyendo fotocopia, grabación o por cualquier sistema de almacenamiento y recuperación sin el permiso previo por escrito de la editorial. En caso de tener alguna pregunta, por favor escríbanos a permissionseditor@whitakerhouse.com.

SOBRE FOTOCOPIAR ESTE LIBRO

Las personas que nunca entrarían en una tienda y robarían un libro no pueden pensar en fotocopiar el mismo libro. Los resultados son iguales. Ambos actos son ilegales. Muchas personas tienen la idea errónea de que hacer copias de material protegido por derechos de autor es legal si es para su uso personal y no para reventa. Hacer copias no autorizadas de cualquier material con derechos de autor para cualquier propósito sin permiso del editor es contrario a la ley federal, y puede resultar en encarcelamiento y multas de hasta $50,000.

Primera Timoteo 5: 17–18 nos indica que le demos al trabajador su salario, específicamente a aquellos que trabajan en la Palabra y la doctrina cristiana. Como editores, tenemos la responsabilidad moral y legal de ver que nuestros autores reciban una compensación justa por sus esfuerzos. Muchos de ellos dependen de los ingresos de la venta de estos libros como su único medio de vida. Entonces, para el caso, también los artistas, impresores y las numerosas personas que trabajan para poner estos libros a su disposición.

Ayúdenos a cumplir con las leyes tanto del hombre como de Dios, al desalentar a quienes copien este material en lugar de comprarlo. Dado que este libro está protegido por leyes y tratados federales de derechos de autor, agradeceríamos que nos notifiquen de cualquier violación.

CONTENIDO

Prefacio 9
    Lección 1: Introducción 11
    Lección 2: Isaías 1–3 21
    Lección 3: Isaías 4–6 34
    Lección 4: Isaías 7–9 46
    Lección 5: Isaías 10–12 60
    Lección 6: Isaías 13–14 71
    Lección 7: Isaías 15–18 81
    Lección 8: Isaías 19–21 91
    Lección 9: Isaías 22–24 102
Lección 10: Isaías 25–27 113
Lección 11: Isaías 28–30 124
Lección 12: Isaías 31–35 137
Lección 13: Isaías 36–39 149
Lección 14: Introducción a la tercera sección de Isaías y capítulo 40 162
Lección 15: Isaías 41–43 173
Lección 16: Isaías 44–48 185
Lección 17: Isaías 49–52 200
Lección 18: Isaías 53–56 211
Lección 19: Isaías 57–61 225
Lección 20: Isaías 62–66 238
Acerca del autor 251

PREFACIO

Este estudio está diseñado para ser utilizado como un currículo formal en el aula o por una persona en el hogar. Para recibir el máximo conocimiento e inspiración durante el próximo curso de estudio, ofrezco este estímulo tanto al maestro como al alumno. Está diseñado para ayudarlo a convertirse en un discípulo disciplinado de la Palabra de Dios.

Para el estudiante

- Lea la parte asignada de la Escritura al final de cada lección.
- Tome notas sobre el estudio de cada semana. Revise sus notas de la semana anterior antes de comenzar cada estudio.
- Marque su Biblia con referencias clave de una Escritura a otra.
- Busque en las Escrituras y marque referencias en clase. Escriba las Escrituras en este libro donde se proveen las líneas.

Prométale al Señor, por lo menos dos o tres horas cada semana, leer la Escritura asignada y hacer su tarea. Use la sección de notas al final de cada lección para escribir cualquier pregunta que surja mientras se prepara para cada lección. Además, anote nuevas ideas que se presenten durante el tiempo de clase.

Ha llegado el momento de que los cristianos que quieren trabajar para el Señor se dediquen al estudio de Su Palabra para dominar los principios bíblicos básicos. Prométase a usted mismo y a Dios que cumplirá con este estándar.

Para el maestro

Si está enseñando este estudio en un aula formal, primero, debe prepararse espiritualmente leyendo el libro de Isaías en su totalidad. Estas Escrituras le asegurarán como maestro que el Espíritu Santo lo guiará y le enseñará mientras estudia Su Palabra y la imparte a sus alumnos.

Mientras enseña el curso, lea los capítulos asignados para la próxima lección. Tome notas y busque referencias de las Escrituras. También debe estar preparado para responder preguntas, agregar información o prometer investigar respuestas a cualquier pregunta de la clase para la que no sepa la respuesta. Además…

- Resalte el tema de cada lección.
- No tenga miedo de ser demasiado elemental para sus alumnos.
- Manténgase en los temas principales, no en los menores.
- Mantenga las lecciones lo más simples posible con todos los grupos de edad.
- Puede agregar ilustraciones e ideas, pero no cambie los puntos principales del esquema.
- Use su propia personalidad y deje que el Espíritu Santo le use mientras enseña.
- Espere que sus alumnos hagan su parte al participar plenamente en la discusión y completar rigurosamente las tareas.

Que Dios los bendiga, alumno y maestro, al comenzar su estudio de *Un análisis profundo del Libro de Isaías*. Deje que el Espíritu Santo les enseñe a ambos.

Lección 1
INTRODUCCIÓN

Al entrar en este estudio del libro de Isaías nos hemos otorgado a nosotros mismos una tarea fenomenal, pero Dios nos ha llamado a enseñar toda su Palabra y Él nos hará suficientes para ello.

LA PARTE PROFÉTICA DE LA BIBLIA

Comenzando con Isaías y continuando por todo el Antiguo Testamento, hay una sección de la Escritura que se llama la Parte Profética de la Biblia. Aunque el elemento predictivo es grande en esta sección, los profetas son algo más que vaticinadores. Realmente eran hombres levantados por Dios en una época decadente, cuando el sacerdote y el rey ya no eran un canal digno mediante el cual pudieran fluir las expresiones de Dios. Estos hombres no solo hablaban de los acontecimientos en el futuro muy lejano, sino que también hablaban de acontecimientos locales en el futuro inmediato. Tenían que hablar de ese modo a fin de calificarse para el oficio de profeta según el código mosaico de Dios:

El profeta que tuviere la presunción de hablar palabra en mi nombre, a quien yo no le haya mandado hablar, o que hablare en nombre de dioses ajenos, el tal profeta morirá. Y si dijeres en tu corazón: ¿Cómo conoceremos la palabra que Jehová no ha hablado?; si el profeta hablare en nombre de Jehová, y no se cumpliere lo que dijo, ni aconteciere, es palabra que Jehová no ha hablado; con presunción la habló el tal profeta; no tengas temor de él. (Deuteronomio 18:20-22)

Una de las mayores evidencias del hecho de que estos hombres estaban declarando las palabras de Dios, está revelada en los cientos de profecías que se han cumplido literalmente. Los hombres no pueden adivinar el futuro. Incluso el hombre del tiempo tiene dificultades para predecir la climatología con un día de antelación. Los ejemplos de cientos de profecías que se han cumplido literalmente parecen ser una apelación genuina a la mente honesta y al buscador sincero de la verdad. La profecía cumplida es una de las pruebas infalibles de la inspiración verbal plenaria de la Escritura.

Los profetas estaban extremadamente dirigidos hacia las naciones. Reprendían el pecado en los lugares elevados al igual que en los bajos. Advertían a las naciones. Rogaban a las personas orgullosas que se humillaran a sí mismas y se volvieran a Dios. En su mensaje tenían lágrimas junto con una gran cantidad de fuego, que no era solamente de pesimismo, porque vieron el día del Señor y la gloria que seguiría. Todos ellos miraban a través de la oscuridad al amanecer de un nuevo día.

EL HOMBRE ISAÍAS

Sabemos muy poco sobre el hombre Isaías. El mundo conoce poco sobre sus grandes hombres. Incluso conocemos muy poco sobre Shakespeare y no sabemos prácticamente nada de Homero. Lo mismo sucede con los profetas. Sabemos poco sobre Amós, Oseas o Isaías. Quizá el Señor ocultó al hombre a fin de que pudiera oírse la voz. Es el mensaje y no el hombre lo que Dios quiere que notemos. Consideremos por un momento al hombre Isaías.

- Isaías era un hombre de ciudad; era un urbanita. Vivió toda su vida en una ciudad. Trabajó en la ciudad. Su largo ministerio de más de cincuenta años fue en una ciudad, desde el año 750 a. C. hasta el 700 a. C. Las referencias de Isaías siempre son desde el punto de vista de un hombre de ciudad.
- Él era el predicador de la corte. Es el primero de una larga línea de predicadores de ciudad: Jeremías, Pablo, etc.

- Su ciudad era Jerusalén. Era un aristócrata; era cultural. La tradición dice que su padre, que era Amoz, era hermano del rey Amasías, quien era el padre de Uzías, el rey. En ese caso, él era un primo hermano del rey (esto podría explicar la primera parte del capítulo 6 cuando lleguemos a ello).
- Isaías parecía sentirse siempre en casa en la corte del rey. Se movía entre los líderes. Se crió en una época de influencia y prosperidad.
- El rey Uzías, de Judá, y Jeroboam, de Israel (el reino del norte), llevaron al pueblo hasta las mayores alturas de la prosperidad. Competían con el poder y la gloria del reino, unido bajo David y Salomón. Relacionados con la prosperidad estaban los vicios que la acompañaban.

Cuando leo el libro de Isaías, pienso en los Estados Unidos. La juventud de nuestra tierra no ha conocido otra cosa sino riqueza y abundancia. Isaías vivió en una época parecida de abundancia financiera, y vio a su pueblo hundirse en el pecado; pero Isaías caminaba con una vestidura de pelo de camello, como Elías, llamando al pueblo al arrepentimiento. Caminaba por Jerusalén vestido así y llamando al pueblo a regresar a Dios.

EL MENSAJE DE ISAÍAS

- Isaías fue un gran genio poético cuando declaraba su mensaje del Señor Dios.
- Fue un gran orador y un perfeccionista con las palabras.
- Sus figuras retóricas vienen del Señor.
- Isaías es el profeta mesiánico del Antiguo Testamento. Él dibuja el nacimiento, la muerte, y la edad dorada del milenio en este libro, 750 años antes de que llegara a pasar.
- Isaías habla del Señor como si Cristo estuviera ahí con él. Habla sobre el Salvador nacido de una virgen, y la crucifixión como si él estuviera presente.

LA FAMILIA DE ISAÍAS

- Isaías tenía una esposa (ver Isaías 8:3) y era padre de dos hijos.
- Su primer hijo se llamaba Sear-jasub (ver Isaías 7:3), que significa "un remanente volverá".
- Su segundo hijo se llamaba Maher-salal-hasbaz, que significa "el despojo se apresura" refiriéndose a un destino apresurado para los enemigos de Judá.

EL NOMBRE DE ISAÍAS

- Isaías significa "la salvación de Jehová".
- Siempre que veamos que el nombre termina en –ías podemos vincularle el nombre de Jehová. Por ejemplo, Jeremías significa "a quien Jehová ha nombrado"; Uzías significa "el poderoso de Jehová"; Sedequías significa "la justicia de Jehová"; Zacarías significa "a quien Jehová recuerda"; Urías significa "la luz de Jehová".
- Por lo tanto, el nombre de Isaías significa "la salvación del Señor Dios".

El libro, tal como está, da toda la evidencia de estar preservado en su orden establecido divinamente. Es solo la ignorancia incrédula la que podría conducir a alguien a pensar en reorganizarlo y diseccionarlo a la manera de los críticos modernos. George Adam Smith, autor de Isaías en la Biblia Expositiva, es el ejemplo más comúnmente conocido entre esa multitud. Es una negativa práctica de inspiración destruir el carácter verdaderamente profético de las partes mesiánicas de la magnífica profecía.

Muchos cristianos profesantes prestan poca o ninguna atención a la palabra profética, pero al descuidar aquello que forma una parte tan grande de las santas Escrituras, equivocan sus propias almas y deshonran a Aquel que dio su Palabra para nuestra edificación y consuelo. El verdadero valor de la profecía es que nos ocupa con una Persona, no meramente con eventos. Esa Persona es nuestro Señor Jesucristo, que vino una vez para sufrir y volverá otra vez para reinar. De estos dos acontecimientos habla Isaías, y de una manera mucho más clara y completa que cualquier otro de los profetas del Antiguo Testamento.

SIMILITUDES ENTRE ISAÍAS Y LA BIBLIA

Quienes están interesados en las cosas curiosas con respecto a la Escritura, han observado por mucho tiempo que en Isaías, en cierto sentido, tenemos la Biblia en miniatura:

- La Biblia consiste en sesenta y seis libros; Isaías tiene sesenta y seis capítulos.
- La Biblia está dividida en dos testamentos, el Antiguo y el Nuevo; Isaías está dividido en dos partes: la primera tiene que ver en gran medida con la condición pasada de Israel y la promesa del Mesías que vendrá, y la segunda habla particularmente de su liberación futura.
- El Antiguo Testamento tiene treinta y nueve libros; la primera mitad de Isaías tiene treinta y nueve capítulos.
- El Nuevo Testamento tiene veintisiete libros; la segunda parte de Isaías tiene veintisiete capítulos.

Estas similitudes, sin duda, son mera coincidencia porque no fue el Espíritu de Dios, sino editores humanos quienes dividieron el libro de este modo. Sin embargo, es interesante y bastante sugerente cuando nos damos cuenta de que Isaías habla de manera muy definida del que es el tema sobresaliente de todas las Escrituras: la salvación de Dios revelada en su bendito Hijo.

Como otros profetas, Isaías escribió según el mandato del Señor y después examinó sus propias Escrituras, las Escrituras disponibles entonces, en cuanto a qué tipo de tiempo profetizaba el Espíritu de Cristo que estaba en él, cuando él testificó de antemano sobre los sufrimientos de Cristo y las glorias que seguirían. La parte que habla de los sufrimientos de Cristo, que tuvo lugar en su primera venida, se ha vuelto sorprendentemente clara a la luz de los Evangelios del Nuevo Testamento.

Con ese trasfondo sobre el hombre y un poco sobre el libro en general, vayamos ahora al trasfondo desde el cual Isaías escribió la profecía.

DIOS Y EL GOBIERNO

No hay ninguna obra de literatura que supere a Isaías en excelencia de oratoria. Él habló desde un trasfondo de la historia que debemos entender brevemente. Para obtener una perspectiva desde la cual Isaías escribió el libro, debemos entender a estos cuatro hombres y recordar un poco sobre ellos. Tomaremos a los hombres e intentaremos entenderlos viendo la vida política y la vida de la nación.

1. Uzías
   - Uzías reinó durante cincuenta y dos años.
   - Era un administrador capaz y dotado, y un estratega militar.
   - Era rey de Judá, el reino del sur, al mismo tiempo que Jeroboam II era rey sobre el reino del norte de Israel, llamado comúnmente Efraín, del que Samaria era la capital. Jerusalén era la capital de Judá.
   - Estos dos hombres, Uzías y Jeroboam, llevaron a la nación de regreso a la gloriosa altura de prosperidad que conoció bajo el reino unido.
   - Uzías prosperó en todo aquello en que ponía sus manos. Lo hizo mientras vivía el profeta Zacarías. Ahora bien, hay veintiocho Zacarías distintos en la Biblia, y cuando pensamos en Zacarías pensamos en el profeta que escribió la undécima de las doce profecías menores en el Antiguo Testamento, el penúltimo libro. Este no es él. Ese Zacarías regresó a Zorobabel desde la cautividad babilónica. Este Zacarías es un profeta desconocido; casi lo único que sabemos es que tenía una influencia tremenda para bien sobre el rey Uzías y, mientras Zacarías vivió, Uzías también sirvió al Señor con fidelidad.

- Cuando Zacarías murió en la vejez de Uzías, él se apartó del Señor. Uzías entró en el templo, el santuario santo de Dios, y buscó apropiarse para sí mismo los servicios que pertenecían a los sacerdotes designados (todo esto se encuentra en 2 Crónicas 26).
- El sumo sacerdote, Azarías, y ochenta de sus sacerdotes, instaron a Uzías a no hacerlo, pero el rey, duro de corazón, estaba decidido a dejar a un lado el ministerio del sacerdote y, cuando lo hizo, fue lleno de lepra y vivió separado y apartado, muriendo como leproso durante el resto de su reinado.
- Fue durante el próspero reinado de Uzías cuando el joven Isaías creció. Fue en el último año de Uzías, el año de su muerte, cuando Isaías vio la gloriosa visión registrada en el capítulo 6.
- Uzías, leproso, apartado y escondido, tenía un hijo; su nombre era Jotam.

2. Jotam
    - Jotam fue corregente con Uzías hasta la muerte de su padre.
    - Jotam era un buen hombre y un buen rey.
    - Continuó la prosperidad que había comenzado bajo su padre.
    - Jotam era un hombre devoto del Señor porque amplió los atrios del templo.
    - Sin duda, Amós y Oseas, profetas del reino del norte, y Miqueas e Isaías, del reino del sur, tuvieron un gran efecto sobre Jotam.

3. Acaz
    - Jotam fue seguido por Acaz, y sin tener una comprensión de Acaz y de la época de Acaz, nunca podríamos entender a Isaías y las palabras que él dio de parte del Señor.
    - El pequeño reino de Judá, en el sur, estaba rodeado de la siguiente manera:
        a. Al oriente estaban Moab y Edom.
        b. Al sur, los antiguos reinos de los faraones egipcios.
        c. Al occidente estaban los estados de Filistea.
        d. Al norte, el estado hostil de Israel conocido como Efraín.
        e. Al noreste estaba Siria con su capital de Damasco.
        f. Al extremo norte, cubriendo el horizonte de un lado a otro, estaba el creciente y colosal imperio de Asiria, con su famosa capital sobre el río Tigris llamada Nínive. Allí, con esplendor oriental, reinaba lo que se llamaba a sí mismo el rey de reyes, ante cuyos ojos el pequeño reino de Judá y Efraín eran como langostas. Este imperio gigantesco contaba por miríadas sus servidores. Sus carros y caballos cubrían tierras como las langostas. Cuatro veces en la vida de Isaías derrocó a Judá esta poderosa fuerza de Asiria.
    - ¿Cómo es que Asiria fue introducida en Judá? ¿Y cómo es que Asiria llegó a la vida política y nacional de Judá? Se produjo mediante este rey Acaz.
    - Peka, el rey de Israel (el reino del norte), y Rezín, rey de Siria, conspiraron para destronar a Acaz y derrocar a Judá, y establecer allí un gobierno marioneta. Esa confrontación se denomina la Guerra Siro-efrainita (registrada en 2 Crónicas 28).
    - Acaz, en lugar de acudir a Dios, se propuso encontrar ayuda de alguna otra fuente. Isaías llegó a Acaz y dijo: "No temas a Peka de Israel o a Rezín de Siria, pues son dos cabos de tizón que humean" (ver Isaías 7:4).
    - Isaías le dijo a Acaz que confiara en Dios y que Él destruiría a Peka y Rezín, pero Acaz ya había propuesto en su corazón alguna otra forma de ayuda. Isaías acudió ante él y dijo: *"Pide para ti señal de Jehová tu Dios, demandándola ya sea de abajo en lo profundo, o de arriba en lo alto"* (Isaías 7:11), y Acab dijo: *"No pediré, y no tentaré a Jehová"* (Isaías 7:12).

- Fue entonces cuando Isaías dio la profecía mesiánica de Isaías 7:14; mirando más allá del rey Acaz vio al Mesías, y le dijo a Acaz que antes de que ese niño fuera lo bastante mayor para saber mucho, Peka y Rezín estarían destruidos para siempre.
- Acaz ya se había propuesto encontrar ayuda de otra fuente, y acudió a Tiglat-pileser, rey de Asiria, que era despiadado y cruel. Fue uno de los mayores conquistadores de todos los tiempos. Le hizo bien extender su poder por todo el reino del sur. Él fue quien planeó la deportación.
- Acaz estaba más impresionado por Tiglat-pileser que por el poder de Dios. Por lo tanto, con alegría y rapidez llegó Tiglat-pileser, y los asirios no solo destruyeron el reino del norte y Siria, sino que también destruyeron la ciudad de Judá. Si no hubiera sido por la intervención de Dios, Asiria habría destruido Jerusalén, la ciudad santa, junto con el templo.
- Fue Acaz quien invitó a ir a Tiglat-pileser. Acaz no escuchó al profeta Isaías.
- Bajo Acaz, Judá fue pisoteado. Acaz viajó a Damasco y se reunió allí con Tiglat-pileser, y llevó con él la idolatría que vio allí, y cerró el templo (ver 2 Crónicas 28; 2 Reyes 16).
- Acaz fue seguido por Ezequías.

4. Ezequías
   - Ezequías comenzó su reinado a los veinticinco años de edad y reinó veintinueve años.
   - Él era como David: conforme al corazón de Dios.
   - Lo primero que hizo fue llamar al pueblo al avivamiento, el arrepentimiento, y la reforma.
   - Ezequías abrió las puertas del templo e invitó al remanente del reino del norte a ir y celebrar con ellos la primera Pascua que se observó en una generación (ver 2 Crónicas 30).
   - Cuando llegaron los asirios, como siempre hacían con un nuevo gobierno, lo hicieron bajo Senaquerib (ver 2 Crónicas 32; Isaías 36, 37). Llegaron y destruyeron las ciudades de Judá y rodearon Jerusalén. Ezequías tomó las cartas de Senaquerib que demandaban una rendición total, y llevó esas demandas delante de Dios y las extendió delante del Señor en el templo (ver Isaías 37:14), e Isaías le dijo al rey en esencia: "El Señor dijo que no temas las palabras que has oído del rey de Asiria. He aquí yo enviaré un estallido (pondré un espíritu en él) y él oirá un rumor y regresará a su propia tierra, y yo haré que caiga a espada en su propia tierra" (ver Isaías 37:21-38).
   - Confianza en el brazo poderoso del Señor, así era el buen rey Ezequías.
   - Entonces sucedió algo que produjo desastre a la nación y a nosotros. Dios envió a Isaías a Ezequías y dijo: *"Jehová dice así: Ordena tu casa, porque morirás, y no vivirás"* (Isaías 38:1). Ezequías lloró e Isaías respondió con la Palabra del Señor diciendo: *"He oído tu oración, y visto tus lágrimas; he aquí que yo añado a tus días quince años"* (Isaías 38:5).
   - Sucedieron dos cosas durante esos quince años:
       a. Merodac-baladán (el próximo rey de Babilonia que se estaba preparando para destruir Nínive y Asiria) oyó de la recuperación de Ezequías y envió una embajada allí supuestamente para felicitarlo por su recuperación, pero en realidad era una forma de conspiración contra Nínive. Ezequías quedó tan halagado que abrió los tesoros, el templo y las ciudades a Merodac-baladán y Dios envió a Isaías a ver a Ezequías y le dijo: *"He aquí vienen días en que será llevado a Babilonia todo lo que hay en tu casa, y lo que tus padres han atesorado hasta hoy; ninguna cosa quedará"* (Isaías 39:6). Entonces dijo: *"De tus hijos que saldrán de ti... serán eunucos"* (Isaías 39:7), y Daniel fue un eunuco en Babilonia (ver Daniel 1:3-7).
       b. En segundo lugar nació Manasés, hijo de Ezequías. Manasés tenía doce años cuando llegó al trono y reinó por cuarenta y cinco años en Jerusalén (ver 2 Crónicas 33 y 2 Reyes 21). De todos los reyes, no hubo ninguno tan mezquino y pecador como Manasés. Debido al pecado de Manasés, Dios destruyó Judá y lo envió a la cautividad en Babilonia. Fue el juicio de Dios

sobre Judá a causa de Manasés: un tema recurrente en la historia de la Escritura. También puede verse en Jeremías 15:1-4 que Dios aborrecía a Manasés. ¿Cuándo nació este hombre? Nació en ese periodo de quince años que Dios le concedió a Ezequías. Debido a su maldad, Dios destruyó Judá y Jerusalén.

Ahora, si toma la Biblia en sus manos, comenzaremos en el libro de Isaías y enseñaremos por secciones y por versículos a medida que recorremos el libro. Con este conocimiento del trasfondo de la disposición del libro, de Isaías mismo, y de las circunstancias políticas, estamos preparados para ahondar en la Escritura que se encuentra en el libro de Isaías.

¿Cuánto recuerda?
1. Aunque se sabe poco sobre el hombre Isaías, recordemos lo que podemos recopilar sobre este profeta.
2. ¿De qué modo es la disposición del libro de Isaías similar a la disposición de la Biblia?
3. Recuerde el linaje político descrito en este trasfondo histórico.

Su tarea para la semana próxima:
1. Repase sus notas de esta lección.
2. Lea Isaías, capítulos 1–3
3. Subraye su Biblia.

Lección 1. Notas

Lección 2
CAPÍTULOS 1, 2 y 3

CAPÍTULO 1
1. VERSÍCULO 1
   - El libro lo introduce el primer versículo.
   - Aquí, Isaías dice que lo que ve es una visión.
   - Se identifica a sí mismo como el hijo de Amoz, y lo que vio era referente a Judá y Jerusalén en tiempos de los cuatro reyes mencionados.
   - Otras naciones son también los temas de sus profecías, pero solo la relación con los judíos se indica en los capítulos 13-23.
   - Las diez tribus de Israel, el reino del norte, son introducidas solo en la misma relación: capítulos 7-9.
   - Jerusalén se especifica particularmente porque es el lugar del templo, el centro de la teocracia, y será el futuro trono del Mesías.
   - Las profecías del Antiguo Testamento interpretan espiritualmente la historia que se nos da en otros libros, igual que las epístolas del Nuevo Testamento interpretan los Evangelios y el libro de Hechos.
   - Hay mucha correlación espiritual entre Isaías y Romanos, siendo Isaías "la salvación de Jehová" y siendo Romanos "el evangelio de Dios".

2. VERSÍCULO 2
   - Aquí comienza la visión de Isaías. La primera palabra en la visión es significativa: *"Oíd"*.
   - Las personas que no oyen nunca aprenden, de modo que el profeta proclama las palabras de la visión cuando dice: *"Oíd, cielos, y escucha tú, tierra; porque habla Jehová: Crié hijos, y los engrandecí, y ellos se rebelaron contra mí"*.
   - Aquí se presenta un grandioso escenario ante nosotros. Tiene forma de tribunal y el Señor Dios es el demandante, y su caso es contra los demandados: Judá y Jerusalén.
   - Las dos palabras que deberíamos recordar son estas: *"hijos rebelados"*. Aquellos que Él amó y sacó habían vuelto la espalda ahora al Creador.

3. VERSÍCULOS 3-8
   - *"El buey conoce a su dueño, y el asno el pesebre de su señor; Israel no entiende, mi pueblo no tiene conocimiento"* (versículo 3).
   - Ahora bien, estos dos animales no son especialmente conocidos por su inteligencia, y sin embargo el Señor dice que tienen más sentido que aquellos hijos que Él había amado.
   - Ellos debían su amor y lealtad al Señor Dios desde su niñez en Egipto hasta el momento mismo que hablamos aquí, igual que nosotros en esta dispensación debemos nuestra lealtad al crucificado.
   - La cuna de nuestro maestro es la Palabra de Dios, una parte de la cual tenemos ahora delante de nosotros.
   - En el versículo 4 las palabras *"Oh gente pecadora"* significan nación-pueblo-simiente-hijos. El Santo de Israel es Aquel contra quien han pecado y, al hacerlo, ahora oyen el juicio del Señor sobre ellos.
   - Están en un estado apóstata y el Señor dice que están *"cargado[s] de maldad"* (versículo 4). Esta expresión nos envía por el curso del tiempo y oímos al Hombre de Galilea decir: *"Venid a mí todos los*

que estáis trabajados y cargados, y yo os haré descansar" (Mateo 11:28). Ahora sabemos lo que significa la palabra "cargados".

- Notará en el versículo 5 que el pecado hace enfermar la cabeza y el corazón doliente, lo cual resulta en una depravación moral total de la cabeza a los pies (versículo 6). Él no ve otra cosa sino herida, hinchazón y llaga podrida causadas por el pecado.
- Judá ha sido desolada (versículo 7). Extranjeros la devoran en presencia de su propio pueblo, y todo esto es parte de la degradación de Judá. Están indefensos y abandonados, como enramada en viña o como cabaña en melonar (versículo 8).

4. VERSÍCULO 9
   - Aquí vemos la doctrina del remanente: *"Si Jehová de los ejércitos no nos hubiese dejado un resto pequeño, como Sodoma fuéramos, y semejantes a Gomorra".*

5. LA DOCTRINA DEL REMANENTE
   - Veamos esa doctrina del remanente en Isaías: Isaías 10:20–22, Isaías 11:11–16, Isaías 37:1–4, Isaías 37:31–32, e Isaías 46:3.
   - En Romanos 9:25–29 encontramos un fraseo similar porque Pablo está citando Isaías 1:9 y también Isaías 10:20–22.
   - En Apocalipsis 12:17 se describe a un pequeño remanente de judíos.
   - Hasta aquí en Isaías hemos visto el pecado y el juicio de Dios. Pero si no fuera por un remanente, Dios habría destruido Judá como lo hizo con Sodoma y Gomorra. Esperanza y salvación yacen siempre en el remanente. El juicio no pudo caer sobre Sodoma hasta que Lot fue sacado de allí. El pequeño remanente, los elegidos, siempre lo ve Dios y Él siempre lo cuida.
   - En Mateo 24:22 los días serán acortados debido a los "elegidos".
   - En Apocalipsis 7:3 vemos estas palabras: *"No hagáis daño... hasta que hayamos sellado en sus frentes a los siervos de nuestro Dios".* Dios nunca escoge a la mayoría. Él mira a los suyos: un pequeño remanente.
   - En Jueces 7:2-7 Gedeón tenía un ejército de 32 000 hombres y Dios le dijo a Gedeón que lo redujera, así que los temerosos y pusilánimes se volvieron y un total de 22 000 regresaron, y quedaron solamente 10 000. El Señor le dijo a Gedeón que el ejército era aún demasiado grande, de modo que Dios lo redujo hasta trescientos hombres, y el Señor dijo: *"Con estos trescientos hombres que lamieron el agua os salvaré, y entregaré a los madianitas en tus manos"* (versículo 7).
   - De las doce tribus, diez quedaron perdidas. Solo quedaron dos y solo un pequeño remanente regresó a Jerusalén con Zorobabel (unos 42 000).
   - Jesús trabajó con *doce* y quedaron 120 en el Aposento Alto.
   - En tiempos de Noé, solamente Noé y su familia, un total de ocho personas, fueron salvos.
   - Habrá un pequeño remanente cuando la iglesia sea arrebatada, y me atrevería a decir que sería muy pequeño comparado con lo que pensamos que podría ser. El remanente será tan pequeño, que podemos decir "excepto un remanente muy pequeño". Esa es la doctrina del remanente en términos de minutos.

6. VERSÍCULOS 10-15
   - Ahora el Señor aplica las palabras de Sodoma y Gomorra a Judá y Jerusalén. ¿Puede Judá ser llamado legítimamente Sodoma? En Apocalipsis 11:8 así lo dice.
   - Son ellos, Judá y Jerusalén, quienes son como Sodoma y Gomorra. El mismo pueblo que observó fielmente todas las ordenanzas que el Señor Dios había designado, el mismo pueblo que ofrece todos los sacrificios, y el Señor pregunta cuando ellos han ofrecido todos esos sacrificios y han cumplido todas esas ordenanzas: "¿con qué propósito?" (ver versículo 11).

- Entonces el Señor hace algunas observaciones interesantes en los versículos 12-15. Habla muy claramente y habla con palabras que incluso nosotros podemos entender.
- Acción y hacer no es suficiente. Creo que podemos aprender algo aquí. Si cumplimos la ordenanza como un acto externo, buscando la aprobación de Dios, es en vano. Pero si lo hacemos para Él, en el espíritu correcto, lo bendice a Él y nos bendice a nosotros.
- Nunca deberíamos descansar en una ordenanza porque al hacerlo enfatizamos el acto mismo de la ordenanza y no la sangre preciosa de Cristo como nuestra única confianza.
- Debemos *ver la intención* de la ordenanza: el Señor Jesús. Nos hace "recordar" lo que Él hizo por nosotros en la cruz.

7. VERSÍCULOS 16-17
    - *"Lavaos y limpiaos; quitad la iniquidad de vuestras obras de delante de mis ojos; dejad de hacer lo malo; aprended a hacer el bien"*. Eso se parece a Juan el Bautista diciendo: *"Arrepentíos... Haced, pues, frutos dignos de arrepentimiento"* (Mateo 3:2, 8).
    - Pero primeros frutos, nuevos frutos, significa una nueva vida y un nuevo árbol.
    - ¿Cómo podemos ser limpiados, lavados, y dejar de hacer el mal?
    - Solamente mediante la gracia de nuestro Señor Jesucristo somos lavados y limpiados.
    - La nueva vida en Él es el requisito justo de la ley cumplida (ver Romanos 8:4).

8. VERSÍCULO 18
    - Uno de los versículos más emocionantes y conmovedores en toda la Escritura está aquí en el versículo 18. Busque este versículo y cópielo aquí:

    _____
    _____
    _____
    _____
    _____

    - Esta es la gran invitación de Dios. Es la palabra de gracia. Parece que Dios condesciende y razona con el hombre.
    - La revelación de este libro es razonable y correcta. La religión de nuestro Señor es razonable y racional.
    - Todo el primer capítulo de Isaías es un caso de tribunal. Su lectura de cargos contra Judá y Jerusalén se encuentra en la primera parte del capítulo, y Él los llamó a volver al camino, y este es su ruego hacia las personas que ama. Su dolor se convierte en amor. Esta es una bendita proclamación de amnistía total. Es la limpieza judicial de cada alma arrepentida.

9. VERSÍCULOS 18-20
    - La bendición sigue a la obediencia y viceversa, y Él sella su juicio con la última frase del versículo 20: *"porque la boca de Jehová lo ha dicho"*.

10. VERSÍCULOS 21-31
    - Aquí encontramos acusaciones, advertencias y promesas.
    - El Señor vuelve a mirar la ciudad con ternura al recordar Jerusalén, pero ahora debe ser comparada a una ramera.

- Antes un lugar de justicia, ahora hay allí asesinos. En lugar de plata (hablando de expiación) estaba la escoria de la complacencia y la autosuficiencia; el vino de gozo diluido con agua sucia.
- Los príncipes (los líderes) eran rebeldes y amantes sobornados. Debido a esto, el Señor juzgaría y ejecutaría venganza sobre quienes eran enemigos del Señor.
- Notemos el fuerte lenguaje del versículo 24 donde encontramos: *"Por tanto, dice el Señor, Jehová de los ejércitos, el Fuerte de Israel"*. Hace hincapié en quién es Él.
- La disciplina del Señor es real. Aquí vemos que Él tiene el efecto de quitar a los injustos e impuros, de purgar la nación de su escoria y pecado, de todo lo que era vulgar y desagradable a Dios, tras lo cual Él restauraría sus jueces como al principio.
- Entonces, redimida con juicio, Sion será llamada otra vez la ciudad de justicia (ver versículo 26), la ciudad fiel.
- Esta será su bendición final como nos muestran otras escrituras, cuando los largos años de su dispersión y la amargura de la última gran tribulación hayan llegado a su fin. Sus sufrimientos deben continuar hasta que los transgresores no arrepentidos y los pecadores obstinados sean totalmente destruidos. Un juicio feroz está siempre indicado cuando las personas dan la espalda al Señor Dios.
- Las advertencias de esta sección se han cumplido en la historia de Israel y se cumplirán totalmente en la tribulación.
- Las promesas miran hacia el milenio. Los "ayes" de los versículos 29 y 30 están relacionados con la adoración idólatra.
- Y finalmente, voy a parafrasear el último versículo: "El fuerte entre ustedes desaparecerá como paja que arde, y sus malas obras son la chispa que prende fuego a la paja, y nadie podrá apagarlo". De modo que la palabra "estopa" significa paja.

CAPÍTULO 2

En este capítulo encontramos una escena milenial. Jerusalén es el centro de gobierno e instrucción del mundo con respecto a Dios. Cuando Cristo venga a reinar, Jerusalén será la capital mundial y el centro de adoración. La paz descrita, por ejemplo, en el versículo 4, solo puede producirse cuando Cristo regrese en gloria.

El capítulo 2 comienza la segunda visión, la segunda de las tres que encontraremos en los capítulos 1-6. La visión en este capítulo seguirá en los capítulos 2, 3, 4 y 5. Mirando el trasfondo que se enseñó en la primera lección y mirando el pecado de Judá y Jerusalén, Isaías ve los últimos días del Señor en los versículos 1-5, y estos versículos deberían ser un paréntesis.

1. VERSÍCULOS 1-5
   - Voy a enfatizar aquí que lo que ve Isaías en esta visión es exactamente lo que vio.
   - Notemos las palabras en el versículo 1: *"Lo que vio Isaías hijo de Amoz acerca de Judá y de Jerusalén"*.
   - *"Acontecerá en lo postrero de los tiempos"* (versículo 2). Isaías ve la intención de todos los problemas, destrucción y pecado, y el Señor le da una visión de lo que llegará a ser.
   - La visión comienza con una mirada mucho más allá de la condición actual de pecado y sufrimiento en la tierra en un día en el cual Judá y Jerusalén no solo son restauradas, sino que también resplandecen con un peso de gloria mucho más excelente y eterno del que han tenido jamás.
   - En el versículo 2 tenemos la supremacía de ese amado pueblo, Israel, cuando sea totalmente restaurado al favor de Jehová.
   - Jerusalén será, entonces, el centro, espiritual y políticamente, como es ahora físicamente el centro de toda la tierra. No tendrá ningún rival en las capitales que ahora le superan. El Señor tomará Israel en ese día y le restaurará su tierra, y Jerusalén será su ciudad del trono.

- Notemos en el versículo 2: *"el monte de la casa de Jehová como cabeza de los montes, y será exaltado sobre los collados"*. El monte es la ciudad misma. Este es un símbolo profético común. Los montes significan gobiernos y ciudades regias, y Jerusalén será *"la ciudad del gran Rey"* (Salmos 48:2; Mateo 5:35) y *"correrán a él todas las naciones"* (Isaías 2:2).
- Esto se cumplirá literalmente en el próximo reinado milenial cuando la obra presente de gracia haya llegado a su fin. En este momento, según Hechos 15:14, Él está visitando a los gentiles para tomar de nosotros pueblo para su nombre. Cuando esta obra especial esté terminada, Él reedificará *"el tabernáculo de David"* (Hechos 15:16), y mediante Israel restaurada, bendecirá a todas las naciones. Entonces llegará el tiempo en que *"vendrán muchos pueblos, y dirán: Venid, y subamos al monte de Jehová, a la casa del Dios de Jacob; y nos enseñará sus caminos, y caminaremos por sus sendas"* (Isaías 2:3).
- En ese día de su poder, la ley saldrá de Sion y su Palabra de Jerusalén. Él gobernará las naciones con equidad y derribará todo lo que se opone. Solo pensemos: Israel y Jerusalén, pisoteadas y pequeñas, serán cabeza de todas las naciones para nunca más perder ese lugar de supremacía, porque serán establecidas con el Mesías.
- Los tiempos de los gentiles entonces habrán terminado. El Señor zanjará todas las disputas y naciones convertirán sus armas de guerra en instrumentos de paz, y no habrá más guerra ni tampoco ellos aprenderán jamás nada sobre la guerra.
- Entonces, esta declaración entre paréntesis termina con un ruego: *"Venid, oh casa de Jacob [Israel], y caminaremos a la luz de Jehová"* (versículo 5).

Es muy evidente que los versículos que hemos estado considerando (versículos 1-5) son un paréntesis, pues no hay relación aparente entre el versículo 6 y lo que ha sucedido antes. Es espiritualmente renovador ver más allá del presente juicio oscuro del pueblo de Dios y saber que Isaías no solo profetizó sobre el presente para Judá y Jerusalén, sino que también estaba viendo más allá hacia el futuro glorioso, que él denomina *"en lo postrero de los tiempos"* (versículo 2).

2. VERSÍCULOS 6-9
   - Ahora salimos de esa visión gloriosa del futuro y regresamos a la realidad y las condiciones presentes entonces que Isaías mismo aborda.
   - Comienza esa palabra de castigo del Señor diciendo: *"Ciertamente tú has dejado tu pueblo, la casa de Jacob, porque están llenos de costumbres traídas del oriente, y de agoreros, como los filisteos; y pactan con hijos de extranjeros"* (versículo 6).
   - Aquí vemos al oriente y el occidente contribuyendo a alejar a Judá y Jerusalén del Señor Dios. La Escritura dice: *"del oriente"*, y entonces notaremos que los agoreros son de los filisteos. Los filisteos estaban al oeste de Judá y Jerusalén.
   - La riqueza llegaba del oriente y los agoreros y la idolatría del occidente, y observamos que el pueblo de Dios es atraído a ambos.
   - En la frontera oriental de Judá habitaban los moabitas y edomitas, quienes una y otra vez hacían incursiones en la tierra de Judá y llevaban a su gente a una esclavitud humillante. Desde el lado contrario había también maldades de los filisteos. La riqueza llegaba de un lado; idolatría, magia negra, ritualismo y superstición llegaban del otro.
   - En el versículo 7 vemos la condición de Moab y Edom con mucho dinero y mucho oro.
   - En el versículo 8 veremos la condición de los filisteos con todos los ídolos, la palabra de sus propias manos, su adivinación y su idolatría.

3. VERSÍCULOS 10-22
   - Aquí el profeta habla del día del Señor, cuando Dios se levantará con su poder e indignación para tratar la maldad y la corrupción dondequiera que se encuentren.

- Los hombres pueden intentar meterse en la peña y esconderse en el polvo (versículo 10), pero su esperanza de escapar a la ira del Señor será en vano, porque *"La altivez de los ojos del hombre será abatida, y la soberbia de los hombres será humillada; y Jehová solo será exaltado en aquel día"* (versículo 11).
- El día del Señor está en contraste directo con el día del hombre: estaba presente cuando Dios permite a los hombres ir por su propio camino e intentar hacer sus propios planes, independientemente de su autoridad.
- En el versículo 12 leemos: *"Porque día de Jehová de los ejércitos vendrá sobre todo soberbio y altivo, sobre todo enaltecido, y será abatido"*. ¿Qué es el día de Jehová? Es ese periodo de tiempo que hemos estudiado en el libro de Apocalipsis; es decir, Dios lidiando con el hombre durante la tribulación (nosotros no estaremos aquí).
- Este juicio del hombre en la tierra se expresa muy gráficamente en los versículos 12-14. Notemos en el versículo 13 los cedros y encinas; los más nobles de todos los árboles son solo figuras de hombres que están muy arriba en la escala social.
- Notemos también en el versículo 14 los montes y los collados, que significan todos los gobiernos y estados organizados.
- Notemos en el versículo 15 la torre y el muro, que significan preparación militar.
- El versículo 16 menciona naves y pinturas preciadas, refiriéndose a toda forma de comercio y arte.
- En ese día, todos los logros del hombre y su orgullo serán derribados y solamente el Señor Dios será exaltado.
- En los versículos 18 y 19 el profeta se dirige a la raíz malvada de ese tiempo: la idolatría. El Señor ha sido abandonado, y los ídolos lo han sustituido. Todo lo que los hombres han puesto en el lugar de Dios será abolido, y en su terror, los hombres se esconderán en las cavernas de las peñas y en las aberturas de la tierra esperando encontrar refugio de la ira del Dios todopoderoso (versículos 19 y 21).
- Vemos aquí el cumplimiento de la declaración del Señor cuando dijo en Lucas 23:30: *"Entonces comenzarán a decir a los montes: Caed sobre nosotros; y a los collados: Cubridnos"*.
- Sin duda, tanto el Nuevo como el Antiguo Testamento igualmente levantan sus voces para proclamar que nuestro Señor Jesús es Jehová, el Señor de los ejércitos, el Rey de gloria. El hombre no es nada, y por eso el Señor, por medio de Isaías, dice: *"Dejaos del hombre, cuyo aliento está en su nariz; porque ¿de qué es él estimado?"*. El hombre solamente tiene vida cuando respira, pero el cristiano tiene algo más que solo respiración porque Cristo es Él mismo *"espíritu vivificante"* (1 Corintios 15:45) y *"puede también salvar perpetuamente a los que por él se acercan a Dios, viviendo siempre para interceder por ellos"* (Hebreos 7:25).
- En otras palabras, nunca deberíamos tener confianza en la carne, sino regocijarnos siempre en el Señor porque Él es digno.

CAPÍTULO 3

En el capítulo 3 tenemos una continuación de la visión que Isaías vio al inicio del capítulo 2. Esta visión continuará hasta el capítulo 5. El juicio que vemos aquí en el capítulo 3 es meramente una continuación del capítulo 2, de modo que sigue como si no hubiera división de capítulos. El juicio es dirigido en particular contra Judá y Jerusalén. Es intenso y severo. Esta profecía es una imagen de la época de Isaías y se cumplió en el pasado. Sin embargo, eso no agota su significado. Estas condiciones prevalecerán de nuevo en los postreros tiempos y harán que se derrame la ira de Dios.

1. VERSÍCULOS 1-7
    - En el versículo 1 notaremos el título del Señor: *"Porque he aquí que el Señor Jehová de los ejércitos quita de Jerusalén y de Judá al sustentador y al fuerte, todo sustento de pan y todo socorro de agua"*. La palabra

- *"sustento"* significa provisión, o lo que queda. ¡Sería horrible si el Señor nos dijera eso a nosotros! Porque Cristo es nuestro Pan de vida (ver Juan 6:35) y es también el Agua de vida (ver Juan 4:14). Había una hambruna en el versículo 1 y era una forma de juicio de Dios hacia Judá y Jerusalén.
- También había una hambruna de hombres fuertes, soldados, líderes judiciales, profetas, y hábiles (versículos 2-3), y no había hombres respetables entre los líderes del ejército ni entre los hombres honorables, y los consejeros y los hábiles oradores no se encontraban por ninguna parte. En otras palabras, había carencia o hambruna de liderazgo. Faltaban hombres cualificados para puestos elevados. Esto igualmente es un juicio de Dios.
- En el versículo 4 vemos una situación terrible, y la Escritura dice: *"Y les pondré jóvenes por príncipes, y muchachos serán sus señores"*. En otras palabras, hombres con el nivel mental de niños gobernarán sobre el pueblo. Su incompetencia es igualmente juicio de Dios.
- La situación continúa; Dios es destronado y la anarquía siempre sigue. En los versículos 5-7 descubrimos que, en la desesperación, los hombres están listos para seguir a cualquiera que pudiera ser capaz de señalar una vía de escape de la presente desgracia, y a alguien que prometiera poner orden a la condición caótica entonces prevaleciente. Aquellos a quienes acudieron en busca de guía estaban completamente perplejos ellos mismos.
- Notaremos en estos versículos que estaban enojados unos con otros, vecinos y familiares. No tenían ninguna honra para la generación mayor, y cualquiera que tuviera las vestiduras adecuadas sería llamado gobernador y se le permitiría hacerse cargo del gobierno. Pero nadie quería liderar, todos querían seguir, quejarse y pecar. Aquellos a quienes se les pidió ser líderes no querían ser los sanadores porque ellos mismos estaban en una condición muy mala.
- Todos estos versículos 1-7 son los juicios de Dios sobre Judá y Jerusalén.

2. VERSÍCULOS 8-11
    - La causa de todos los problemas se indica en el versículo 8: *"Pues arruinada está Jerusalén, y Judá ha caído; porque la lengua de ellos y sus obras han sido contra Jehová para irritar los ojos de su majestad"*. Así, ellos habían traído el juicio sobre sus propias cabezas, y por lo tanto escuchamos los ayes solemnes pronunciados contra ellos.
    - Hay dos de estos ayes solemnes en este capítulo que se encuentran en los versículos 9 y 11, y otros seis ayes pueden encontrarse en el capítulo 5.
    - El primer ay se encuentra en el versículo 9: *"¡Ay del alma de ellos! Porque amontonaron mal para sí"*.
    - Y después en el versículo 11: *"¡Ay del impío! Mal le irá, porque según las obras de sus manos le será pagado"*. Esta es simplemente otra manera de decir: *"todo lo que el hombre sembrare, eso también segará"* (Gálatas 6:7).
    - Entre medio de estos dos hay una promesa en el versículo 10 para la liberación de su pueblo: el remanente justo que Dios cuidará y protegerá en un tiempo de tormentas y estrés. Copie esta promesa del versículo 10 a continuación:

_____

_____

_____

_____

_____

3. VERSÍCULOS 12-15
   - En el versículo 12 oímos la voz del Señor diciendo: *"¡Pobre pueblo mío!"* (NVI). Jehová ve a su pueblo siendo oprimido por mujeres y por gobernantes con mentes de niños y, cuando clama a su pueblo, nos recuerda ese mismo tono tierno que encontramos en Mateo 23:37 que dice: *"¡Jerusalén, Jerusalén, que matas a los profetas, y apedreas a los que te son enviados! ¡Cuántas veces quise juntar a tus hijos, como la gallina junta sus polluelos debajo de las alas, y no quisiste!"*.
   - Se indica en los versículos 13-14 que Jehová debe levantarse, intervenir y juzgar.
   - Entonces el Señor hace esta pregunta: *"¿Qué pensáis vosotros que majáis mi pueblo y moléis las caras de los pobres?"* (versículo 15). Esta pregunta es la razón de su juicio porque se refiere a su pueblo.

4. VERSÍCULOS 16-24
   - En los versículos 16-24 encontramos el tema de ser mujeres y el aspecto de las mujeres.
   - Observará que hay veinticuatro objetos de atuendo femenino mencionados en estos versículos. Al menos dieciocho de ellos los llevaba la diosa de Babilonia llamada Istar, a quien las mujeres hebreas intentaban copiar de manera idólatra.
   - Las mujeres vanas son reprendidas. En su orgullo e insensatez, su única preocupación era el adorno personal. Buscaban añadir a su belleza mediante todos los objetos conocidos.
   - En el versículo 16, donde las hijas de Sion andan con cuello erguido, con soberbia y con ojos desvergonzados, podemos ver que no es solo cuestión de vestir adecuadamente y seguir la moda y el estilo, sino más bien la dificultad radica aquí en la vida interior.
   - Dios tomó nota de todos los adornos y los objetos en los que confiaban para hacerse atractivas a sí mismas. Recordemos también que en el Nuevo Testamento se da instrucción detallada a las mujeres de que sus adornos no deberían estar enfocados en el aspecto externo, sino más bien en la mansedumbre y la gracia, que son el adorno que debería verse en el corazón (ver 1 Timoteo 2:9-15; 1 Pedro 3:3).
   - Los versículos 25 y 26, en realidad, deberían ser parte del capítulo 4, de modo que estarán incluidos en el estudio del siguiente capítulo.

¿Cuánto recuerda?

1. Describa la visión de Isaías con respecto a Judá y Jerusalén en los tiempos de los cuatro reyes mencionados en los primeros versículos.
2. Describa la doctrina del remanente.
3. ¿A qué se debe que Judá y Jerusalén puedan compararse a Sodoma y Gomorra?
4. Considere el versículo 18, el versículo que anotó. ¿Qué implicaciones tiene esto para su vida y su caminar de fe?
5. ¿Cómo puede relacionarse con un caso de un tribunal el capítulo 1 en conjunto?
6. Describa la visión para Judá y Jerusalén que se encuentra en Isaías 2:1-5. ¿Cuál es la perspectiva para estas ciudades más allá de su condición presente?
7. Describa la idolatría que se produce en los capítulos 2 y 3. ¿Qué están poniendo las personas antes que a Dios? ¿De dónde provienen esas influencias?
8. Como se describe en el capítulo 2 y versículos 10-22, ¿cuál será la reacción del hombre ante el juicio de Dios?
9. Recuerde los juicios de Dios que se encuentran en los versículos 1-7 en el capítulo 3.
10. Entre los dos "ayes" que se encuentran en el capítulo 3, ¿cuál es la promesa dada para el pueblo de Dios?

Su tarea para la semana próxima:
1. Repase sus notas de esta lección.
2. Lea Isaías, capítulos 4–6
3. Subraye su Biblia.

Lección 2. Notas

Lección 3
CAPÍTULOS 4, 5 y 6

CAPÍTULO 4

1. VERSÍCULOS 3:25–26; 4:1

   - Al terminar el estudio del capítulo 3 afirmé que los versículos 25 y 26 de ese capítulo deberían pertenecer al capítulo 4. Cuando leemos los versículos 25 y 26 del capítulo 3 junto con el versículo 1 del capítulo 4, obtenemos el significado de todo el pasaje:

     Tus varones caerán a espada, y tu fuerza en la guerra. Sus puertas se entristecerán y enlutarán, y ella, desamparada, se sentará en tierra. Echarán mano de un hombre siete mujeres en aquel tiempo, diciendo: Nosotras comeremos de nuestro pan, y nos vestiremos de nuestras ropas; solamente permítenos llevar tu nombre, quita nuestro oprobio.

   - Estos versículos reflejan las condiciones durante la tribulación, y el resto del capítulo 4 presenta la preparación para entrar en el reino.
   - Esta sección podría llamarse profecía en dos aspectos: las condiciones prevalecerían no solo en los días siguientes a la amenazada cautividad babilónica, sino también en los oscuros días de la tribulación; son seguidos por los versículos 2-6 como ocurre con la profecía milenial.
   - Como los hombres son muertos en batalla, habría y habrá una falta de hombres. Solo queda un hombre para varias mujeres, y las mujeres rogaban ser llevadas a la casa de un hombre sin condición, excepto la de llevar el nombre de ese hombre. La Escritura dice: *"quita nuestro oprobio"*. ¿Qué es oprobio? Busquemos esta palabra, y la definiremos a continuación.

   Oprobio: _____

   _____

   - Morir sin hijos era para los hebreos el cénit de la desgracia, pero muy por encima de esta desgracia, no estar casada o ser estéril lo sentían especialmente las mujeres judías que esperaban "la simiente de la mujer". Jesucristo es llamado el *"renuevo"* en el versículo 2. La desolación de una mujer hebrea no podía llegar más lejos.

2. VERSÍCULOS 2-6

   - Esta sección de versículos describe una visión del reino futuro.
   - En el versículo 2 encontramos las palabras *"renuevo de Jehová"*. En otras partes de la Escritura se denomina rama o vástago. También se le llama en este versículo *"el fruto de la tierra"*, y en esto lo vemos a Él en su humanidad sin tacha, que brota en medio de toda la muerte y la desolación de la raza de Adán.
   - En toda la ruina, guerra y desolación hay una única estrella de promesa, esperanza y bendición. Porque habrá un remanente de Israel descrito aquí en el versículo 2 como *"a los sobrevivientes de Israel"*. Estos serán dejados cuando hayan pasado los ardientes juicios de Jehová, y cada uno incluido en este remanente será escrito en el Libro de la vida.
   - En los versículos 3 y 4, todo el que ha quedado en Jerusalén y todo aquel cuyo nombre está escrito entre los vivos, será un pueblo santo y dedicado a Él.
   - Todos los versículos del 2 al 6 indican que esto, entonces, es el inicio de lo que se denomina el milenio, cuando el Mesías de Israel, nuestro Señor Jesucristo, reinará sobre la tierra. Es la dispensación

del cumplimiento del tiempo, cuando todas las cosas en los cielos y en la tierra estarán bajo su control (ver Efesios 1:10).

- En el versículo 5 vemos que el Señor creará una nube de humo de día y un resplandor de fuego de noche sobre toda morada en el Monte Sion y sobre todas las asambleas, En el versículo 6 habrá un tabernáculo para sombra contra el calor del día, para refugio y escondedero contra la tormenta y la lluvia. Esto habla de la gran gloria shekiná de Dios, que es un pensamiento paralelo al que se nos da en Éxodo 13:21-22. Esta es la presencia de Dios cuando el Mesías esté con su pueblo y sea su morada y su guía, su refugio y su protección.

En este capítulo hemos visto primero la tribulación, y después, más allá de la tribulación, al reinado milenial de Cristo.

CAPÍTULO 5

Recordará que esta visión de Isaías comenzó en la primera parte del capítulo 2, y ahora estamos en el último capítulo de esta misma segunda visión. Este capítulo se llama la viña de Jehová. La viña proviene de dos figuras tomadas del mundo de la botánica para representar a toda la nación de Israel (la otra figura es la higuera). Nuestro Señor contó una parábola de la viña antes de su muerte que obviamente se refería a toda la casa de Israel (ver Mateo 21:33-46). Isaías anunció la inminente cautividad del reino del norte a Asiria y del reino del sur a Babilonia. El Señor Jesucristo mostró que Dios les dio una segunda oportunidad en el regreso tras los setenta años de cautividad en Babilonia, pero el rechazo del Hijo de Dios daría entrada a una dispensación más extensa y seria.

Aquí, Isaías compara a Israel con la agradable viña plantada por el Señor, la cual en lugar de producir fruto abundante, solamente dio uvas silvestres e inútiles (ver Mateo 21:33-46).

1. VERSÍCULOS 1-7

- En el versículo 1 el Señor dice: *"Ahora cantaré por mi amado el cantar de mi amado a su viña. Tenía mi amado una viña en una ladera fértil"*. El Señor dice que Él cantará a su amado. ¿Quién podría ser? Solamente el Señor Jesús. *"A su viña"*; ¿qué podría ser eso? Significa que Jesús toca la casa de Israel. Y de nuevo: *"Tenía mi amado una viña"*. Eso dice lo mismo. El significado puede encontrarse al saber quién habla, y también al leer el versículo 7, que nos da más indicaciones: *"Ciertamente la viña de Jehová de los ejércitos es la casa de Israel, y los hombres de Judá planta deliciosa suya"*. Isaías mira más allá y ve al Señor Jesús siglos antes de su venida.

- En el versículo 2 vemos que la viña está cercada y fue despedregada y la tierra estaba plantada con vides escogidas: Israel. Él construyó una torre en medio de ella y también hizo un lagar solamente para descubrir que no había fruto conforme a sus deseos santos. Es decir, en lugar de dar fruto para Dios, Israel produjo lo que solamente entristecía su corazón y deshonraba su santo nombre.

- Y, por lo tanto, dirigiéndose Él mismo a los habitantes de Jerusalén y los hombres de Judá, preguntó: *"juzgad ahora entre mí y mi viña. ¿Qué más se podía hacer a mi viña, que yo no haya hecho en ella?"* (versículos 3-4).

- Tras todo el cuidado que Él había derramado sobre Israel, su amorosa provisión y su perdón misericordioso que se les mostró una y otra vez, y ahora, ¿cómo podía ser posible que no hubiera un fruto adecuado para Él?

- Todo esto era una manifestación de un corazón que se había apartado del Dios vivo y, por lo tanto, después de darles una oportunidad tras otra para arrepentirse y juzgarse a sí mismos ante los ojos de Él, finalmente decidió abandonarlos, diciendo en los versículos 5-6:

  Os mostraré, pues, ahora lo que haré yo a mi viña: Le quitaré su vallado, y será consumida; aportillaré su cerca, y será hollada. Haré que quede desierta; no será podada ni cavada, y crecerán el cardo y los espinos; y aun a las nubes mandaré que no derramen lluvia sobre ella.

- Aquí vemos en lenguaje claro que Dios ciertamente había plantado a Israel y la había protegido de todo y, sin embargo, sus recompensas fueron solo uvas silvestres. Israel y Judá serían disciplinadas por Dios de manera fuerte y firme.

2. VERSÍCULOS 8-23

   - En estos versículos tenemos los seis ayes terribles sobre Israel. Estos seis ayes anuncian la ejecución de juicio. Las predicciones en este capítulo de Israel y Judá han ocurrido exactamente con el hombre como raza porque el Señor Dios cantó un canto de amor y gozo sobre su creación en Génesis 1. Pero todos aquellos que han seguido a Adán, el primer Adán, han adoptado la naturaleza de pecado e iniquidad, pero gloria a Dios porque hay un segundo Adán, y el canto sobre Él nunca cesa.

     a. El primer ay

       - En los versículos 8 al 10, el primer ay está dirigido contra el deseo de los ojos: la codicia de casas y tierras. El pueblo nunca estaba satisfecho. Tras haber adquirido una casa o campo, debían tener otro más.
       - El Señor habla claramente en este punto cuando da la indicación de que el castigo corresponderá a la ofensa. Por ejemplo, en el versículo 10: *"Y diez yugadas de viña producirán un bato"* o unos ocho galones. Si queremos codiciar, hemos de hacerlo bíblicamente, y la Escritura sí dice: *"procurad, pues, los dones mejores"*, es decir, los que sacarán menos de nosotros mismos y edificarán a nuestros hermanos (ver 1 Corintios 12:31).

     b. El segundo ay

       - En los versículos 11 al 17 vemos que el segundo ay está dirigido directamente contra los deseos de la carne, contra quienes desde el comienzo del día hasta el frescor de la noche buscan beber hasta que el vino los persigue.
       - Esto se combina con la forma más refinada de placer sensual, la música, que desde el Día de Jubal ha sido uno de los principales deleites de los hijos de Caín.
       - Estos dos, vino y música, son toda su vida. Se provee para cuerpo y alma, pero ¿qué del espíritu que nunca puede ser satisfecho sin Dios? Ellos no miran la obra del Señor ni les importa la obra de sus manos (versículo 12).
       - En el versículo 13 parecen no tener ningún conocimiento de Dios, y sus hombres de honor perecen de hambre y se secaron de sed. En otras palabras, no se puede beber lo suficiente de eso porque siempre tendremos sed.
       - Notemos de nuevo la correspondencia entre el pecado y el castigo en el versículo 14: *"Por eso ensanchó su interior el Seol, y sin medida extendió su boca; y allá descenderá la gloria de ellos, y su multitud, y su fausto, y el que en él se regocijaba"*.
       - En toda la severidad del juicio, el Señor de los ejércitos será exaltado y será santificado en justicia.

     c. El tercer ay

       - Leemos sobre el tercer ay en los versículos 18 y 19. Este es sobre quienes desafían abiertamente al Dios de Israel, y está dirigido claramente contra quienes, presumiendo de libertad, no son otra cosa sino animales de carga en yugo y el vagón que arrastran es su propio pecado.
       - Ellos desafían al Señor Dios a llevar a cabo lo que por tanto tiempo ha amenazado con hacer cuando dicen, en el versículo 19: *"Venga ya, apresúrese su obra, y veamos"*. En otras palabras, son quienes no pensaban que la profecía podría cumplirse nunca ni podían comprenderla.

     d. El cuarto ay

       - El cuarto ay se encuentra en el versículo 20, y es sobre quienes no distinguen entre lo bueno y lo malo, la justicia y la injusticia.

- Hacen de la luz tinieblas, y de las tinieblas luz. Ponen lo amargo por dulce, y lo dulce por amargo. En otras palabras, no hacen distinción alguna entre lo que honra a Dios y lo que lo deshonra. No son ni fríos ni calientes, sino totalmente indiferentes a la verdad divina.

   e. El quinto ay
   - El quinto ay se encuentra en el versículo 21. Este ay es sobre quienes son sabios a sus propios ojos y prudentes delante de sí mismos. Cada uno se considera competente para apartar a Dios por su propia vanidad y es el orgullo de la vida.
   - Este ay es el pecado de orgullo, que Dios aborrece sobre todo (ver Proverbios 16–17).

   f. El sexto ay
   - El sexto ay se encuentra en los versículos 22 y 23. Es para quienes están tan llenos de vino que pierden toda sensación de justicia y juicio.
   - Esta no es una repetición del segundo ay, porque estos bebedores están sobre el trono de juicio, y muestran su incompetencia por el lugar que han ocupado revirtiendo toda justicia: absolviendo al culpable y condenando al inocente.

3. VERSÍCULOS 24–30
   - Ahora, en los versículos 24–30 se anuncia el castigo. La indignación de Dios se levantaría contra quienes repudiaban su ley y despreciaban su Palabra.
   - A la llamada de Dios, tropas rápidas y poderosas descenderían sobre Judá (versículos 26–29).
   - Su pueblo sería herido (versículo 25). Las naciones lejanas serían un instrumento de venganza en manos de un Dios airado (versículo 26).
   - La aplicación inmediata de estas palabras inquietantes es para las huestes en marcha y triunfantes, primero de Asiria, que llevaría cautivo a Israel, que son las diez tribus del norte, en el año 722 a. C., y después de Babilonia, que más adelante alcanzaría Judá.
   - Ningún esfuerzo por parte de Judá les permitiría repeler el poder del enemigo cuando hubiera llegado la hora señalada para la destrucción que había sido anunciada por tanto tiempo. Como un león rugiente, las naciones del oriente avanzarían sobre su presa y se la llevarían triunfantes, y en esa hora de angustia ellos clamarían al Señor en vano, porque tinieblas y tristeza estaban destinadas para ellos.
   - Observemos las palabras en el versículo 30: *"en aquel día"*, uniendo esto con los capítulos anteriores y justificando esa conexión. Es bueno recordar que aunque las naciones pueden ser influenciadas por todo tipo de motivos, poco reconocen que Dios se sigue moviendo en el escenario. Su mano poderosa puede verse incluso en nuestra época actual al ver estas y otras verdades de la Palabra de Dios que suceden y se cumplen en nuestro tiempo.

CAPÍTULO 6

Ahora hemos llegado a la tercera visión de Isaías. La primera visión se encontraba en el capítulo 1, la segunda visión comenzó en el capítulo 2 y continuó hasta el capítulo 5, y ahora en el capítulo 6 tenemos la tercera visión. Igual que el tercer libro de la Biblia, Levítico, nos lleva al santuario con las glorias de Cristo desplegadas ante nosotros en todos sus tipos; así, en nuestro libro de Isaías llegamos ahora a la tercera visión. En este capítulo vemos al Señor Jesús en su gloria plenamente manifestada, lo cual es precisamente el significado de "tres".

Esta parte de la profecía es muy reverenciada por nosotros por las palabras registradas en el capítulo 12 de Juan, versículos 36-41. Jesús dijo:

Entre tanto que tenéis la luz, creed en la luz, para que seáis hijos de luz. Estas cosas habló Jesús, y se fue y se ocultó de ellos. Pero a pesar de que había hecho tantas señales delante de ellos, no creían en él; para que se cumpliese la palabra del profeta Isaías, que dijo: Señor, ¿quién ha creído a nuestro anuncio? ¿Y a quién se ha revelado el brazo del Señor? (ver Isaías 53:1). Por esto no podían creer, porque también dijo Isaías: Cegó los ojos de ellos, y endureció su corazón; para que no vean con los ojos, y entiendan con el corazón, y se conviertan, y yo los sane (ver Isaías 6:10). Isaías dijo esto cuando vio su gloria, y habló acerca de él (véase Isaías 6:1).

Se dan muchas razones por las que este llamado llegó en el capítulo 6 al profeta Isaías. Creo que hay dos razones para que aparezca esta visión aquí en el capítulo 6 y no al comienzo del libro. Los cinco primeros capítulos fueron tristes, trágicos y llenos de juicio, mientras que el sexto capítulo está situado aquí para que lleve un mensaje de esperanza al pueblo. Es también la introducción a la gran sección de la Escritura que llamamos el libro de Emanuel en los capítulos 7 al 11. Esto nunca podría considerarse una "segunda bendición" de Isaías. Lo que se dice aquí en el capítulo 6 es solamente un sello divino de autoridad sobre los capítulos anteriores, al igual que una garantía de la validez de todo lo que sigue.

La visión también podría considerarse como una experiencia renovada, transformadora y aleccionadora que se da misericordiosamente a alguien que ya ha sido convocado al servicio divino. Tales experiencias fueron otorgadas, por ejemplo, a los apóstoles Pedro y Pablo en Hechos 18:9-10. Por lo tanto, independientemente de la razón por la que esta visión está situada aquí en el capítulo 6, es para nuestro aprendizaje y para que Dios nos bendiga a medida que la estudiamos.

1. VERSÍCULOS 1–5

- En el versículo 1 vemos la fecha de la visión. Tuvo lugar *"en el año que murió el rey Uzías"*, que era aproximadamente en el año 740 a. C. Este gobernador, que sufría lepra como resultado de la desobediencia, no se recuperó de esta enfermedad y murió siendo leproso.

- Isaías comienza con una nota triste mencionando la muerte de este rey, pero termina con una nota victoriosa cuando añade: *"vi yo al Señor sentado sobre un trono alto y sublime, y sus faldas llenaban el templo"* (versículo 1).

- Isaías entró en el templo y descubrió que por encima y más allá del rey muerto, había un único rey verdadero de la nación de Israel que no estaba muerto, e Isaías vio al Señor con todo su esplendor majestuoso sentado sobre el trono que era alto y sublime. Este era el mismo templo en el que Uzías había intentado adoptar el servicio de los sacerdotes y librarse de ellos. Isaías estaba familiarizado con ese templo porque había estado allí muchas veces. Por lo tanto, esto puede enseñarnos que se necesitan los ojos del alma para ver a Dios, y los oídos del corazón para escucharlo.

- En los versículos 2 y 3 leemos que por encima del trono había serafines. Esta es la única vez en que se utiliza esta palabra, y se hace en plural. Este es un orden inusual de ángeles. Cada uno tenía seis alas; con dos de ellas cubrían sus rostros, con dos cubrían sus pies, y con dos volaban. Los serafines clamaban: *"Santo, Santo, Santo"* (versículo 3). Esto se refiere al tres en la Deidad: Dios Padre, Dios Hijo, y Dios Espíritu Santo. En esa luz de Dios, Isaías conoce enseguida a los serafines, hasta para darles ese nombre. La palabra "saraph" significa "quemar"; no quemar como nosotros quemaríamos incienso. Esta palabra significa consumir como en el juicio de Dios. Está siempre en relación con una ofrenda de pecado, la cual es consumida sin descanso. Esto nos da parte de la importancia de los serafines. Expresan simbólicamente la santidad de Dios activa, que examina y quema. Recordemos que es la gloria de Jesús la que ve Isaías, y la triple alabanza de los ángeles cuando dicen: *"Santo, santo, santo"* garantiza que *"en él habita corporalmente toda la plenitud de la Deidad"* (Colosenses 2:9).

- En el versículo 4, mientras se proclama el canto de adoración, los mismos postes, puertas y fundamentos comienzan a moverse como respuesta respetuosa a su gloria. Ahora llegamos a la parte personal de la visión donde vemos al Señor preparando un vaso de honor para su uso.

- Ahora llegamos al llamado más detallado de Dios a un hombre que está registrado en la Palabra de Dios. En aquellos días de los fugaces momentos de Uzías, Isaías vio más allá de ese rey, y vio al gran Señor (Jehová, Jesús) y su presencia llenaba el templo. Acudimos ahora al hombre, Isaías, y vemos al Señor preparando un vaso para su honra y su uso.

- El versículo 5 es el primer paso del llamado, y observemos las palabras de Isaías: *"Entonces dije: ¡Ay de mí! que soy muerto; porque siendo hombre inmundo de labios, y habitando en medio de pueblo que tiene labios inmundos, han visto mis ojos al Rey, Jehová de los ejércitos"*. El primer paso, entonces, es que él es llevado a esa luz santa en la cual ve todo con claridad, exactamente como es, y al momento clamó que él es muerto y un hombre de labios inmundos. La luz del Señor Jesús hace que nos detengamos, y revela en nosotros antes que nada que somos pecadores e impuros, y sin embargo, la luz que brilla a nuestro alrededor es la luz del Señor y en su presencia todos nosotros somos como trapos de inmundicia. Isaías reconoce al instante que sus propios labios son inmundos, no meramente los de su prójimo. Él tiene la misma constitución que el resto de todos nosotros. Bajo la luz de esa gloria del Señor no hay diferencia entre nosotros, porque todos hemos pecado y estamos destituidos de la gloria de Dios (ver Romanos 3:23). La única diferencia entre los perdidos y los salvados es el hecho de que nosotros hemos confesado que Cristo es quien marca la diferencia.

2. VERSÍCULOS 6-7
    - En los versículos 6 y 7 vemos que uno de los serafines se acercó a Isaías y tenía un carbón encendido en sus manos que había sacado del altar, y puso ese carbón encendido sobre la boca de Isaías y dijo: *"He aquí que esto tocó tus labios, y es quitada tu culpa, y limpio tu pecado"* (versículo 7).
    - En la presencia de Dios, Isaías se vio a sí mismo inmundo. Siempre, mientras más cerca estamos de Él, más entendemos el pecado que está en nuestra vida.
    - Veamos ahora ese carbón tomado del altar.
        a. La palabra "tomado" aquí no era algo casual e inoperante, sino que la palabra transmite el mismo significado importante que encontramos en Lucas 8:45 cuando el Señor sintió el ligero toque y preguntó: *"¿Quién me ha tocado?"*. En ese toque siempre hay un afecto: una comunicación de virtud.
        b. El carbón encendido es, entonces, nuestro Señor Jesucristo, pero no sobre el trono alto y sublime que estaba levantado, sino el Señor Jesús levantado en la cruz. Aquí vemos en una sola escena lo que tuvo lugar históricamente en dos acciones, en y después de la entrada triunfal en Jerusalén en Lucas 19. Después Él llegó a sentarse sobre su trono, pero el pueblo no estaba preparado para recibirlo a Él como su rey. Él vino a los suyos y los suyos no lo recibieron, de modo que Él se baja, por así decirlo, del trono, y se sitúa a sí mismo sobre el altar. Se convierte en el cordero pascual, o el carbón encendido.
        c. Hay dos altares de donde podría proceder este carbón: el *altar de oro* que está en el lugar santo, llamado el altar del incienso, y está el *altar de bronce* situado en la entrada misma del atrio y llamado el altar del holocausto. Ya que el carbón encendido habla claramente del modo mediante el cual el pecado fue quitado y perdonado, este carbón no pudo provenir del altar del incienso. Ese altar fue proporcionado para la adoración para aquellos cuyos pecados ya habían sido perdonados. Era el altar de bronce y no el altar de oro.
        d. El fuego por el cual estaba encendido el carbón debió haber sido, entonces, el fuego, no de la complacencia y el deleite de los cuales habla siempre el incienso, sino que era el fuego y el carbón del juicio. El ardor en ese carbón era el mismo que encontramos en el nombre de la multitud angélica llamada serafines. Ardía como "serafines".
    - Debe ser diferente para nosotros hoy día; era bastante natural, con el carácter de la dispensación en la cual todo era externo, el que los labios de Isaías debían ser tocados, porque los labios son la manifestación externa de lo que somos realmente (ver Mateo 12:37). Pero es el hombre interior el que debe ser afectado o tocado ahora por ese carbón de fuego, porque es nuestro Señor Jesús sufriendo, ardiendo y siendo consumido para que nuestro corazón sea limpio. Cuando el corazón es cambiado

en nuestra dispensación presente, entonces tenemos libertad y gozo para hablar y caminar con el Señor, y para hacer una confesión gozosa y ser utilizados para el servicio.

- No es necesario, en absoluto, mirar al profeta Isaías aquí como ocupando el lugar de un pecador no perdonado. Seguramente él era un santo (creyente) mucho antes de esto. No es la regeneración de Isaías la que está representada aquí, sino que él fue preparado para el uso del Maestro de acuerdo a toda la Escritura que sigue.
- No confundamos nunca estas dos verdades: hay una limpieza que se realiza de inmediato por gracia divina, y después está el aprendizaje y responsabilidad progresivos y diarios que nos indica el carbón encendido de Cristo que nos toca en oración, el estudio de la Biblia, en adoración, etc.

3. VERSÍCULO 8
    - En el versículo 8, Isaías oyó *"la voz del Señor, que decía: ¿A quién enviaré, y quién irá por nosotros? Entonces respondí yo: Heme aquí, envíame a mí"*. Cuando estamos cerca del Señor, siempre escuchamos al Señor y oímos lo que Él dice. Isaías estaba cerca del Señor aquí en el templo y oyó las palabras.
    - Notemos que la pregunta no está dirigida a importantes rangos de seres angélicos. Ningún serafín ni querubín se ofrece. El Señor Dios tenía a un hombre en mente, y lo estaba preparando para su propio uso.
    - Observemos el fraseo en el versículo 8, cuando el Señor Dios dice: *"¿A quién enviaré, y quién irá por nosotros?"*. La palabra *"nosotros"* aquí es plural, y Dios Padre, Dios Hijo y Dios Espíritu Santo son todos ellos revelados en esa palabra llamada *"nosotros"*.
    - ¿Y qué vio Isaías allí en el templo? Realmente vio la manifestación del Hijo de Dios.
    - Entonces Isaías se ofrece voluntariamente. Cuando había sido limpiado y tocado por el Señor Jesús, estaba listo para recibir el llamado, y el llamado siempre llega de un modo distinto. Dios siempre nos llama y se aparece a nosotros si escuchamos. Un hombre siente un llamado de Dios. El llamado es la necesidad y la necesidad es el llamado. Esto es siempre cierto en la Escritura.
    - Isaías se ofreció voluntariamente y siguió adelante otros cincuenta años de predicación y profecía.

4. VERSÍCULOS 9–10
    - En este pasaje el Señor le dice a Isaías:

        Anda, y di a este pueblo: Oíd bien, y no entendáis; ved por cierto, mas no comprendáis. Engruesa el corazón de este pueblo, y agrava sus oídos, y ciega sus ojos, para que no vea con sus ojos, ni oiga con sus oídos, ni su corazón entienda, ni se convierta, y haya para él sanidad.

    - Cuando los serafines llegaron y limpiaron a Isaías, e Isaías se ofrece voluntario para el servicio de Dios, el Señor le dijo: "Anda".
    - Isaías debía dar al pueblo el mensaje del Señor, pero el Señor dijo en estos dos versículos que ellos no oirían, verían ni entenderían. Parece extraño y triste que el profeta Isaías sea enviado a personas ciegas, sordas y duras de corazón, y sin embargo podemos decir con seguridad y enseguida que Dios nunca endurece corazones que de otro modo estarían tiernos. Él no ciega los ojos de quienes quieren ver.
    - Esto puede compararse con llevar una brillante luz a un granero oscuro en la noche. Enseguida, todas las criaturas impuras de la oscuridad, como ratas y ratones para las que la oscuridad es agradable, huyen de la luz y corren otra vez hacia la oscuridad. Pero las aves y las criaturas de luz volarán hacia la luz igual que un insecto en la noche. La lámpara entra en la oscuridad para juicio y expone el verdadero estado de todos y lo que realmente son. Pero la luz no alteró a ninguna de las criaturas, solamente las reveló. No transformó en impuro lo que antes era puro, y el evangelio es igual. La misma luz del sol que endurece el barro también funde la cera, de modo que lo que endurece es la gracia rechazada. No es la ira, sino las riquezas de su bondad y longanimidad lo que nos conducirá

al arrepentimiento. Si esa bondad es rechazada y despreciada, entonces el corazón se endurece y aumenta en enojo hacia Dios.

5. AY, HE AQUÍ, ANDA
    - Quiero destacar tres palabras antes de continuar con este pasaje. Primero, en el versículo 5 encontramos la palabra "ay". En el versículo 7 encontramos el término "he aquí". En el versículo 9 encontramos la palabra "anda".
    - Este es el modo en que Dios obra normalmente en nuestras vidas: "Ay, he aquí, anda".

6. VERSÍCULOS 11–13
    - Isaías conoce las condiciones del corazón de Judá, y en el versículo 10 vimos que el Señor Dios le dijo que Judá no entendería, vería, percibiría o escucharía, de modo que Isaías clamó a gran voz: "¿Hasta cuándo?".
    - La desolación estaba cerca, como vemos en el versículo 11. El Señor dirigió a Isaías a decirle al pueblo: *"Hasta que las ciudades estén asoladas y sin morador, y no haya hombre en las casas, y la tierra esté hecha un desierto"*. Isaías debía hacer todo lo posible por alcanzar al pueblo mientras estuvieran presentes y fueran capaces de oírlo, y antes de que llegara una catástrofe como la cautividad de Judá.
    - Observaremos que, incluso, mientras Dios describe el destino de Judá, también inserta una nota de misericordia. A pesar de cuán aterrador pudiera ser el futuro de Judá, el Señor promete no olvidarse nunca de su remanente fiel. Aquí se denomina *"décima parte"* y *"simiente santa"* al remanente (versículo 13).
    - Dios trataría con bondad al remanente fiel. Algún día los haría regresar a la tierra. Esto sucedió en los días de Esdras y Nehemías. Y esto sigue siendo cierto en el presente: Él recordará su antiguo pacto con Israel y le está llevando otra vez a un lugar de bendición.
    - En nuestra época se aplica esto mismo. El juicio, sin duda, caerá sobre quienes rechazan al Señor Jesús. Ahora sabemos que nuestro Señor regresará por sus santos. Sin embargo, Él es siempre fiel al remanente en nuestro tiempo, el cual es la Iglesia.
    - Es importante volver a enfatizar la importancia de las palabras "décima parte" y "regreso". Israel nunca perecerá totalmente más que una semilla viva perece cuando es enterrada en la tierra. El germen de vida dentro de la semilla hace que sobreviva aunque su cascarón externo a menudo queda disuelto.
    - La figura retórica utilizada en el versículo 13 indica que aunque un roble que ha sido cortado aún tiene vida en sus raíces y brota un tronco y en ese tronco el árbol sigue viviendo, todo depende del principio de vida que esté en ese tronco arraigado.
    - Por lo tanto, otras naciones quizá pasen por completo a la historia y lo hacen porque carecían del germen de vida, pero para Israel, *"la simiente santa"* ha sido prometida y ha sido perpetuada como nación y este es el germen de vida del tronco arraigado, el cual Dios prometió en sus anteriores pactos con Israel.

¿Cuánto recuerda?

1. En la ruina y desolación, ¿cuál es la promesa, esperanza y bendición que permanecen para Israel?
2. ¿Qué significa el término "milenio"?
3. Recuerde los seis ayes descritos en el capítulo 5.
4. Describa la visión de Isaías en el templo del capítulo 6.

Su tarea para la próxima semana:

1. Repase sus notas de esta lección.
2. Lea Isaías, capítulos 13 y 14.
3. Subraye su Biblia.

Lección 3. Notas

Lección 4
CAPÍTULOS 7, 8 y 9

CAPÍTULO 7

Ahora comenzamos lo que se llama "el libro de Emanuel", que comienza en el capítulo 7 y continúa hasta el capítulo 12, versículo 16. Toda esta sección se denomina el libro de Emanuel, y para un estudio de su trasfondo permítame tan solo preparar la escena mientras vemos el versículo 1:

Aconteció en los días de Acaz hijo de Jotam, hijo de Uzías, rey de Judá, que Rezín rey de Siria y Peka hijo de Remalías, rey de Israel, subieron contra Jerusalén para combatirla; pero no la pudieron tomar.

No había mejores administradores que Uzías y su hijo Jotam. Pero el más lamentable de todos era Acaz, el hijo de Jotam y nieto de Uzías. Era idólatra e inmoral. En uno de los puntos más críticos en la historia de Judá, estaba Acaz como un gran sapo sobre el trono de Jerusalén.

Acaz, ante la amenaza de Rezín, rey de Siria, y Peka, del reino norteño de Israel, entregó secretamente su reino a Tiglat-pileser, rey de los asirios (ver 2 Crónicas 28:16–25) en lugar de acudir a Dios pidiendo ayuda, fortaleza y sabiduría. Fue en esta ocasión cuando Dios envió a Isaías a confrontar a Acaz y a rogarle que no buscara refugio y ayuda en los asirios, sino que buscara la ayuda y el refugio en el Dios Todopoderoso.

Antes de entrar en el estudio versículo a versículo del capítulo 7, sería sabio que considerásemos la ley de la doble referencia como se ve en estos capítulos, particularmente en cuatro áreas. En primer lugar, se describe la persecución de los hebreos a manos de gobernantes extranjeros, es decir, el tiempo de Isaías y también de la gran tribulación que aún está en el futuro. La segunda doble referencia es el juicio de las naciones, tanto de Asiria como de los ejércitos reunidos en Armagedón, es lo que se describe. En tercer lugar, el trato de Dios con el remanente judío, tanto después de la cautividad babilónica como después de la gran tribulación. En cuarto lugar, la llegada del Mesías, tanto su nacimiento virginal como su futuro regreso a la tierra en gloria. Esto se describe de forma gloriosa. El libro de Emanuel es llamado así porque trata largo y tendido del Mesías que sin duda es "Dios con nosotros".

1. VERSÍCULOS 1–3
   - El capítulo 7 comienza con dos enemigos que siempre han actuado de forma independiente contra Judá, que ahora se unen y avanzan hacia Jerusalén. Se difundió la noticia de este avance, no exactamente a Acaz en persona, sino en el versículo 2, a la *"casa de David"* que él representa.
   - Al llegar la noticia, el corazón de Acaz se estremeció y el corazón de su pueblo como *"los árboles del monte a causa del viento"* (versículo 2). En otras palabras, se llenaron de terror y temblaron.
   - En el versículo 3 el Señor le habla directamente a Isaías y le dice: *"Sal ahora al encuentro de Acaz, tú, y Sear-jasub tu hijo, al extremo del acueducto del estanque de arriba, en el camino de la heredad del Lavador"*. Notará que el Señor le da a Isaías el detalle en cuanto a dónde debía encontrarse con Acaz.
   - Casi despreocupadamente se menciona al hijo. Como el chico ni dijo ni hizo nada, todo el significado de su presencia tenía que estar en su nombre. El nombre Sear-jasub significa "un remanente regresará", y es claramente el vínculo con las últimas palabras del capítulo anterior, que dice: *"Y si quedare aún en ella la décima parte, ésta volverá"* (Isaías 6:13). Así que el hijo del profeta es una señal del cumplimiento de la palabra que el Señor da al profeta.
   - Notemos las palabras en el versículo 3 con respecto a dónde tenía que verse Isaías con Acaz. Debía reunirse con él en el extremo del acueducto del estanque de arriba, en el camino de la heredad del Lavador. Ahora bien, ¿qué significa todo esto? Isaías tiene que ir hasta el final del suministro de agua

donde salen las aguas vivificantes que llegan a Jerusalén. Ese suministro de agua viene del mismo significado que "el altísimo" y es el estanque de arriba. Esto tiene todo el sentido porque solo Cristo es el acueducto o el canal por el que la bendición de Dios puede llegarnos a todos. El lugar estaba "al extremo del acueducto". Cristo es el antitipo de este acueducto, no en su encarnación al nacer de la virgen, o en su vida, sino solo cuando fue resucitado de la muerte. Él simbólicamente sopló esa vida en sus discípulos porque solo tras haber muerto y resucitado, Él se convierte en el extremo del acueducto. Todo esto señala a Cristo como el agua de vida (ver Juan 4:6–14). La heredad del Lavador era donde se lavaban las vestiduras y se convirtió en un lugar de limpieza.

- En el versículo 3 también encontrará la frase *"en el camino de la heredad del Lavador"*. El camino es una senda claramente definida al alzarse sobre la tierra de alrededor para que las personas puedan caminar. Se destaca que el camino está elevado y que por lo general era cuesta arriba porque se dice *"en el camino de la subida"* (1 Crónicas 26:16). Por lo tanto, si el acueducto es el camino por el que descienden las aguas de la bendición, el camino elevado es el sendero limpio y santo que sube hasta la fuente de toda bendición.

- Proverbios 16:17 nos da una verdad más clara y moral cuando dice: *"El camino de los rectos se aparta del mal"*. Después, otra vez encontramos en Isaías 35:8: *"Y habrá allí calzada y camino, y será llamado Camino de Santidad"*. La lección aquí es que la bendición de vida desciende en la gracia soberana y es el "acueducto". La vida recibida es ascendente por la senda del camino alto. Nuestro Señor es tanto el camino alto como el acueducto, y también el que limpia al "lavador".

2. VERSÍCULOS 4–9

- Aquí vemos una parte del resto de la declaración de Isaías a Acaz. Esta declaración había comenzado en el versículo 3, y después Isaías le dice a Acaz:

   Y dile: Guarda, y repósate; no temas, ni se turbe tu corazón a causa de estos dos cabos de tizón que humean, por el ardor de la ira de Rezín y de Siria, y del hijo de Remalías. Ha acordado maligno consejo contra ti el sirio, con Efraín y con el hijo de Remalías, diciendo: Vamos contra Judá y aterroricémosla, y repartámosla entre nosotros, y pongamos en medio de ella por rey al hijo de Tabeel. Por tanto, Jehová el Señor dice así: No subsistirá, ni será. Porque la cabeza de Siria es Damasco, y la cabeza de Damasco, Rezín; y dentro de sesenta y cinco años Efraín será quebrantado hasta dejar de ser pueblo. Y la cabeza de Efraín es Samaria, y la cabeza de Samaria el hijo de Remalías. Si vosotros no creyereis, de cierto no permaneceréis (versículos 4–9).

- Acaz ve dos ejércitos victoriosos que avanzan hacia él. El Señor Dios dice, básicamente: "No, ellos son solo dos cabos de antorcha que están a punto de extinguirse juntos. Son solo humo sin llama". Si Acaz quería creer en el Señor, entonces tenía que mirar sesenta y cinco años más adelante y uno de sus enemigos cesaría de ser un pueblo y el trono lo tomaría uno que sería llamado hijo de Tabeel (versículo 6). Esa palabra, cuando se pronunciaba correctamente como Tabeal, significa "el dios que no vale para nada", pero si se pronunciaba Tabeel, entonces significa "el buen dios". ¿Permitirá Jehová que la casa de David sea apartada para el "hijo de uno que no vale para nada"? ¡La respuesta es no!

- Los siguientes versículos abrirían los ojos de cualquiera porque el Señor dice, *"ni será"* (versículo 7). Después pasa a explicar que Siria tiene su cabeza en su capital de Damasco y que se les puede ver en la cabeza de Damasco, Rezín, y cuando uno mira a Rezín realmente ve a Siria. Rezín está en asociación, o colaboración con Efraín, y dentro de sesenta y cinco años Efraín será hecho pedazos. Esto tiene un doble significado; Efraín fue esparcido entonces (y son las diez tribus del norte) y Efraín o Israel fue esparcido durante todos los años hasta 1948. La cabeza de Efraín es Samaria y la cabeza de Samaria es Peka, el hijo de Remalías. Cuando vea un hombre indigno de un nombre como "el hijo de Remalías", ve a todo Efraín.

3. VERSÍCULOS 10–12
   + La segunda vez que Isaías confronta a Acaz con las palabras del Señor es en los versículos 10 y 11.
   + Isaías le dijo a Acaz, básicamente: "Tan solo confía en Dios y Él destruirá a Peka y Rezín". Pero Acaz ya se había propuesto en su corazón alguna otra forma de ayuda, la ayuda de Tiglat-pileser, e Isaías se plantó delante de él de nuevo y dijo: *"Pide para ti señal de Jehová"* (versículo 11).
   + Acaz responde en el versículo 12 diciendo: *"No pediré, y no tentaré a Jehová"*. La verdadera razón para rechazar la oferta fue el hecho de que Acaz había decidido no hacer la voluntad de Dios, sino negociar con Asiria y continuar en la idolatría descrita en 2 Reyes 16.

4. VERSÍCULO 13
   + En el versículo 13 el Señor dice: *"Oíd ahora, casa de David. ¿Os es poco el ser molestos a los hombres, sino que también lo seáis a mi Dios?"*. Esta profecía se dirige a toda la casa de David, y encontramos en ella una profecía continuada dirigida a la familia davídica.
   + La palabra *"molestos"* significa "probar la paciencia de" y la palabra *"hombres"* habla de los profetas.
   + Isaías aún no ha dado ninguna prueba externa de que él era de Dios, pero ahora Dios está ofreciendo una señal, la cual Acaz rechaza públicamente. Por lo tanto, el pecado no es ahora meramente contra los hombres, sino abiertamente contra Dios, y vemos la postura de Isaías y su cambio en su enfoque pasando de la benevolencia a la firme represión. Como Acaz no pidió una señal del cielo, el Señor dijo: "yo te daré una señal y siempre la recordarás".

5. VERSÍCULOS 14–16
   + Fue entonces cuando Isaías dio la profecía mesiánica de Isaías 7:14. Viendo más allá del rey Acaz, él vio al Mesías, y esa señal fue para toda la casa de Israel. Copie la profecía mesiánica que se encuentra en el versículo 14.

   _____

   _____

   _____

   _____

   _____

   + La palabra para "virgen" siempre ha sido un punto de controversia. En alguna traducción en inglés se ha intentado tomar la palabra y despojarla de todo su significado, traduciéndola como "mujer joven". Ponen una nota a pie de página con la palabra "virgen". Esto se debería corregir. Puede que haya ocasiones en las que esta palabra se pueda traducir como "mujer joven", pero no aquí. Obviamente, no sería una señal de Dios el que una mujer joven tuviera un hijo. Eso es algo común. Aunque una mujer joven tuviera un hijo nacido fuera del matrimonio, no sería algo inusual. Obviamente, Isaías quería que el significado de la palabra en el original fuera "virgen".
   + Al volver a leer la frase durante esta dispensación, vemos que Isaías usó exactamente las palabras que el Señor Dios puso en su corazón y que 750 años después de su predicción, la profecía se cumplió (ver Mateo 1:23). Por este pasaje vemos que queda fuera de lugar cuestionar la profecía de Isaías de un Mesías.
   + Por fe, la señal es Jesús, y solo Jesús. Pero cuando consideramos el contexto de que hubo una señal que se ofreció a pesar del pecado de Acaz, entonces consideramos la aparente conexión estrecha entre el versículo 14 y el 16. La profecía superficialmente leída parece dar a entender que antes de que el hijo de la virgen supiera cómo rechazar el mal y escoger el bien, es decir, aparentemente antes

de que Emanuel hubiera llegado a la edad de poder ejercer esa discreción, tanto Siria como Efraín serían devastadas, y es de esta devastación que el nacimiento sobrenatural del niño sería una señal.

- Siempre hay un significado en la profecía del cumplimiento casi presente y del cumplimiento final lejano. En este caso, debe haber habido un cumplimiento histórico cercano para Acaz mismo. Esto es cierto aquí en este caso porque en el siguiente capítulo encontrará el cumplimiento inmediato en el nacimiento de un hijo de Isaías y la madre, la profetisa, a quien estudiaremos en el capítulo 8, pero no se le llamó Emanuel. Este es el cumplimiento cercano, pero de ninguna manera cumple los requisitos de los versículos 14 y 15. Ese niño del capítulo 8 no fue llamado Emanuel, así como ningún otro niño ha sido llamado jamás por ese nombre, sino que el niño del capítulo 8 fue llamado Maher-shalal-hash-baz, que significa "veloz para destruir" o "la recompensa se apresura". Bajo la dirección divina del Dios todopoderoso, el nombre del niño que iba a nacer de una virgen sería Emanuel, que significa "Dios con nosotros". Nunca ha habido otro niño al que le hayan puesto este nombre. Aunque es cierto que muchos niños han sido llamados Jesús, no fue ni es hasta la fecha un nombre poco común, de hecho Josué es una forma del nombre, pero este niño significa "Dios con nosotros" o "Salvador" y es la manifestación de Dios mismo.
- No debería haber énfasis alguno en la mamá aquí, salvo que era virgen. Se convirtió en la madre de la humanidad de nuestro Señor Jesucristo.
- La señal de este cumplimiento no se daría totalmente durante los días de Acaz porque el profeta inmediatamente añadió: *"Comerá mantequilla y miel, hasta que sepa desechar lo malo y escoger lo bueno. Porque antes que el niño sepa desechar lo malo y escoger lo bueno, la tierra de los dos reyes que tú temes será abandonada"* (versículos 15-16). La expresión *"Comerá mantequilla y miel"* es muy impactante porque indica la verdadera humanidad del niño que nacería de la virgen. Aunque iba a ser concebido sobrenaturalmente, tendría un cuerpo físico real que sería alimentado con comida adecuada como ocurre en el caso de los demás niños. La mantequilla era la mejor comida animal y la miel la mejor comida vegetal. Con estas cosas el santo niño sería alimentado para que pudiera pasar de niño a adulto de una forma normal.
- Cuando vamos a los registros del Nuevo Testamento, no leemos acerca de algún niño destacadamente distinto cuyas primeras actividades fueran distintas de las de los demás niños pequeños. Él crecía en sabiduría, estatura y favor con Dios y con los hombres. Alimentándose de la comida provista, creció de la infancia a la juventud y de la juventud a la vida adulta. La humanidad de nuestro Señor fue exactamente como la de los demás, aparte del pecado: totalmente apartado del pecado.
- No olvidemos el significado inmediato de esta profecía bosquejada en el capítulo 8 por el hijo de Isaías y el significado profético que llegaría cientos de años después mediante el Señor Jesucristo al nacer de una virgen.

6. VERSÍCULOS 17–25
    - En los versículos 17–25 vemos una predicción de una invasión inminente de Judá. Esto se explica con más detalle en 2 Crónicas 28:1–20.
    - Observemos en el versículo 17 que la promesa que el Señor traería sobre el pueblo de Judá no había llegado sobre ellos el día que Efraín (el reino del norte) salió de Judá, y esto vendría por medio del rey de Asiria.
    - Judá sería el muro de contención entre dos grandes potencias: Asiria y Egipto. Egipto se describe como una mosca y Asiria se describe como una abeja, y ambas descenderían sobre Judá por la llamada del Señor Dios. Al llegar, lo harían en grandes cantidades esparciéndose por toda la tierra incluso hasta los valles y las cavernas (versículo 19).
    - En el versículo 20 vemos que Asiria se describe como una navaja que ha sido rentada para rasurar todo lo que tenían: su tierra, sus cosechas y su pueblo. Las grandes ciudades de Judá caerían, y solo quedarían espinos y cardos donde antes hubo industrias florecientes, plantaciones y viñedos.

- En el versículo 21, cuando todo se termine, un hombre será afortunado de tener una vaca y dos ovejas y habrá tierra suficiente sin cultivar, tanta que incluso estas tres criaturas le darán la leche y la mantequilla que necesite. Cualquiera que quisiera sobrevivir lo haría a base de leche, mantequilla y miel (versículo 22).
- Judá será destrozada en ese día porque donde había viñedos, donde las vides valían mil siclos de plata, o unos veinticinco centavos, la tierra sería cubierta de cardos y espinos, los cuales reemplazarían a las uvas. Estos cardos y espinos se convertirán en una jungla para las bestias salvajes, como verá en el versículo 24.

CAPÍTULO 8

Al comenzar el capítulo 8 recordará que hemos estudiado primero acerca del primer hijo de Isaías, Sear-jasub en el capítulo 7, versículo 3. Después ascendimos al Hijo, Emanuel, y ahora volvemos a bajar al segundo muchacho, el segundo hijo de Isaías llamado Maher-shalal-hash-baz. Después procederemos en el capítulo 9 a subir de nuevo al Hijo llamado Admirable y todos los demás nombres que se le dan a Cristo.

1. VERSÍCULOS 1–3
   - Al comienzo del capítulo 8 se le habla a Isaías directamente, quien tiene que tomar una tabla grande y colgarla en un lugar destacado para que todos la vean, y escribir sobre ella con caracteres legibles. Con respecto a su segundo hijo, tiene que escribir su nombre antes de que nazca y por eso escribe las palabras *"Maher-shalal-hash-baz"* (versículo 1).
   - En el versículo 2, mediante dirección divina, selecciona dos testigos, el número necesario para que sea un testimonio competente, cuyos nombres se nos dan aquí en las Escrituras y, por lo tanto, estamos bastante seguros de que esos nombres son significativos. Los nombres de los testigos son Urías, el sacerdote, que significa "Jehová es mi luz", y el segundo es Zacarías, que significa "Jehová recuerda". Zacarías era el hijo de Jeberequías, que significa "Jehová bendecirá". Así, un testigo dice con su nombre "Jehová es mi luz" y el otro indica que el Señor Dios va a bendecir y que Dios nunca se olvidará de su pueblo.
   - ¿Por qué Isaías tomó a los dos testigos y escribió el nombre de su segundo hijo antes de que fuera incluso concebido? Cuando Asiria devastó Siria y Efraín, los dos testigos testificaron que la tabla o el papel del profeta habían sido expuestos durante unos veinte meses, llevando esa extraña palabra, el nombre de su hijo, un nombre que nadie le pondría a un hijo a menos que fuera divinamente ordenado. Ese nombre iba a presagiar lo que vieron ocurrir ante sus propios ojos, y todo esto iba a suceder rápidamente.
   - Si recuerda, mencioné en el capítulo 7 que había un significado doble en muchas de las cosas que leemos en este libro de Emanuel desde el capítulo 7 al 12. Aquí, encontramos parte de una explicación de uno de esos dobles significados. En el capítulo 7 se dio una señal de que una virgen concebiría y daría a luz un hijo y sería llamado Emanuel. Ese era el significado a largo plazo y sucedería unos 750 años después de que Isaías escribiera esas palabras. Aquí, en el capítulo 8, vemos el significado inmediato que completa el doble significado con el nacimiento del segundo hijo de Isaías. Emanuel, como recordará, significa "Dios con nosotros", mientras que Maher-shalal-hash-baz significa "el despojo se apresura" o "tus enemigos pronto serán destruidos". En nuestro propio lenguaje simplemente significa "Dios se opone a los que se oponen a quienes estamos por Dios".

2. VERSÍCULOS 4–8
   - En el versículo 4 podemos ver otro doble significado en el hecho de que antes de que este hijo, el hijo de Isaías, tenga conocimiento para decir las palabras "padre mío y madre mía", todas las riquezas de Damasco o Siria y las ruinas de Israel, el reino del norte, se las llevará el rey de Asiria.

- En los versículos 5 al 7 encontrará las palabras del Señor hablando a Isaías: *"Por cuanto desechó este pueblo las aguas de Siloé, que corren mansamente, y se regocijó con Rezín y con el hijo de Remalías; he aquí, por tanto, que el Señor hace subir sobre ellos aguas de ríos, impetuosas y muchas, esto es, al rey de Asiria con todo su poder; el cual subirá sobre todos sus ríos, y pasará sobre todas sus riberas"*.
- Esa palabra, "Siloé", significa "enviado". Este es otro nombre para Cristo, así que exploremos esto un momento. Siloé fluía entre el monte Sion y el monte Moriá. Sion cuenta siempre la historia de gracia en contraste con el monte Sinaí, el cual cuenta la historia de la ley. Moriá cuenta la misma historia porque es aquí donde Dios se proveyó de un cordero (ver Génesis 22:2, 8). Fue en el monte Moriá donde se construyó el templo donde esos sacrificios que se ofrecían señalaban al Cordero de Dios. Ahora bien, Siloé está en la base de estos dos montes. ¿Podría alguna otra cosa hablar más claramente de Cristo que es el verdadero Siloé, el enviado, que está en la base de toda bondad, misericordia y gracia de Dios?
- Mientras hablamos sobre el versículo 6, quiero decir algo sobre los nombres Rezín y Remalías. Esos nombres también son muy importantes.
    a. Remalías es una palabra compuesta de "rem", que significa "elevado o levantado", junto con la preposición "Yo" y la tan reconocida "jah" o Jehová, y la palabra completa sería "levantado a Jehová". Ahora bien, esto significa justo lo contrario de lo que podría usted pensar. Significa que él, Remalías, se levantaría a sí mismo para ser como Jehová. Remalías entonces es un nombre que tiene la intención de guiar nuestros pensamientos a Lucifer o Satanás.
    b. Rezín, el rey de Siria, significa "obstinación". El nombre de su reino se puede malinterpretar si dejamos la palabra hebrea "Aram" sin cambiarla a la griega llamada "Siria". Aram es precisamente la misma raíz que la primera sílaba de Remalías, y significa de nuevo "elevado". Así, cuando juntamos todo esto, vemos que el obstinado, Rezín, es el rey de Aram, los elevados, los hijos del orgullo.
- Vemos aquí que Siria y Samaria habían rehusado reconocer el valor de tener una asociación con Judá y por eso rechazaron las aguas de Siloé y habían unido sus fuerzas con Rezín y Peka, y el Señor traía contra ellos los ejércitos del rey de Asiria, que recorrerían sus tierras como un gran río y llegarían incluso a Judá inundando también la tierra de Emanuel (ver versículo 8). Esa es la tierra prometida por pacto a Abraham y su simiente. *"Tu tierra, Oh Emanuel"* se refiere a la tierra de Palestina, la tierra de Jehová, la cual Él había reclamado como suya cuando declaró: *"La tierra no se venderá a perpetuidad, porque la tierra mía es"* (Levítico 25:23).

3. VERSÍCULOS 9–17
- En esta sección de las Escrituras, Isaías exhorta: *"A Jehová de los ejércitos, a él santificad; sea él vuestro temor, y él sea vuestro miedo"* (versículo 13).
- En el versículo 14, ellos tenían que temer al Dios de los cielos y mirarlo. Él será su salvación o su piedra de tropiezo. Esto se cumplió literalmente en Cristo en 1 Corintios 1:23, donde Pablo dice: *"pero nosotros predicamos a Cristo crucificado, para los judíos ciertamente tropezadero, y para los gentiles locura"*. Las palabras *"A Jehová de los ejércitos, a él santificad"* en el versículo 13 es un mandato extraño, y encontrará una frase parecida en 1 Pedro 3:15 y simplemente significa que Dios tiene que ser santificado en los corazones de sus hijos.
- Tras anunciar la apostasía venidera en la iglesia de Éfeso, Pablo dijo en Hechos 20:32: *"os encomiendo a Dios, y a la palabra de su gracia"*. Por lo tanto, aquí en los versículos 16 y 17 Isaías está hablando por cuenta de Dios y exclama: *"Ata el testimonio, sella la ley entre mis discípulos"*. Para los que están dispuestos a ser enseñados por Dios, la palabra se vuelve cada vez más preciosa a medida que los días se oscurecen.

4. VERSÍCULOS 18–22

- En el versículo 18 encontramos un versículo muy importante. Isaías y su familia fueron llamados a ser un testimonio para todo Israel: *"He aquí, yo y los hijos que me dio Jehová somos por señales y presagios en Israel, de parte de Jehová de los ejércitos"*. Eso significa que toda la familia de Isaías sería por señal y entonces, ¿qué significa eso? *Isaías* significa "Jehová salvará". *Sear-jasub* significa "un remanente regresará" y *Maher-shalal-hash-baz* significa "tus enemigos deben ser destruidos pronto". Así, toda la familia de Isaías sería por señal y presagio en Israel.

- En el versículo 19 hay una advertencia contra el espiritismo. Dios prohíbe a su pueblo hacer incursiones en este sistema satánico. Cuando las personas se apartan de Dios, por lo general van tras lo oculto y lo anormal, y notemos en el versículo 19 que dice: *"Preguntad a los encantadores y a los adivinos, que susurran hablando, responded: ¿No consultará el pueblo a su Dios? ¿Consultará a los muertos por los vivos?"*. Eso significa, en esencia: "Entonces están intentando descubrir el futuro consultando a espíritus y adivinos que susurran, ¿pueden hablar con los muertos? ¿Por qué no le preguntan a Dios?".

- Después, en el versículo 20: *"Si no dijeren conforme a esto, es porque no les ha amanecido"*. Encontrará algunas referencias a estas cosas de las que hemos hablado en los versículos 19 y 20, en Deuteronomio 18:9-12 y en Levítico 20:27.

- Versículos 21–22: La firme Palabra de Dios permanece, y si alguno habla contra ella, es porque esa persona está en tinieblas. Es decir, cuando el día amanezca para la bendición eterna de los redimidos, habrá total oscuridad para los que rechazaron la luz de la verdad solo para ser desviados por lo falso. Serán expuestos por la Palabra de Dios. Los que están en oscuridad e indagan en este satanismo solo encontrarán problemas, angustias y oscura desesperación, y serán sumidos en las tinieblas.

CAPÍTULO 9

Los primeros versículos del capítulo 9 forman un semblante de lo que justo acaba de suceder en el capítulo 8. Sabemos esto porque la primera palabra del capítulo 9 es *"Mas"*. El capítulo 9 es uno de los capítulos importantes de toda la Palabra de Dios. La mayoría de ustedes están familiarizados con este capítulo porque contiene una parte de las Escrituras que se lee con bastante frecuencia.

No olvidemos el trasfondo histórico y geográfico en el que se nos dan los capítulos 8 y 9. Es importante que recordemos lo que hemos enseñado en los capítulos 7 y 8 para poder entender este capítulo.

1. VERSÍCULOS 1–3

- Este capítulo comienza con un versículo que generalmente es difícil de traducir, pero que cuando lo vemos en todo el contexto de la Palabra de Dios, no se nos hace difícil entenderlo. Es como si Isaías pudiera mirar a través de los siglos y ver al Señor Jesús lleno de gracia y de verdad dando a conocer las maravillas de Dios y su amor redentor a los que escucharon y aceptaron a la Luz de vida.

- Cuando leemos el versículo 1 y después lo comparamos con Mateo 4:15–16, el significado parece ser muy claro. Galilea era el área despreciada y un lugar donde los gentiles se habían congregado. El Señor Jesús pasaba por Jerusalén, el centro religioso de su tiempo, y puso su cuartel general en la despreciada periferia del reino. Zabulón y Neftalí estaban situados en el norte, con Neftalí situada junto a la orilla occidental del mar de Galilea y Zabulón contiguo a Neftalí en el oeste. Nazaret estaba en Zabulón, y Capernaúm, que era el cuartel general de Jesús, estaba en Neftalí.

- Al margen de la traducción e interpretación del versículo 1, es obvio que el pueblo en Galilea, que estaba en la oscuridad del paganismo, vio una gran luz, a Jesús, la luz del mundo (ver Juan 8:12). Esto se cumplió con la primera venida de Cristo. El versículo 2 entonces, se refiere a la primera venida de Cristo.

- En el versículo 3, Isaías mira el día en el que de nuevo Dios reconocerá a la nación como un pueblo que tiene una relación de pacto con Él. Notemos que es su pueblo, Israel, del que se habla en el versículo 3 y no de los gentiles. El profeta estaba diciendo: "aunque has multiplicado la nación, y has aumentado el gozo". Este pasaje realmente mira hacia adelante a esa bendición futura de Israel cuando el Señor los hará regresar a Él y también a su tierra. y habrán aprendido a conocer al Mesías. Hay un paréntesis de tiempo entre los versículos 2 y 3. El versículo 2 trata sobre la primera venida de Cristo, y el versículo 3 sobre la segunda venida.

2. VERSÍCULOS 4–5

- Los versículos 4 y 5 contemplan las condiciones que prevalecerían en el mundo durante los largos siglos de la dispersión de Israel. Estos versículos tenían una aplicación local con la destrucción a manos del ejército asirio. El profeta describe las tristes condiciones destinadas a ser parte de las naciones hasta que Cristo regrese.

- El versículo 5 coincide con las palabras de nuestro Señor en Mateo 24:6–7 donde dice: *"Y oiréis de guerras y rumores de guerras; mirad que no os turbéis, porque es necesario que todo esto acontezca; pero aún no es el fin. Porque se levantará nación contra nación, y reino contra reino; y habrá pestes, y hambres, y terremotos en diferentes lugares"*. Así que estos versículos miran más allá del tiempo inmediato de Israel para analizar los días de la gran tribulación.

3. VERSÍCULOS 6–7

- Los versículos 6 y 7 nos dan una de las profecías más completas, en cuanto a nuestro Señor Jesús, que podemos encontrar en ningún otro lugar del Antiguo Testamento.

- Hemos visto en los dos últimos versículos que la idea va más allá de la condición actual de los tiempos de Isaías y mira hacia delante, al periodo de la gran tribulación.

- Con ese trasfondo encontramos los versículos 6 y 7, que dicen:

    Porque un niño nos es nacido, hijo nos es dado, y el principado sobre su hombro; y se llamará su nombre Admirable, Consejero, Dios Fuerte, Padre Eterno, Príncipe de Paz. Lo dilatado de su imperio y la paz no tendrán límite, sobre el trono de David y sobre su reino, disponiéndolo y confirmándolo en juicio y en justicia desde ahora y para siempre. El celo de Jehová de los ejércitos hará esto.

- Esta es una profecía de Jesucristo tan completa como el capítulo 53 de Isaías. La referencia aquí es la segunda venida principalmente, así como el capítulo 53 lo es de la primera. Estos versículos continúan la idea de los versículos 3-5 y miran hacia la segunda venida de Cristo. La pregunta surge en cuanto a cómo "un niño nos es nacido" en su segunda venida. En primer lugar, digamos claramente que Él no "nos" nació, es decir, a la nación de Israel, en su primera venida. Juan nos dice: *"A lo suyo vino, y los suyos no le recibieron"* (Juan 1:11). Él nació en Belén la primera vez, pero esta no es esa referencia. Cristo nacerá para la nación de Israel en su segunda venida. Quizá sea mejor decirlo de esta forma: ellos nacerán como nación de una vez. Esto se entiende perfectamente en el último capítulo de Isaías, capítulo 66 y versículos 7-8, donde leemos:

    Antes que estuviese de parto, dio a luz; antes que le viniesen dolores, dio a luz hijo. ¿Quién oyó cosa semejante? ¿Quién vio tal cosa? ¿Concebirá la tierra en un día? ¿Nacerá una nación de una vez? Pues en cuanto Sion estuvo de parto, dio a luz sus hijos.

- Israel tiene que nacer de un niño varón en el futuro, no hablando del nacimiento de Jesús, sino del nacimiento de ellos. Este será el *nuevo nacimiento* de la nación de Israel cuando Él venga. Los versículos 6 y 7 se refieren a la segunda venida de Cristo, pero no hay objeción seria en cuanto a interpretarlo para los hijos de Dios hoy, porque enseña su nacimiento virginal.

- La idea a recordar aquí es que Israel es la nación en los versículos 3 al 7, y es su futuro si comparamos la Escritura consigo misma. Cuando la nación de Israel nazca, por lo tanto, será como si el Mesías estuviera naciendo para ellos como nación, aunque el nacimiento literal ocurrió hace dos mil años. El nacimiento que ellos celebran es el nacimiento *para ellos* en ese tiempo.
- Así que las palabras "nos es" se refieren, sin lugar a duda, a la única nación que fue elegida jamás como una nación, el único pueblo entre los que el profeta podría ponerse al decir "nos es". Cuando todo Israel despierte a la poderosa verdad de que el Señor es suyo, cuando por primera vez realmente sepan que son pecadores y que son el objeto del amor redentor del Señor, entonces será, y no antes, cuando el Señor les nacerá.
- Ahora veamos los nombres de gloria encontrados en los versículos 6-7, con los que el Espíritu de Dios adorna al niño. Son como campanas en la túnica del sumo sacerdote porque suenan en alabanza.
    a. "ADMIRABLE". Esto no es un adjetivo. Este es su nombre. Él es admirable no solo en lo que dice o hace, sino también en los grandes misterios de su propia persona porque *"nadie conoce al Hijo, sino el Padre"* (Mateo 11:27). Él es admirable en todos los sentidos.
    b. "CONSEJERO". Él nunca buscó consejo de hombre ni pidió el consejo de ellos. Pablo dice en Romanos 11:34: *"Porque ¿quién entendió la mente del Señor? ¿O quién fue su consejero?"*. Nunca en la vida de Cristo hubo duda alguna, nunca hubo marcha atrás, nunca hubo un lamento por nada de lo que Él tuvo que decir.
    c. "DIOS FUERTE". Él es a quien se le ha dado todo el poder. Él es el Dios omnipotente. Incluso ese bebé en el regazo de María siendo totalmente dependiente, a la vez sostenía todo el universo.
    d. "PADRE ETERNO". Simplemente significa que Él es el creador de todas las cosas, incluso del tiempo, de los siglos, y del propósito distante de todas las cosas. *"Todas las cosas por él fueron hechas, y sin él nada de lo que ha sido hecho, fue hecho"* (Juan 1:3). En Hebreos 1:2 leemos: *"en estos postreros días nos ha hablado por el Hijo, a quien constituyó heredero de todo, y por quien asimismo hizo el universo"*.
    e. "PRÍNCIPE DE PAZ". No puede haber paz en esta tierra hasta que Él reine. Su gobierno no es estático. Hay un crecimiento que va en aumento. Él ocupará el trono de David. La justicia domina en su gobierno. No hay paz, ni habrá nunca un mundo sin guerra hasta que Cristo vuelva de nuevo.

4. VERSÍCULOS 8–12
- Tras este estallido de gozo causado por el anuncio de Jesús como el verdadero Mesías, regresamos a la tierra de la profecía desprendida. Llegamos a los versículos comprendidos entre el versículo 8 del capítulo 4 y el versículo 4 del capítulo 10, en los que a los asirios se les describe como la vara de Jehová.
- El profeta ahora regresa a las condiciones locales. El reino del norte estaba presumiendo. A pesar de las calamidades que los rodeaban, se levantaron y volvieron a ser un pueblo fuerte y seguro, pero el Señor declaró que Él levantaría adversarios de entre los asirios que habían sido sus aliados y de entre los filisteos, el viejo enemigo de su pueblo que devoraría Israel con una boca abierta. Su ira era contra ellos solo por sus pecados, pero su mano se extendía en juicio. Puede encontrar esto narrado en los versículos 8-12.

5. VERSÍCULOS 13–17
- Por parte de Israel no hubo acción debido a la mano castigadora de Dios sobre ellos; más bien era su propio orgullo resentido. Se atrevían a alardear de ellos mismos incluso en contra de Dios y en contra de sus siervos que llegaban a instruirlos en su verdad.

- Los líderes eran terriblemente culpables en cuanto a que dirigían mal a quienes se les sujetaban, haciendo que cayeran en el error y llevándolos así a la destrucción por su condición de falta de arrepentimiento.
- Su continua rebeldía provocó más juicio, y vemos esto descrito en los versículos 18-21.

6. VERSÍCULOS 18–21
   - *"Porque la maldad se encendió como fuego, cardos y espinos devorará"* (versículo 18). Los hombres pueden tomarse el pecado a la ligera y no prestar mucha atención a los solemnes avisos que Dios da con respecto a sus efectos vitales, pero si persisten en la rebelión contra Dios verán que la maldad, sin duda, quema como el fuego, y si rehúsan volverse a Dios, descubrirán que tendrán que soportar el juicio que ellos mismos han causado sobre sí.
   - La naturaleza santa de Dios no le permitirá pasar por alto la iniquidad. Por eso: *"Por la ira de Jehová de los ejércitos se oscureció la tierra, y será el pueblo como pasto del fuego"* (versículo 19). El hambre y la pestilencia se añadirán a su propia desdicha y a su propia miseria. Sin embargo, en lugar de acudir a Él y confesar su pecado y buscar perdón, se culparon unos a otros por los problemas que habían venido sobre ellos.
   - Manasés se volvió contra Efraín y Efraín contra Manasés, y ambos contra Judá. Todo esto fue el triste resultado de olvidarse de los caminos del Señor. El capítulo concluye con el solemne refrán repetido por segunda vez: *"Ni con todo esto ha cesado su furor, sino que todavía su mano está extendida"* (versículos 12, 17 y 21).

¿Cuánto recuerda?

1. ¿Cuáles fueron las cuatro dobles referencias encontradas en el capítulo 7?
2. ¿Cuál es el significado del nombre del hijo de Isaías, dado en el capítulo 7, Sear-jasub?
3. Recuerde la profecía mesiánica dada en el 7:14.
4. En el versículo 18 del capítulo 8, ¿cuál es el propósito de la familia de Isaías?
5. En el capítulo 9 y versículo 3, ¿qué se puede anticipar?
6. Recuerde los nombres de gloria y su significado describiendo a Jesucristo que se encuentran en Isaías 9:6–7.
7. ¿Con qué refrán concluye el capítulo 9 (y que se usa tres veces en este capítulo)?
8. Recuerde el trasfondo histórico y la historia política que se encuentran en estos tres capítulos.

Su tarea para la próxima semana:

1. Repase sus notas de esta lección.
2. Lea Isaías capítulos 10 al 13.
3. Subraye su Biblia.

Lección 4. Notas

_____
_____
_____
_____
_____
_____

Lección 5
CAPÍTULOS 10, 11 y 12

CAPÍTULO 10

Es un principio muy reconocido de la interpretación de las Escrituras reconocer la doble aplicación o cumplimiento de muchas profecías. Las situaciones por las que Israel y las otras naciones han pasado ya describen y dibujan con frecuencia algo que aún ha de enfrentarse en el futuro. Vemos esto mismo en el capítulo presente, el cual trata principalmente con Asiria y Judá, pero también mira hacia delante, al tiempo en el que ocurrirá la gran tribulación y el tiempo de angustia de Jacob en la tierra de Emanuel. Solo si tenemos en mente estas dos aplicaciones de la palabra profética podremos entender lo que se dice aquí en el capítulo 10.

1. VERSÍCULOS 1–2
   - Aquí vemos otro lamento pronunciado sobre los que en su orgullo y egoísmo decretan mandatos injustos para legalizar su opresión de los pobres y para enriquecerse a sí mismos a expensas de los huérfanos.
   - Los monopolios no son algo nuevo. En Judá, como en nuestras tierras civilizadas de hoy, estaban aquellos que veían bien aprovecharse de otros en circunstancias adversas y beneficiarse de la ruina de sus compatriotas menos afortunados. Todo esto es odioso delante de un Dios de juicio.

2. VERSÍCULOS 3–4
   - En el versículo 3 encontramos un aviso concerniente a un día de ajuste de cuentas. Los jueces injustos deben presentarse delante del gran juez. Este versículo mira hacia el día final de ajuste de cuentas.
   - Entonces, en el versículo 4 encontramos estas mismas palabras que hemos encontrado en otros tres versículos de las Escrituras. *"Ni con todo esto ha cesado su furor, sino que todavía su mano está extendida"*. Dios parece encontrar siempre una manera de juzgar e incluso permite que sucedan cosas para castigar a la gente que ha pecado.
   - Dios nos muestra en la siguiente sección de las Escrituras que Él puede usar a los asirios, por ejemplo, para conseguir lo que quiere.

3. VERSÍCULOS 5–12
   - Observemos que cuando el Señor haya hecho toda su obra en el monte Sion y en Jerusalén, es que los asirios serán castigados. Esto hemos de tenerlo en mente al estudiar este pasaje.
   - Cuando el rey Acaz fue amenazado con una ruina total por los reyes de Israel y Siria, acudió al rey de Asiria en busca de ayuda, solo para descubrir después que este codicioso gobernante aspiraba a tener el control total de todas las tierras, incluida Judá.
   - Más adelante, Senaquerib descendió a la tierra como un poderoso torrente, con su ejército destruyéndolo todo, hasta que fue destruido por una pestilencia en una noche al sitiar Jerusalén en los días de Ezequías. Este tipo de enemigo se convirtió en el tipo del enemigo impío que, en los últimos días, intentará controlar Palestina, pero que será destruido por un poder omnipotente en los montes de Israel.
   - La vara de la ira de Jehová mediante Asiria fue usada, así como otras naciones habían sido usadas antes o después para castigar al pueblo de Dios por apartarse de Él. Pero en el día en que se arrepientan, Él destruirá al enemigo que había traído desastre sobre Judá. Por lo que a Siria respecta, no se dieron cuenta del hecho de que fue la vara en manos de Dios, y Asiria iba a aprender la amarga experiencia de que tras haber sido usada para castigar a *"una nación pérfida"* (versículo 6), ellos mismos, Asiria, estaban destinados a sufrir una destrucción total.

- La obra completa de Jehová sobre el monte Sion y sobre Jerusalén significará el retorno de su pueblo a Él mismo. Después, en los días que los tome de nuevo como nación, Él tratará con los asirios y con todo el que haya afligido a Israel.

4. VERSÍCULOS 13–19

- Como Asiria no entendió que Dios los estaba usando, se enorgullecieron como si ellos mismos lo hubieran conseguido todo y hubieran obtenido todas las victorias por su propia sabiduría y prudencia.
- Asiria había robado y oprimido a las naciones, incluidas Israel y Judá, sin compasión y despiadadamente. Para ellos, todos los pueblos no eran sino huevos en nidos de aves que abrían para saquear, y sus ejércitos quedaban tan desamparados como las aves mamás cuando les han robado sus nidos.
- Al no saber que Dios los estaba usando como un hacha en su mano, los asirios se enorgullecieron como si el poder y la fuerza fuera toda suya. Por lo tanto, en el día del ajuste de cuentas que vendría, Dios trataría de manera tan firme a Asiria como había tratado a los demás, y de la forma que ellos habían sembrado odio y crueldad, así también cosecharían indignación y juicio.
- En el día del triunfo de Jehová, el Señor vindicará al remanente de Israel que haya puesto su confianza en Él, y serán como una llama que devorará las naciones que hayan procurado su destrucción. La Palabra de Dios se cumplirá con respecto a su promesa: aunque castigará a su pueblo según la medida de sus pecados, Él nunca romperá su pacto con ellos, un pacto hecho primero con Abraham y confirmado con David.
- Aunque terminará del todo con muchas de las naciones que han afligido a Israel, Él nunca acabará del todo con Israel, como veremos en la siguiente sección de las Escrituras.

5. VERSÍCULOS 20–23

- Notemos en el versículo 20: *"Acontecerá en aquel tiempo, que los que hayan quedado de Israel"*. Cuando los juicios de Dios sean derramados sobre la tierra en los oscuros días de la gran tribulación, un remanente de judíos volverá al Señor en profundo arrepentimiento y con una fe viva. Estos demostrarán la grandeza de la misericordia de Dios y la fidelidad de sus promesas. Ya no confiarán en la ayuda de los poderes que les persiguieron y fallaron en su tiempo de necesidad, sino que encontrarán sus recursos y protección en Dios mismo.
- La palabra profética es clara y está libre de toda oscuridad. Solo la incredulidad puede negar su aplicación definitiva sobre un remanente literal de los hijos de Jacob cuando se vuelvan al Señor en el tiempo de su gran prueba. Entonces Él acudirá y será su ayuda, y Él salvará a la nación por ese remanente.
- Tenemos que recordar que no todo Israel es Israel. La gran mayoría *"como las arenas del mar"* (versículo 22) caerán en una total apostasía y serán destruidos en sus pecados, pero un remanente regresará y Dios los reconocerá como su pueblo. Y así, aprendemos en el capítulo 11 de Romanos, que *"todo Israel será salvo"* (versículo 26). Este remanente será el verdadero Israel en ese día del poder de Jehová.

6. VERSÍCULOS 24–27

- En términos claros y concretos, el profeta predice el derrocamiento del enemigo que estaba martilleando las puertas de Jerusalén. Dios impedirá en su pueblo el temor a los asirios.
- Literalmente todo se cumplió a su debido tiempo en cuanto a lo que la profecía dice sobre los asirios en el pasado. Cuando en los últimos días otro ejército poderoso venga contra Israel de la misma región del norte, su destino será igual de cierto que el que tuvieron los asirios en el pasado.
- El progreso del ejército asirio marchando por la tierra se describe gráficamente en los versículos que concluyen este capítulo.

7. VERSÍCULOS 28–34
- La profecía es historia escrita de antemano, y aquí Isaías anunció el camino que tomarían los asirios al marchar por Palestina asolando ciudad tras ciudad, pero los últimos versículos hablan de su derrota al final, cuando el Señor de los ejércitos intervino con su gran poder para librar a los que clamaron a Él en la hora de su angustia.
- Hay una impactante profecía aquí, y será tanto para el futuro como lo fue para el pasado. Describe la ruta del futuro invasor del norte, pero no olvidemos que esta misma ruta es la que tomaron los asirios hace cientos de años:
  - Ajat está a unos veinticinco kilómetros al norte de Jerusalén.
  - Migrón está al sur de Ajat y es el vado por el que Jonatán consiguió la victoria sobre los filisteos (ver 1 Samuel 14).
  - Geba y Ramá están a unos diez kilómetros al norte de Jerusalén.
  - Anatot estaba a unos cinco kilómetros al norte de Jerusalén.
  - Lais es el extremo norte de Palestina en la tribu de Dan (esto es lo más lejos que deberían llegar los gritos).
  - Madmena, que significa "estercolero", está justo al norte de Jerusalén.
  - Gebim está justo al norte de Jerusalén, pero se desconoce el sitio exacto.
  - Nob está al norte y se ve desde Jerusalén.
- Este pasaje traza la marcha del enemigo desde el norte, el cual produce un estado de parálisis y derrota en Jerusalén.

CAPÍTULO 11

En el capítulo 11 encontramos como tema principal la "persona y el poder del rey" y el carácter y la cualidad del reino. Los capítulos 11 y 12 son la continuación y culminación de la profecía que comenzó allá en el capítulo 7. El capítulo 10 concluyó con la llegada del rey para librar al remanente en Jerusalén del rey del norte. En este capítulo se presenta la persona del rey y se nos da a conocer la naturaleza de su reino.

Esta es una de las grandes profecías con respecto al reino milenial de Cristo. Preste especial atención aquí a los detalles del reino. Debemos considerar aquí una interpretación literal de este capítulo, ya que si no lo hacemos así, los detalles serán nulos y vacíos.

1. VERSÍCULOS 1–5
- El versículo 1 es muy significativo e importante. Un vástago vivo sale del linaje de David. A David no se le menciona, pero se menciona a su padre Isaí. La familia real había regresado al nivel de los días de Isaí. Encontramos aquí una referencia a la "rama" de Isaías 4:2. Este es uno de los títulos dados a Cristo. De nuevo, veremos a Cristo delante nuestro como la rama en el capítulo 53 de Isaías.
- En el versículo 2 tenemos a Aquel que se presenta en Apocalipsis 1:4 como el que tiene los siete espíritus de Dios, es decir, el Espíritu Santo en toda la plenitud de su poder. Viniendo mediante un nacimiento virginal del linaje de David, Cristo es la vara de la raíz de Isaí, el padre de David. Sobre Él descansa: (1) el espíritu de Jehová; (2) el espíritu de sabiduría; (3) el espíritu de inteligencia; (4) el espíritu de consejo; (5) el espíritu de poder; (6) el espíritu de conocimiento; y (7) el espíritu de temor del Señor. Todo esto se encuentra en el versículo 2.
- En los versículos 3-5, el temor de Jehová es el espíritu de reverencia. Se nos dice en Juan que el Padre no da el Espíritu sin medida a su amado Hijo (ver Juan 3:34). Desde el momento de su nacimiento, el Señor Jesús estuvo bajo el poder y control del Espíritu.
- Él decidió no actuar según su propia omnipotencia, sino como el siervo de la Deidad. Tras su bautismo en el Jordán, se vio al Espíritu descender sobre Él como una paloma. Esta fue la unción de la

que habló Pedro, como preparación para su ministerio de gracia. Ni por un momento estuvo fuera de armonía con el Espíritu. Fue esto lo que hizo posible que Él creciera en sabiduría, estatura y favor para con Dios y con los hombres. Este misterio es grande. El Padre le revelaba su voluntad a Jesús día a día, con lo que Cristo dijo: *"¿No crees que yo soy en el Padre, y el Padre en mí?"* (Juan 14:10). Las Escrituras guardan cuidadosamente la verdad de la perfecta humanidad de nuestro Señor. Lo vemos aquí como el siervo de Jehová hablando y actuando de acuerdo con la voluntad de su Padre. Su juicio y su entendimiento son perfectos.

- El carácter del reino de Cristo se describe en estos versículos, y en ese día el gobierno de este mundo será justo y recto gracias a que Él, Cristo, estará reinando. El desgobierno largo y egoísta de los gobernantes terrenales terminará, e Israel y las naciones disfrutarán de las bendiciones del misericordioso y fiel gobierno del Mesías, y después se lidiará con toda la maldad con un juicio implacable, y los mansos de la tierra serán protegidos y entrarán en una tranquila dicha.

- Hemos visto así el capítulo 11, los versículos 1-5, de forma muy breve. Ahora volvamos e intentemos poner estos eventos en la perspectiva adecuada para intentar explicar, para nuestro propio entendimiento, exactamente qué es lo que sentimos que el Espíritu Santo está diciendo.

- Si regresa al capítulo 10, versículo 33, y se olvida de la división del capítulo para entrar en el capítulo 11, todo se lee como una sola historia. Esta es una profecía gloriosa. Toda ella surgió en el tiempo en que vivía Isaías, y Asiria tenía al mundo civilizado de entonces apretado con puño de hierro. Asiria era un imperio despiadado. Fue Asiria quien al invadir Palestina destruyó el reino del norte (Israel) con su capital en Samaria, y cuatro veces en los días de Isaías, Asiria hizo estragos e intentó derrocar Judá, y si no hubiera sido por la oración del buen rey Ezequías, habrían destruido Judá. Esta profecía comienza y termina con un contraste violento, pero a la vez distinto.

- Primero encontramos la profecía concerniente a Asiria en los versículos 33 y 34 del capítulo 10. El Señor lo cortará como un cedro del Líbano. Segundo, después habla de la resurrección de Israel cuando dice: *"Saldrá una vara del tronco de Isaí, y un vástago retoñará de sus raíces"* (Isaías 11:1). Cuando contrastamos estos dos árboles, nos damos cuenta de que estamos hablando de un cedro y de un roble. Cuando se corta un cedro no hay brotes, no quedan tallos, solo un muñón que se queda en el suelo y se pudre. El imperio asirio se desvaneció de la tierra de forma tan rotunda que siglos después Alejandro Magno marchó por encima de Nínive, la capital de Asiria, y ni siquiera se dio cuenta de que estaba caminando sobre la tierra donde había estado antes esa ciudad. Dios cumplió totalmente su palabra con respecto a ese cedro sin brote y sin crecimiento del imperio asirio. Después el profeta habla de Israel como un roble, y cuando se corta un roble sí quedan raíces, brotes de vida y un pequeño tallo saldrá de encima del muñón y se convertirá en una rama, y Él será el Señor Dios de justicia.

2. VERSÍCULOS 6–9

- En el versículo 6 vemos la exhortación inicial de la cualidad del reino. Ahora es este reino del que queremos hablar por un momento.

- Primero, ese reino viene en tiempo e historia y lo hace de forma lenta y gradual, pero sin duda alguna que viene. La mano del Señor está siempre en la historia y su propósito siempre se lleva a cabo. El reino llega de forma lenta, segura, pero ese reino no se puede ver. Como narra Lucas en el capítulo 17 y versículos 20-21: *"El reino de Dios no vendrá con advertencia, ni dirán: Helo aquí, o helo allí; porque he aquí el reino de Dios está entre vosotros"*. Esto significa de hecho que no podemos verlo, pero sabemos que se está produciendo, y en griego las palabras, "entre vosotros" significan "en medio de ustedes". El reino en su forma exterior, como dice el pacto davídico, y como lo describieron los profetas, había sido rechazado por los judíos, así que durante esta era actual no vendría con advertencia, o literalmente como una aparición externa, sino que vendría en los corazones de los hombres. Mientras tanto, el reino realmente está "en medio de ustedes". Finalmente, el reino del cielo vendrá con una aparición externa.

- Segundo, el reino vendrá de forma abierta, repentina, rápida y gloriosa como un reino literal abiertamente en la tierra. Romanos 11:25 nos dice: *"Porque no quiero, hermanos, que ignoréis este misterio, para que no seáis arrogantes en cuanto a vosotros mismos: que ha acontecido a Israel endurecimiento en parte, hasta que haya entrado la plenitud de los gentiles"*, y después el endurecimiento y el misterio que rodean al pueblo de Dios serán eliminados.
- Los que somos cristianos y vivimos en esta dispensación somos herederos y ahora propietarios actuales de un pasaporte del reino literal de nuestro Señor. Ese reino está descrito aquí en el capítulo 11 en detalle.
- El que reina como rey es Cristo, nuestro Señor. Él establecerá su reino y ese será su gobierno. Isaías 9:6 dice: *"y el principado sobre su hombro"*. ¿Qué principado? Este gobierno del que estamos hablando aquí en el capítulo 11 y que se describe detalladamente como un lugar que es literal y pacífico.
- Ahora tomamos la cualidad del reino que encontramos en los versículos 6 al 9. Este es un bonito cuadro. Es toda la creación de Dios siendo librada de la esclavitud de la corrupción a la que fue sumergida por el pecado. Romanos 8:21 dice: *"porque también la creación misma será libertada de la esclavitud de corrupción, a la libertad gloriosa de los hijos de Dios"*. Isaías dice en el versículo 9: *"porque la tierra será llena del conocimiento de Jehová, como las aguas cubren el mar"*. Así que es literal. La tierra y las criaturas que en ella hay serán como se describe aquí en los versículos 6 al 9.

3. VERSÍCULO 10
   - En el versículo 10, las palabras *"la raíz de Isaí"* son ya palabras conocidas para usted porque está hablando de un día futuro. Cristo es la raíz de Isaí así como la rama de Isaí, y será manifestado en tal majestad como si fuera una pancarta o una insignia y se juntará en torno a Él todo su pueblo, y dice específicamente: *"será buscada por las gentes"*. Toda la tierra, entonces, compartirá el gozo del que es tanto la raíz como la descendencia de David.
   - Notemos estas últimas palabras del versículo 10: *"y su habitación será gloriosa"*. Cristo encontrará su lugar de descanso en ese reino, y Cristo es nuestro descanso.

4. VERSÍCULOS 11–13
   - En los versículos 11–13 encontramos de nuevo las palabras *"en aquel tiempo"*. El Señor alzará *"otra vez su mano para recobrar el remanente de su pueblo"*. Observemos las palabras *"otra vez"*. Notemos que los está reuniendo de todo país al que fueron esparcidos. Esto sugiere dos preguntas: una, ¿cuándo los reunió por primera vez? Y dos, ¿la segunda reunión es la final o habrá una tercera?
   - Solo puede haber una respuesta para la primera pregunta. Fue solamente la mano de Jehová la que recuperó a su pueblo de Egipto la primera vez. Con su mano los sacó de su primera liberación; cuando su mano estará de nuevo activa, la segunda vez no será solo sobre Egipto, sino sobre toda la tierra. Después, la segunda recuperación de Israel será también la obra directa de Dios como lo fue la primera en Egipto. Solo Él puede restaurar verdaderamente a su pueblo una segunda vez.
   - Es cierto, sin lugar a dudas, que toda la profecía nos dice que la misma nación debe estar en la misma tierra en la que estaba cuando el Señor fue rechazado y crucificado. Su pueblo, Israel, debe regresar a la tierra para que las Escrituras proféticas puedan comenzar a cumplirse. Hasta que no estén allí, no se puede producir ningún cumplimiento directo. Dios ahora está permitiendo, de forma providencial, un regreso a la tierra de Israel, pero están volviendo con la misma incredulidad con la que se fueron y no están volviendo a una dicha eterna, sino a un tiempo sin precedente en la historia, que se llama la gran tribulación.
   - Los versículos 11 y 12 hablan, entonces, de la reunión final de todas las tribus de Israel, las dos tribus del sur llamadas Judá y las diez tribus del norte llamadas Israel, y esa reunión no será seguida de una tercera. Es la mano del Señor sobre toda la tierra la que junta a cada una de las personas de su pueblo terrenal, Israel, de nuevo en su tierra.

- Muchos han creído en días pasados que la promesa de la restauración de Israel se cumplió hace mucho cuando regresó un remanente en los días de Zorobabel, Esdras y Nehemías. Pero aquí se nos dice de forma clara con las palabras *"que Jehová alzará otra vez su mano para recobrar el remanente de su pueblo"* (versículo 11), y aprendimos que regresarán no solamente de Babilonia como lo hicieron antes, sino de todas las tierras donde habían sido dispersados durante los largos siglos de su tristeza y sufrimiento.
- Israel y Judá, ya no más divididos, serán atraídos al Señor mismo quien es la Insignia que se pondrá en ese día e irán juntos a la tierra de sus padres, ya no como naciones rivales, sino como un solo pueblo. Este cambio se producirá para que Efraín no envidie a Judá y Judá no irrite a Efraín. La mano misericordiosa del Señor se le extenderá tanto a Efraín como a Judá y ellos serán su pueblo.

5. VERSÍCULOS 14–16
- En los versículos 14–16 encontramos más detalles sobre la forma de su regreso a Palestina ayudados por las naciones que antes eran sus enemigos. Ciertos cambios geográficos se indican aquí, que no cabe duda que serán afectados cuando los pies de nuestro Señor se posen sobre el Monte de los Olivos y se produzca un gran terremoto con resultados mucho mayores de los que presagió el capítulo 14 de Zacarías.

CAPÍTULO 12

En este capítulo encontramos la adoración del Señor en su reino. Este breve capítulo de solo seis versículos realmente parece un Salmo. Aquí se expone ante nosotros la alabanza de un pueblo bajo el reinado directo y personal de Cristo. Eso es alabanza en estado puro hacia Dios de unos corazones redimidos por su salvación y creación. Con la maldición eliminada de la tierra, habrá una gran ocasión para alabar a Dios por su muestra de bondad.

1. VERSÍCULO 1
- Notemos las palabras: *"En aquel día dirás: Cantaré a ti, oh Jehová; pues aunque te enojaste contra mí"*.
- La tribulación está en pasado y las tormentas de la vida se han terminado. Ahora han entrado en el reino literal de nuestro Señor y Salvador.
- Esta es una ocasión para alabar. Todos los cristianos deberíamos meditar en este corto capítulo y pensar en los gozos del cielo después de que el viaje de peregrinaje sobre esta tierra haya terminado. ¡Qué día de gozo será!

2. VERSÍCULOS 2–3
- Notemos en el versículo 2 las palabras *"Dios es salvación mía"*. Ellos no dirán que Dios les *proveyó* salvación, sino que Él *es* salvación. La salvación es una persona, no un programa.
- En el versículo 3 notamos la abundancia, el gozo y la satisfacción que habrá en la salvación. Pozos que nunca se secan porque la Palabra es el agua que nos lava y limpia de los pozos de salvación que los judíos que buscaron salvarse por sus propios esfuerzos desecharon hace tanto tiempo. Entonces el remanente que regresó sacará de las aguas de vida al invocar su nombre y dar testimonio ante todo el mundo de la salvación que Él les ha dado.

3. VERSÍCULO 4
- El versículo 4 comienza una nueva idea. En los primeros tres versículos, que es la primera parte de este capítulo, encontramos que esos versículos hablan del abundante gozo de Israel y después, comenzando en el cuarto versículo hasta el seis, este gozo corre por todas las naciones de la tierra.
- Este canto ha de ser entonado en el futuro porque "aquel día" aún no ha llegado, y tampoco se puede cantar mientras los judíos estén aún vagando en tierras extranjeras. Hasta este día, Jehová está, sin lugar a dudas, enojado con la nación de Israel, no por su idolatría por la que originalmente fue

deportado a Babilonia durante setenta años, sino que está enojado mucho más por la crucifixión por "manos sin ley" de su amado Hijo y por no aceptarlo como Mesías y, por lo tanto, han sido desterrados durante 2 000 años y siguen aún vagando.

- Pero incluso esa ira del Señor tiene un límite como se indica en el capítulo 10, versículo 25. No veo que el canto aquí en el capítulo 12 permita ninguna exposición extendida porque es simplemente algo sencillo de entender. La nación renovada que regresó sacia primero su propia sed en la fuente de la salvación, y después las aguas fluyen a todos los pueblos de la tierra para que participen de esos arroyos de felicidad.

4. CONCLUSIÓN DEL LIBRO DE EMANUEL
- Ahora llegamos al final del libro de Emanuel. Comenzó en el capítulo 7 con el nacimiento de Emanuel y traza su camino hasta que se le ve reinando como Rey en el capítulo 9. Después el surgimiento de los asirios cavando sus propias tumbas y amenazando Jerusalén, y después el remanente de Israel encuentra vida en el Vástago, y con su introducción como la Rama, Israel se regocija y se ve el reino con un rey en los capítulos finales de esta sección.

¿Cuánto recuerda?
1. En el capítulo 10, ¿cómo usa Dios a los asirios para llevar a cabo su voluntad?
2. ¿Cuál es el tema principal del capítulo 11?
3. Describa el carácter del reino de Cristo mencionado al comienzo del capítulo 11.
4. Contraste la profecía del reino de Asiria como un "cedro" en el capítulo 10, con la resurrección de Israel como un "roble" en el capítulo 11.
5. Explique por qué el capítulo 11, versículo 11, habla de Dios como recuperando el remanente de su pueblo por "segunda vez".
6. ¿Por qué el capítulo 12 es una respuesta de alabanza?

Su tarea para la próxima semana:
1. Repase sus notas de esta lección.
2. Lea los capítulos 13 y 14 de Isaías.
3. Subraye su Biblia.

Lección 5. Notas
_____
_____
_____
_____
_____
_____
_____
_____
_____
_____

Lección 6
CAPÍTULOS 13 y 14

CAPÍTULO 13
1. UNA VISTA PREVIA DE LA SIGUIENTE SECCIÓN DE ISAÍAS
    + Los capítulos 13 al 23 de Isaías contienen cargas o juicios de nueve naciones vecinas. Todas estas naciones habían tenido algún contacto con Israel, y la mayoría de ellas estaban cerca de sus fronteras. Israel sufrió a manos de algunas de ellas y sufrirá de nuevo en el futuro. Aunque esta sección, en su gran parte, es aún futuro, la característica principal es que una gran parte ya se ha cumplido y permanece hoy como una evidencia del cumplimiento de la profecía. Todo esto añade interés e importancia a estos once capítulos. Los asirios ya no son el opresor, y ahora estas otras naciones ocupan su lugar.
    + Una carga es un juicio. No era agradable para el profeta dar el mensaje, porque lo convertía en un predicador desagradable de "malas noticias" y su mensaje se convertía en una carga para la nación a la que iba dirigido.
    + Babilonia, como el asunto de su primera carga, sugiere muchas cosas al estudiante reverente de la Palabra de Dios. En primer lugar, la ciudad literal de Babilonia es la principal consideración. Esto, sin duda, es de destacar, ya que Babilonia, en el tiempo de Isaías, era un lugar insignificante. No fue hasta un siglo después que Babilonia se convertiría en una potencia mundial. Dios pronunció juicio sobre Babilonia antes de que se convirtiera en nación. Es también digno de destacar que esta nueva sección no termina con la carga sobre nueve naciones vecinas, sino que se extiende con seis ayes que se encuentran en los capítulos 28 al 33, y concluye con la calma y la bendición tras la tormenta en los capítulos 34 y 35.
    + Las cargas de esta sección, capítulos 13 al 23, están relacionadas particularmente con Babilonia en los capítulos 13 y 14; con Moab en los capítulos 15 y 16; Damasco, la capital de Siria en el capítulo 17; algunos poderes no nombrados (Cus o Etiopía en África) en el capítulo 18; Egipto en el capítulo 19; Egipto y Etiopía en el capítulo 20; Edom y Arabia en el capítulo 21; Jerusalén en el capítulo 22; y Tiro en el capítulo 23.
    + En los capítulos 13 y 14 Isaías mira al futuro prediciendo lo que vio, y lo que vio fue la destrucción que vendría sobre Babilonia como resultado de la invasión Medo-persa. Quizá le parezca extraño que Babilonia ocupe este lugar en estas visiones proféticas, a la luz de que era una potencia insignificante en los días de Isaías, completamente opacado por Asiria, pero el espíritu de la profecía le permitió a Isaías ver el tiempo en el que estos dos se combinarían en una gran potencia de la cual la ciudad de Babilonia sería la capital.
2. VERSÍCULOS 1–6
    + Versículos 1 y 2: La ciudad literal de Babilonia en la historia se ve en este capítulo y también en el capítulo 14. También debemos recordar a Babilonia como un símbolo de la rebelión contra Dios. La torre de Babel es donde comenzó todo, y el final está ante nosotros aquí y en el capítulo 2 de los Salmos.
    + En el versículo 3, la palabra *"consagrar"* significa "apartar" para un uso concreto a manos de alguien. Dios usará a los babilonios como hizo con los asirios como instrumentos para castigar a su pueblo.
    + El versículo 4 ofrece una explicación satisfactoria de esos santificados. Babilonia saldrá contra el reino del sur de Judá como hizo Asiria contra las diez tribus del norte de Israel. Vemos esto enfatizado de nuevo en el versículo 5, donde los babilonios, del mismo modo, serán la vara de la indignación de Dios.

- El versículo 6 ve más allá de cualquier cosa que haya ahora o haya habido en la historia, y se proyecta hasta el Día del Señor, porque aquí se hace referencia a la gran tribulación.

3. VERSÍCULOS 7–10
    - Cuando el juicio de Dios caiga sobre Babilonia, será tan doloroso como el sufrimiento extremo de una mujer de parto. La feroz ira del Señor dejará la tierra asolada, es decir, Babilonia. De nuevo, estamos hablando de cosas que aún han de suceder: la gran tribulación.
    - Todas las constelaciones de los cielos dejarán de emitir luz, el sol se oscurecerá, y la luna no brillará. Cuando la ira de Dios está activa, los cielos añaden terror a esa ira cuando el Señor Dios haga que todo se quede en total oscuridad.

4. VERSÍCULOS 11–16
    - Observemos que el Señor castigará al mundo por su maldad en el versículo 11. Aunque esa ira estará centrada en Palestina, toda la tierra recibe la visitación del juicio de Dios.
    - Sacudir los cielos es parte de los juicios de Dios. Así, una gran parte de la raza humana será destruida en los conflictos y las catástrofes naturales de esos días, de tal forma que un hombre será más precioso que el oro, y el temor y el terror se apoderarán de todos los habitantes de la tierra.

5. VERSÍCULOS 17–22
    - Aquí el profeta vuelve a la destrucción literal de Babilonia, la cual era el futuro inmediato, e identifica a los que destruirán Babilonia: "los medos".
    - Este castigo no se consumó hasta algunos siglos después, cuando esa orgullosa ciudad fue reducida a escombros con sus palacios destruidos, sus jardines colgantes arruinados, y su destrucción siendo tan completa que en todos los siglos desde entonces nunca ha sido capaz de volver a levantarse.
    - Es cierto que de vez en cuando pequeños pueblos se han construido cerca del lugar de la ciudad antigua, pero las ruinas de Babilonia recientemente descubiertas por los arqueólogos muestran la forma tan completa en la que se han cumplido las palabras del profeta. Incluso, hasta la fecha, los árabes no quieren poner sus tiendas allí, pensando que acechan demonios en la noche entre las ruinas de la ciudad.
    - Dios ha decretado en el versículo 20 que Babilonia nunca volverá a levantarse. La Babilonia apocalíptica es una imagen simbólica de la gran organización religiosa, política y comercial de los últimos días que se desarrollará por completo después de que la verdadera Iglesia haya sido arrebatada para estar con el Señor. Esta organización comercial llamada Babilonia, como la ciudad antigua, pronto se consumará y también caerá para no volver a levantarse contra Dios y su pueblo.
    - En el versículo 21 notará el término *"cabras salvajes"*, que significa "demonios". Babilonia era el cuartel general de la idolatría en el mundo antiguo. Ellos, junto a las bestias salvajes, aparentemente residen allí.
    - El destino que cayó sobre Babilonia, descrito aquí en los capítulos 13 y 14, fue una ilustración del destino terrible que espera a los poderes gentiles paganos. Se debería notar que muchas de las expresiones usadas en estos versículos son prácticamente idénticas a las de otras profecías que tienen que ver con el Día del Señor y con los eventos que siguen tras la apertura del sexto sello en el libro de Apocalipsis.

CAPÍTULO 14

En el capítulo 14 vemos una continuación de la carga de Babilonia que comenzamos en el capítulo 13. Grandes asuntos están en juego en este capítulo porque vemos que Dios une la futura restauración de Israel con el destino de Babilonia. Aunque iban a pasar siglos entre los dos eventos, mediante el decreto de Ciro un remanente recibió permiso para volver a Jerusalén, cumpliendo así una parte de las predicciones divinas concernientes a la recuperación de Judá, así que su restauración final está unida al derrocamiento completo de todo lo pagano, comercial y lo que está descrito en Apocalipsis y en Daniel.

1. VERSÍCULOS 1–2
   - En el versículo 1 tenemos una declaración clara de hechos sobre cómo Dios tratará con Israel. Algunas personas dicen que Dios ha terminado con su pueblo escogido, pero en este versículo dice: *"Porque Jehová... todavía escogerá a Israel"*. También, una gran compañía de gentiles será aún salva fuera de la iglesia cuando la iglesia sea quitada, y se les designa aquí como *"extranjeros"*.
   - En el versículo 2, las palabras *"el pueblo"* en realidad se refiere a los gentiles. Los gentiles los devolverán a Palestina en vez de impedírselo como están haciendo hoy día: *"y cautivarán a los que los cautivaron"*. Esta frase arroja algo de luz sobre la controversial frase de Efesios 4:8 que dice: *"Llevó cautiva la cautividad"*. Esta frase se cita de Salmos 68:18. Lo mismo ocurre en Jueces 5:12. Encontrará a lo largo de toda la Escritura que el que ellos creían que había sido tomado cautivo, Cristo, realmente se convirtió en el vencedor.

2. VERSÍCULOS 3–8
   - El reino de Babilonia parece ser usado aquí como un sinónimo de todos los poderes gentiles que han tomado parte en la persecución del pueblo antiguo de Dios. Cuando el último gran enemigo sea destruido, podrán gozarse en las manifestaciones del poder de Jehová, y así como Israel cantó en las orillas del Mar Rojo al ver la destrucción del faraón y su ejército, también en ese día venidero podrán alzar el canto de Moisés y el Cordero al ver a todos sus enemigos derrotados. Entonces toda la tierra descansará y se acallará, y los árboles se regocijarán. En otras palabras, estaremos en el reino y conoceremos el gozo del reino.

3. VERSÍCULOS 9–15: LUCIFER
   - Llegamos ahora a algo que nos permite entender cómo comenzó el pecado en los cielos y también comprender algo de los poderes invisibles que, a lo largo de los siglos, han dominado las mentes de hombres malvados y predispuestos, intentando torcer los propósitos de Dios. La caída de Lucifer dibuja la caída de Satanás. El pasaje enlaza muy bien con Ezequiel 28, el cual deberíamos considerar muy bien si queremos entender esto completamente.
   - Las palabras de los versículos 9 al 15 son válidas para cualquier hombre mortal. Lucifer, que significa "portador de luz", es un ángel creado del orden más alto, idéntico al querubín protector de Ezequiel 28. Era, aparentemente, el más grande de todos los ángeles, y era perfecto ante Dios hasta que cayó mediante el orgullo. Era su ambición tomar el trono de Dios para sí y convertirse en gobernante supremo del universo.
   - Notemos los cinco verbos en primera persona de esta sección de las Escrituras. Fue la aseveración de la voluntad de Dios en contraste con la voluntad de la criatura lo que provocó su caída, ¡y así un arcángel se convirtió en el diablo! Expulsado del palacio de poder y favor del que había disfrutado, se convirtió en el incansable enemigo de Dios y del hombre. A partir de entonces, y a lo largo de los siglos, ha hecho uso de todos los mecanismos imaginables para arruinar a la humanidad y para robarle a Dios la gloria que solo Él merece.
   - De él habla nuestro Señor en Juan 8:44. El Señor muestra aquí que Satanás es un apóstata que ha caído de una posición que una vez tuvo, y sabemos por otros versículos que anda como león rugiente buscando a quien devorar. Sabemos por Lucas 10:18 que el Señor vio a Satanás caer del cielo. De otros pasajes aprendemos que Lucifer no estuvo solo en su rebelión (ver 2 Pedro 2:4), y nuestro Señor habla del "diablo y sus ángeles" (ver Mateo 25:41), lo cual se confirma en Apocalipsis 12:7, donde leemos acerca de esta guerra en los cielos entre Miguel y sus ángeles y el dragón y sus ángeles. Estos ángeles malignos son los gobernantes del mundo de esta oscuridad (ver Efesios 6:12). Intentan

dominar los corazones y las mentes de los gobernantes de las naciones instándolos a actuar de manera contraria a la voluntad de Dios.

- Estas cinco acciones verbales en primera persona de Lucifer son pecado en su estado embrionario. Esta es la evolución del mal. No hay evolución del hombre, pero hay evolución del pecado. Comenzó con una criatura disponiendo su voluntad contra la voluntad de Dios. Como agente moral libre, a la criatura se le debe permitir hacer esto. Este es el pecado original del hombre: *"Todos nosotros nos descarriamos como ovejas, cada cual se apartó por su camino"* (Isaías 53:6). Esas palabras, *"su propio camino"*, significan que todos nosotros *"nos descarriamos"*. Lucifer pensó en su corazón que podía alzarse hasta ocupar el rango de Dios.

- En el versículo 12 el nombre Lucifer, hijo de la mañana, es este rey de Babilonia, rey sobre la confusión, y el nombre se le da y significa literalmente "el que brilla resplandeciente, hijo del alba". Así, el significado completo es un paralelismo muy cercano al de "estrella resplandeciente de la mañana".

- Así como los estudiantes de las Escrituras han visto al que ahora se le llama Satanás detrás del rey de Tiro en Ezequiel 28, hay una razón similar para discernir al mismo personaje detrás del rey de Babilonia. Tiro era una representación del comercio, como Babilonia lo era de la religión del mundo. Tiro representa el lado material de esta actividad, siempre deseando poseer la tierra, mientras que Babilonia representa el lado espiritual que busca el cielo, y como en esos primeros días en los que los hombres rebeldes construyeron tanto una ciudad como una torre, Tiro se correspondería con la ciudad que iba a cubrir la tierra y Babilonia con la torre que iba a llegar hasta el cielo. Tanto el rey de Tiro como el de Babilonia evidenciaron el mismo pecado de orgullo, y esta es la misma herencia de todos nosotros estando caídos del Señor. Este personaje que ascendería *"junto a las estrellas de Dios"* (versículo 13) solo puede sugerir que estos dos son uno, y que ese uno es Satanás.

- Quiero meditar rápidamente en la pregunta sobre la fuente del mal, del pecado, del sufrimiento y de la tristeza. ¿De dónde vino todo este desorden moral y físico, y la confusión si el creador de todo es bueno? ¿Puede Dios, entonces, ser el autor de algo que no es bueno, como la confusión? ¿Puede el bien producir mal? Igualmente sería inteligente hacer la pregunta: "¿Puede el sol producir tinieblas?". Si lo tomamos simplemente como una hipótesis válida, que así como Dios es la fuente de todo lo bueno, el diablo es la fuente de todo lo malo, habremos reducido la pregunta a: "¿de dónde vino el diablo?". Gracias al Señor que las Escrituras son claras con respecto a esto. Dios creó a alguien mucho antes que al hombre, que fue una creación espiritual, perfecta en todos sus caminos, y como Dios crea todas las cosas buenas, esa creación espiritual tenía una libertad absoluta para ir en cualquier dirección, no obligado, sino con la facultad del libre albedrío para caminar en cualquier dirección, tanto moral como física. Al haber sido creado por la mano del Creador, ¿qué nombre se le podría dar? Al menos debe expresar lo que era entonces, no en lo que se convirtió después. No era ningún "diablo" al principio. Dios no pudo crear, ni creó, ningún "Satanás", sino que Dios lo hizo como alguien que brillaba de forma especial, la estrella de la mañana en medio de las huestes celestiales. Sería absurdo entonces trazar el pecado y todas las consecuencias del pecado a la fuente de todo lo bueno, es decir, Dios Padre, porque Satanás no fue creado como Satanás, sino como la estrella brillante de la mañana.

- Se podría decir que es difícil entender la presencia del mal en la creación de un Dios que es solamente bueno, y eso nos lleva a otra pregunta: ¿de dónde le llegó a Lucifer esa sugerencia de hacer el mal, cuando no había ningún mal presente en todo el universo? Ciertamente no pudo haber venido de ningún lugar externo a él porque no había nadie allí. Cierto, pero la Biblia sugiere una clara respuesta en estas palabras de Ezequiel 28:17: *"Se enalteció tu corazón a causa de tu hermosura, corrompiste tu sabiduría a causa de tu esplendor"*. Nació en él mismo, vino de sí mismo con su propia belleza creativa, ignorando su dependencia de su Creador. Usted y yo podemos aprender mucho de esto. Estar satisfecho con uno mismo, el ensimismamiento, incluso con lo que Dios podría trabajar en nosotros, está lleno de un grave peligro. Solo cuando nuestra mente y pensamiento se mantienen en el Señor Jesús mismo, en su belleza, su perfección y su amor, es cuando podemos tener seguridad, gozo, bendición y una verdadera santidad.

- El nombre "hijo de la mañana" o "estrella resplandeciente de la mañana", dado al que ha convertido la luz en tinieblas, podría dar lugar a cierta sensación de resentimiento, ya que sabemos que le pertenece solo a otro que lo reclama y en quien solo se centra toda la luz, y ese ser es el Señor Jesús. Él es para nosotros, que somos cristianos, "el lucero resplandeciente de la mañana". No hay razón alguna para cuestionar que Lucifer, el hijo de la mañana, era el nombre original y digno que expresaba la belleza y dignidad creativa de aquel que fue nombrado después para expresar su propio carácter autoadquirido que es el diablo, Satanás, esa vieja serpiente y el dragón. Por lo tanto, no hay rivalidad entre los nombres para aquel a quien se le aplicó por primera vez el nombre, lo perdió para siempre, y obtuvo estos otros nombres que nos dicen que él es ahora el gobernador de este mundo, el gobernador de las tinieblas, y que ha adquirido el nombre de Satanás, serpiente y dragón.

- Cuando rastreamos el ambicioso camino de este Lucifer, se parece a un libro de cuentos sobre el orgullo. Observemos: *"junto a las estrellas de Dios, levantaré mi trono, y en el monte del testimonio me sentaré, a los lados del norte; sobre las alturas de las nubes subiré, y seré semejante al Altísimo"* (versículos 13-14). Subirá sobre el Señor Dios mismo; se sentará sobre el monte, y notemos cuán asombrosamente sugerente es la frase de ese otro monte llamado Armagedón, porque eso también significa, al traducirlo, "Monte de la asamblea" o "reunión", pero la última parte de la palabra "Magedón" tiene en sí la idea de una reunión militar de tropas en una guerra espiritual sin disfrazar, y habla de la reunión final de todos los hijos del orgullo en un conflicto abierto con el que se sienta en el caballo descrito en Apocalipsis 19:19.

- Cuando Lucifer hizo esta declaración, todas las asambleas angélicas estaban en sumisión voluntaria al trono de Dios. Es con esta asamblea en mente que Lucifer busca poner su trono en el extremo norte, la elevación más alta posible. La palabra "norte" en hebreo significa "escondido" u "oscuro". Como el enemigo de Israel siempre venía del litoral norte, así los ataques sobre nuestra fe vienen de estos lugares oscuros.

- El "norte" no es oscuro para nosotros, que ahora vemos y sabemos que la verdadera estrella resplandeciente de la mañana, el Cordero, está allí y lo iluminará como lo dice Salmos 48:1-3: *"Grande es Jehová, y digno de ser en gran manera alabado En la ciudad de nuestro Dios, en su monte santo. Hermosa provincia, el gozo de toda la tierra, es el monte de Sion, a los lados del norte, la ciudad del gran Rey. En sus palacios Dios es conocido por refugio"*.

4. VERSÍCULOS 16–23

- En esta parte de las Escrituras no nos debería sorprender encontrar en estos pocos versículos al rey de Babilonia siendo confundido con Lucifer. El significado real, por supuesto, es que estaba controlado o dominado por él.

- En los versículos 16–23 encontramos una sección muy poética de las Escrituras, pero una descripción, no en términos inciertos de la profunda destrucción del último gran enemigo de Israel en el Día del Señor. Encontrará esto también en Ezequiel 31:16-18. Ninguno que se atrevió a levantarse en orgullo y arrogancia para desafiar al Dios viviente ha sido capaz de escapar nunca del inevitable resultado.

5. VERSÍCULOS 24–27

- En la Asiria de los últimos días, la vemos como si fuera la encarnación de todos los poderes perseguidores que han afligido a Israel desde su dispersión entre los gentiles. Cuando las naciones se reúnan para el conflicto de Armagedón, el Señor mismo destruirá a los asirios con todos los demás enemigos de Cristo y su verdad. Israel será completamente librada y Dios glorificado en el reino que se establecerá en rectitud.

6. VERSÍCULOS 28–32
   - Ahora, en los últimos cinco versículos del capítulo, tenemos una profecía aparte dada en el último año del rey Acaz, la cual tiene que ver con los filisteos y su pueblo.
   - Esta se considera la segunda carga, la carga de Palestina.

¿Cuánto recuerda?
1. 1. ¿Con qué nación se relaciona la carga en los capítulos 13 y 14?
2. 2. ¿De qué es un símbolo Babilonia?
3. 3. En el capítulo 13 y el versículo 21, ¿qué significa el término *"cabras salvajes"* y de qué era el cuartel general Babilonia en el mundo antiguo?
4. 4. En el capítulo 14, ¿con qué vincula Dios la restauración final de Jerusalén?
5. Recuerde las cinco acciones en primera persona de Lucifer en el capítulo 14.

Su tarea para la próxima semana:
1. 1. Repase sus notas de esta lección.
2. 2. Lea Isaías, capítulos 15-18.
3. 3. Subraye su Biblia.

Lección 6. Notas

Lección 7
CAPÍTULOS 15, 16, 17 y 18

CAPÍTULO 15

Este breve capítulo narra las cargas de Moab y continúa así todo el capítulo, extendiéndose también al capítulo 16. Literalmente, esta es la tercera carga ya que encontraremos descrita la carga de Palestina al final del capítulo 14.

Es difícil ver al principio que esta profecía que habla de una pequeña nación en un lugar lejano, en un día distante pudiera tener algo que ver con nosotros hoy. ¿Cómo podría la angustia temporal de este pueblo desconocido tener un mensaje para nosotros? Encontraremos aquí, así como en todos los versículos, que hay un mensaje para nosotros, pues *"Toda la Escritura es inspirada por Dios, y útil"* (2 Timoteo 3:16).

Moab era la nación que venía de Lot a través de la incestuosa relación de su hija mayor. El hijo ilegítimo de esta sucia relación fue el padre de los moabitas (ver Génesis 19:33-38). Estas personas se convirtieron en los enemigos habituales y persistentes de la nación de Israel. Balac, su rey, contrató al profeta Balaam para maldecir a Israel porque Balac les temía cuando pasaban por la tierra de Moab. David buscó refugio allí para sus padres de la mano de Saúl. Moab representa a los que profesan a Dios, pero verdaderamente no tienen una relación con Él. Finalmente se convierten en enemigos de los hijos de Dios y buscan hacerles daño. Se podría decir que los "moabitas" modernos están descritos en 2 Timoteo 3:1-5 y en Judas, versículos 14-16.

El juicio llegó sobre el antiguo Moab. La destrucción de Moab fue repentina y devastadora. Condujo a una larga noche de lloro y ningún gozo por la mañana. Imploraban la compasión del profeta porque era una carga terrible. Esta destrucción la originó primero Asiria y después Babilonia.

Solo hay nueve versículos en este capítulo y veremos que los primero cuatro versículos describen la destrucción repentina de Moab, y que los últimos cinco nos dan un triste espectáculo que provoca la compasión del profeta de Zoar.

1. VERSÍCULO 1
   - Esta carga de Moab llegó repentinamente, *"de noche"*. Esta expresión se repite dos veces para enfatizar lo repentino de la tormenta que golpeó la nación. La tormenta llegó por la noche y su noche de lloro nunca terminó.
   - Al principio, estaban adormecidos por lo repentino de todo y había silencio. El silencio se rompió con un eterno lloro y aullido.
   - La palabra *"Kir"* es ahora "Kerak", sobre un pico montañoso a unos quince kilómetros de la esquina sudeste del Mar Muerto.

2. VERSÍCULO 2
   - Está bien notar el número de nombres dados en este capítulo que hacen referencia a los lugares geográficos. Dibón es donde se encontró la piedra moabita. Bayit significa "casa".
   - Aquí, esto se refiere evidentemente al templo de Quemos. En este tiempo de dificultades, el pueblo huyó al templo. Durante los días de angustia, la gente busca alivio en la religión y corren en masa a los templos e iglesias. Este es meramente el instinto carnal de la vieja naturaleza, y es la conducta de los que son profesantes.
   - Los moabitas acudieron a un templo pagano y a un dios pagano. El hombre moderno va a una iglesia liberal. Ninguno acude al Dios vivo mostrando obediencia genuina. La religión es meramente un mecanismo de escape de las tragedias y crudas realidades de la vida.

3. VERSÍCULO 3
   - El impresionante hecho de esta realidad es la profunda pena del pueblo al revisar el terrible aspecto de la destrucción total de la nación. *"Llorar"* significa "ahogarse en lágrimas".
   - No se canta ningún himno aquí. Los antiguos moabitas y los moabitas modernos solo cantan el lamento. Si hubiera algún hijo de Dios aquí en mucha aflicción, serían igualmente el gozo del Espíritu Santo.

4. VERSÍCULOS 4-5
   - En el versículo 4 no es necesario que localicemos las posiciones geográficas de estas ciudades. Simplemente significa que todos los grandes centros de la cultura moabita estaban involucrados en este caos que produjo el enemigo.
   - En el versículo 5 vemos que aunque Moab era el enemigo de Israel, el corazón del profeta se compadece de Moab por el terror que ha caído sobre ellos. Esto revela el corazón de Dios. A pesar del pecado del pueblo, Dios sigue amando y extiende misericordia.
   - "Zoar" es el lugar donde se refugió Lot en la destrucción de Sodoma y Gomorra (ver Génesis 19:18-32). Los moabitas se refugiarán en Zoar como lo hizo el antiguo Lot.

5. VERSÍCULOS 6-9
   - En los versículos 6 al 9 encontramos una detallada descripción de la gran desolación de la tierra de Moab. Es como un diluvio que cubre la tierra.

CAPÍTULO 16

La profecía concerniente al juicio de Moab continúa en este capítulo. Quizá pareciera desproporcionado para el lector en comparación con la importancia y tamaño de la nación. Moab era una nación más formidable en ese tiempo de lo que estamos dispuestos a conceder. Su prominencia con la nación de Israel en ese tiempo no se puede sobrestimar. Este capítulo empieza con un último llamado para Moab a hacer uso de la misericordia que Dios ha provisto para ella. Se le exigía pagar tributo a Israel según su acuerdo (ver 2 Reyes 3:4-24). Este era un reconocimiento de Dios y un tributo a Jehová. En la gran tribulación, la fe de una nación en Dios la determinará su actitud y acción hacia Israel.

Debido al orgullo, Moab falló en obedecer a Dios. El juicio final se pronostica en un corto periodo de tiempo en este capítulo.

1. VERSÍCULO 1
   - El cordero era el animal de sacrificio que mejor describe a Cristo. La Sela a la que aquí se refiere es "Petra", la capital de Edom. Desde la frontera sur hasta la frontera norte, el cordero se debe enviar como tributo a Israel. Esto sería un reconocimiento de la autoridad y posición de Israel. Era un impuesto que exigía humildad por parte de Moab para cumplir con sus términos.

2. VERSÍCULOS 2-5
   - Esta sección se proyecta hasta la gran tribulación y el reino, como muestra el quinto versículo con su referencia directa al tabernáculo de David.
   - Durante ese tiempo de prueba, la nación de Israel tendrá una gran dificultad (ver Jeremías 37). Buscarán refugio de sus enemigos. Como algunas naciones buscan sanciones contra ellos, buscarán un santuario entre las naciones vecinas.
   - Satanás, expulsado del cielo en este tiempo, soltará todo su látigo contra ellos (véase Apocalipsis 12:13-16).
   - Los que hacen amistad con estas personas, aunque sea dándoles un vaso de agua fría, serán recompensados por Dios.

3. VERSÍCULOS 6–8
   - El orgullo será la causa del rechazo de Moab del ofrecimiento de Dios de misericordia, como vemos en el versículo 6.
   - En los versículos 7 y 8 leemos sobre cómo el juicio caerá inevitablemente sobre Moab. Solo Moab aullará por Moab ahora.
4. VERSÍCULOS 9–11
   - El corazón del profeta es conmovido de nuevo y llora al anticipar el juicio venidero sobre Moab. Dios nunca se deleita en el juicio. Para Él es un acto extraño. Él prefiere extender misericordia.
5. VERSÍCULOS 13–14
   - El juicio venidero tiene fecha. Observemos las palabras *"dentro de tres años"*. Aquí de nuevo Isaías demuestra que es un verdadero profeta de Dios. Los asirios poco después invadieron la tierra de Moab. Volvemos a encontrar que Isaías aprueba en todo en referencia a Deuteronomio 18:22: *"si el profeta hablare en nombre de Jehová, y no se cumpliere lo que dijo, ni aconteciere, es palabra que Jehová no ha hablado; con presunción la habló el tal profeta; no tengas temor de él"*.

CAPÍTULO 17

Ahora pasamos a considerar la carga de Damasco. Muy unida a Damasco, tenemos la nación de Israel llamada aquí "Efraín" tras la ruptura que tuvieron con Judá. Debido a que habían formado una alianza con Siria, cuya capital es Damasco, deben sufrir el juicio que estaba a punto de venir sobre esa orgullosa ciudad. Damasco a veces es considerada como la ciudad más antigua del mundo. Esto puede ser o no así, pero ciertamente existió muchos miles de años y ha pasado por muchas guerras y experiencias angustiosas, y sin embargo permanece hoy como un gran centro comercial en esa parte del mundo. Israel está vinculada a este juicio o carga que se pronuncia sobre Damasco. Participar del delito significa participar del castigo.

1. VERSÍCULO 1
   - Aquí vemos la carga de Damasco: *"He aquí que Damasco dejará de ser ciudad, y será montón de ruinas"*.
   - Este versículo presenta un verdadero problema, según parece, en el hecho de que dice que Damasco *"dejará de ser ciudad"* y a la vez los historiadores dicen que Damasco es la ciudad más antigua que existe hoy. Hay dos explicaciones posibles para esto:
     a. Los historiadores no aciertan al hacer una declaración tan osada y general. Las muchas ruinas que se encontraron alrededor de Damasco han sido causadas por las muchas guerras que se han producido allí.
     b. En vista del hecho de que a Damasco se le considera la ciudad más antigua y ha soportado los azotes de la guerra, dejará de ser una ciudad en la destrucción venidera de la gran tribulación.
   - Sin embargo, es interesante notar que Damasco sigue siendo una ciudad, y siempre ha sido una ciudad, y Siria sigue siendo una nación. En el tiempo en que Isaías profetizó esto, los ejércitos de Senaquerib se movían rápidamente hacia Israel y Siria, y es de esta arremetida de la que habla el primer versículo.
2. VERSÍCULOS 2–3
   - En el versículo 2 leemos acerca de Aroer, que es un área suburbana cerca de Damasco.
   - En el versículo 3, el reino del norte de Israel debe sufrir su parte de la carga pronunciada sobre Damasco por una alianza con Damasco. Tanto Israel como Damasco fueron sitiadas por Tiglat-pileser, como narra 2 Reyes 15:29 y finalmente deportadas por los asirios, y su rey Almanasar, como describe 2 Reyes 17:6.
   - Este era el futuro casi inmediato y fue un cumplimiento parcial de la profecía de Isaías.

3. VERSÍCULOS 4–5

- La profecía de Isaías mira más allá del futuro inmediato o del día de los asirios, la profecía mira hacia *"ese día"* en el que la nación de Israel de nuevo sería sitiada por el enemigo del norte, del este y del oeste. De nuevo, formarán una alianza y no será con Dios. Israel hará un pacto con un gobernante mundial como describe Daniel 9:27.

- Todo esto tiene un tono profético de lo que ocurrirá de nuevo en los últimos días en los que Dios tratará una vez más, tanto con Israel como con las naciones. En ese tiempo, un remanente de Jacob será preservado, el cual buscará el rostro de Dios.

4. VERSÍCULOS 6–8

- El remanente descrito en este pasaje está distinguido en muchos de los libros de los profetas y aparece ante nosotros de nuevo de forma clara en el Nuevo Testamento. Un remanente se volverá a Dios. Un remanente será salvo, y este remanente es el verdadero Israel *"porque no todos los que descienden de Israel son israelitas"* (Romanos 9:6).

- De nuevo, Pablo dice: *"y luego todo Israel será salvo"* (Romanos 11:26). Aquí no se refiere a toda la nación, solo al remanente como lo declara Isaías. Es el remanente en el que Dios reconoce la verdadera simiente de Jacob. Aborreciendo la idolatría, encontrarán sus recursos en el Dios de sus padres, y al buscar en Él la protección, Él les corresponderá.

5. VERSÍCULO 10

- Este versículo tiene una aplicación espiritual, pero es también interesante destacar cómo esta tierra en nuestros días ha sido plantada con plantas y árboles hermosos.

- El bosque de cedros del Líbano será prácticamente eliminado. Había muchos árboles en esa tierra y el Monte de los Olivos estaba lleno de ellos. El enemigo eliminó muchos de ellos. Cuando los turcos controlaban Palestina, sacaban un impuesto de los árboles. La gente taló prácticamente todos los árboles de la tierra y quedó prácticamente desierta de vegetación. Tras la Primera Guerra Mundial, Inglaterra comenzó un movimiento para plantar árboles en Palestina que después destruyeron los árabes. Los gobiernos subsecuentes de Israel continuaron con esta política y se plantaron literalmente millones de árboles. Hoy se pueden ver en Israel olivos y árboles frutales, vegetación por todas partes.

6. VERSÍCULO 11

- *"El día"*, ¿qué día? El día que las Escrituras describen como una prueba terrible como Jacob nunca ha conocido. Seguro que la cosecha será un día de dolor y pena profunda. Esto debería conmover nuestro corazón para clamar a Dios por la salvación de Israel y orar por la paz de Jerusalén.

7. VERSÍCULOS 12–14

- Aunque estas palabras también han tenido un cumplimiento principal en la destrucción de los enemigos de Israel en el pasado, a destacar Asiria en el tiempo de Isaías y después los caldeos, también coinciden con lo que nuestro Señor mismo profetizó con respecto a la gran tribulación, precedida por un tiempo en el que nación se levantará contra nación y reino contra reino; cuando el mar y las olas rugirán y habrá terremotos en los lugares más profundos, y sus corazones se abatirán de temor.

- Al llegar la hora final de la tribulación, las naciones se reunirán contra Jerusalén. Los ejércitos gentiles vendrán del este, del norte y del oeste para participar en un conflicto sangriento intentando obtener la posesión de la tierra de Emanuel, pero la aparición del Señor Jesucristo en gloria pondrá fin a la gran guerra final.

CAPÍTULO 18

El capítulo 18 es la carga de la tierra más allá de los ríos de Etiopía. Las naciones exactas que Isaías tenía en mente en este capítulo no se han confirmado de forma definitiva. Esto es obvio al ver tantas interpretaciones que muchos eruditos dan. Es difícil que fuera Egipto, ya que la descripción de este lugar no encaja con Egipto. La Biblia dice: *"tras los ríos de Etiopía"* (versículo 1) y ese no es un lugar apto para Egipto. Hay una carga distinta en el capítulo 19 con respecto a Egipto, y sería raro que se describiera esta carga en concreto y no se mencionara a Egipto. Creemos que Etiopía encaja mejor en el texto de las Escrituras.

Se presenta otro problema en este punto, no obstante, y es el de a qué Etiopía se refiere. Hay dos Etiopías en las Escrituras. La palabra para Etiopía es Cus. Hay una en el Éufrates en Asia descrita en Génesis 2:13 y otra en África (ver Isaías 20:3-5). Concluimos, no obstante, que la Etiopía de África es la que se menciona en este pasaje.

Los misioneros en esa tierra en concreto nos dicen que es conocida y destacada como la tierra de las aves y se le llama la tierra de las alas (verá esto en el versículo 1). Este pasaje de las Escrituras no es todo juicio, o carga, porque, como veremos, muchas cosas favorables se dicen en las Escrituras con respecto a Etiopía. Por ejemplo, el Salmo 87:4 y Amós 9:7. Aquí en este versículo en Amós, Dios demuestra su amor por su pueblo diciendo que les ama como ama a los etíopes. Es interesante destacar que uno de los cinco primeros convertidos, gentiles salvados en la iglesia, se describe en Hechos 8 y fue el eunuco etíope.

1. VERSÍCULO 1
   - Aunque el capítulo comienza con la palabra "Ay", es una interpretación no muy precisa. La palabra debería ser "ah". Definitivamente en el versículo 1 no se hace referencia a una calamidad o a una carga.
   - Las palabras *"hace sombra con las alas"* se expresarían mejor diciendo "crujiendo con las alas". Se le presta una especial atención al ruido que se hace.

2. VERSÍCULO 2
   - Se supone, por la frase, que los mensajeros son enviados por mar, que este sería un gran mar de poder. *"Naves de juncos"* ha sido también una piedra de tropiezo en la interpretación. Algunos han indicado que esas palabras significan un barco de vapor. Israel es una nación esparcida y pelada. Esto es potencialmente evidente, y la mayoría de los estudiantes serios de la Palabra de Dios coinciden en esto.
   - *"Cuya tierra es surcada por ríos"* presenta una dificultad. Hay solo un río en Palestina y nunca se ha desbordado en la tierra. Pero cuando uno ve la Etiopía africana donde crece el Nilo, entonces se obtiene un paisaje totalmente distinto.

3. VERSÍCULOS 3-6
   - Una bandera levantada en la tierra será la señal para el regreso a Palestina de los que a través de los siglos han vagado entre los gentiles. Podemos ver esto cumpliéndose hoy. Ahora están en la tierra y son reconocidos por otras naciones como una república independiente. Uno podría esperar que sus sufrimientos se terminasen, si no supiéramos que les esperan angustias incluso mayores en el futuro, cuando los horrores de la gran tribulación caigan sobre ellos con toda su furia. Entonces un remanente será distinguido de entre las masas y con este remanente se identificará Jehová.

4. VERSÍCULO 7
   - Este versículo coincide con el verdadero regreso del Señor cuando se levantará para tratar con juicio a los enemigos de Israel y reconocerá al remanente como su pueblo. Sonará la gran trompeta, y los marginados de Israel se juntarán para regresar de todas las partes de la tierra a su antiguo territorio. Sí, vemos en todo lo que está ocurriendo actualmente en referencia a Israel, lo rápido que se cumplirán del todo todas estas cosas en cuanto la iglesia de Dios sea quitada de en medio y arrebatada para estar con el Señor.
   - El corazón de Dios siempre está con Israel, y aunque ha permitido que pasen por sufrimientos terribles a lo largo de los largos siglos de su dispersión, porque no conocieron los tiempos de su visitación,

no cabe duda de que llegará el día en el que sus transgresiones serán perdonadas y sus corazones renovados, serán restaurados en Él y plantados nuevamente en su propia tierra.
- Esta tierra ha sido saqueada muchas veces a manos de ejércitos invasores, que a menudo son descritos como ríos que se desbordan y destruyen. A lo largo de 2 000 años desde el rechazo de Cristo y la destrucción de Jerusalén y el templo que se produjo unos cuarenta años después, esta tierra ha sufrido guerra tras guerra. En todas estas dificultades, Israel ha sido un campo de batalla casi constante: Asiria, Babilonia, Persia, Grecia, Egipto, Roma y después los turcos, todos han luchado por esta tierra, y sea quien sea el que haya ganado, los judíos siempre han sido los perdedores hasta que, en el debido tiempo de Dios, se estableció una nación.
- Dios ha estado trabajando providencialmente para el cumplimiento de sus propósitos para Israel. Su dependencia ha estado, no obstante, en su propia sabiduría y poder, ayudados a veces por los gentiles, en vez de depender de Dios mismo, y por ello se han producido muchas decepciones; y habrá más en el futuro, hasta el día en el que Israel vuelva a nacer en un día.

¿Cuánto recuerda?

1. Describa la carga de Moab que se encuentra en los capítulos 15 y 16.
2. En el capítulo 16, ¿cuál será la causa del rechazo de Moab al ofrecimiento de misericordia de Dios?
3. ¿Qué nación se asocia con Damasco en el delito y el castigo de esta carga de Damasco?
4. Tras estudiar las pistas que encontramos en las Escrituras, ¿qué región se puede deducir que sufrirá la carga de Etiopía que vemos en el capítulo 18?

Su tarea para la próxima semana:

1. 1. Repase sus notas de esta lección.
2. 2. Lea Isaías, capítulos 19, 20 y 21.
3. Subraye su Biblia.

Lección 7. Notas

Lección 8
CAPÍTULOS 19, 20 y 21

CAPÍTULO 19

Este capítulo es la carga de Egipto. Ninguna nación figura de forma tan prominente en las páginas de las Escrituras además de Israel como lo hace Egipto. Tiene una historia más larga que cualquier nación mencionada en las Escrituras, incluyendo a Israel. Egipto fue una de las grandes naciones más antiguas del pasado. Existe hoy día y desempeña un papel prominente en los eventos del mundo. Tiene un glorioso futuro presagiado en las páginas de las Escrituras. Este capítulo contiene todos los elementos que entran en la historia de la nación: su pasado, presente y futuro.

Egipto adquiere prominencia muy pronto en las Escrituras cuando Abraham huye a Egipto y se mete en dificultades. Más adelante, José fue vendido en Egipto y durante una hambruna Jacob y sus doce hijos descendieron a Egipto con sus familias. Allí, Israel se convirtió en una nación en la esclavitud de los campos de ladrillos de Egipto. Acaz y Ezequías hicieron una alianza con Egipto y vieron que era una alianza en la que no se podía confiar. Cuando nació Jesús, fue llevado a Egipto. El evangelio permitió muchos convertidos en Egipto durante los tres primeros siglos de la era cristiana. Juan Marcos estableció la primera comunidad cristiana en Egipto, en Alejandría. En Alejandría se tradujeron las Escrituras hebreas en el año 285 a. C. Simón, el celote, fue el primer predicador en Alejandría. Otro nombre para el antiguo Egipto es Mizraim (ver Génesis 10:6-13).

1. VERSÍCULOS 1–4
   + La idolatría de Egipto es el principal motivo de la condenación de Dios de esta nación. Quizá ningún otro pueblo se entregó jamás a la idolatría como lo hicieron los egipcios, con la posible excepción de los babilonios. La cuna de la idolatría, Egipto, por su larga historia es un ejemplo perfecto de Romanos 1:21-23 (lea estos versículos).
   + El pueblo era originalmente monoteísta, pero gradualmente se degradaron en la idolatría adorando a todas las criaturas: el toro, la rana, el escarabajo (un insecto), los peces y todo tipo de aves.
   + Los combates de Moisés y Faraón para dejar ir a Israel se tornaron en una batalla de los dioses. Jehová golpeó toda forma de idolatría en Egipto, desde el sol y el río Nilo, hasta las ranas y los piojos. Ahora desciende de nuevo en una nube como un carro para destruir a los ídolos de Egipto.
   + Es interesante saber que la idolatría desapareció hace mucho, según como era en esta tierra. Esto se ha cumplido literalmente.
   + Versículo 2: En los días de Isaías se levantó un faraón que ya no podía controlar su gran reino y el ejército dejó de obedecerlo. Esto causó el establecimiento de unos gobiernos débiles en las ciudades que se autogobernaron durante un tiempo.
   + Versículo 3: Esta nación orgullosa que había avanzado en la civilización mucho más que otras naciones descendió hasta unos niveles muy bajos. El pueblo acudió a sus ídolos para nada, y finalmente, en la desesperación, acudieron al espiritismo.
   + Versículo 4: El *"señor duro"* al que se refiere aquí es identificado generalmente como uno de los tres o cuatro gobernadores antiguos. La identificación no es importante, pero el efecto del Señor es importante.
2. VERSÍCULOS 5–10
   + Versículo 5: El mar se refiere al río Nilo que era la arteria principal de la nación, y los ríos son los canales que se construyeron especialmente en la boca del río.

- Versículo 6: Las corrientes son las salidas al mar y la mayoría de ellas están llenas hoy día. Toda la vegetación de una valiosa naturaleza iba a desaparecer de las orillas del río. Como están secos, solo la región del delta se conoce ahora como el terreno fértil de Egipto.
- Versículo 7: La *"pradera"* es el papiro que se usaba en ese tiempo como papel. Era una de las principales industrias de Egipto y suponía un gran volumen de la riqueza de Egipto. Desapareció y dejó de crecer en las riberas donde era autóctona y donde Moisés fue escondido junto al río Nilo.
- Versículo 9: El lino de Egipto tenía fama mundial. El lino tomado de las momias es superior a cualquier lino que se hace en los molinos de Irlanda, incluso en el presente. El lino fino entrelazado lo usó Moisés en la construcción del tabernáculo en el desierto. Esa industria desapareció y esta profecía se cumplió literalmente.
- Versículo 10: Toda la industria pesquera iba a desaparecer. Esto se ha cumplido literalmente. La riqueza de Egipto prácticamente consistía en su río, y debido a su volumen, aquí se le llama mar.

3. VERSÍCULOS 11–15
   - Versículo 11: Zoán es Túnez en la historia secular. Tanto la debilidad mental como el agotamiento material iban a ser un juicio, y este se cumplió.
   - Versículo 12: Todo el liderazgo desaparecería de Egipto.
   - Versículo 13: Memfis es el Memfis que conocemos hoy.
   - Versículo 14: Esta es una viva imagen de la reducción de Egipto a un reino deshonroso.
   - Versículo 15: La industria y el comercio morirían, y la pobreza y la miseria se apoderarían de la nación. Esta continúa siendo la dura situación de Egipto, y vemos que la Palabra de Dios se ha cumplido literalmente en este aspecto.

   La primera sección de lo que hemos cubierto en el capítulo 19 se podría dividir de la siguiente forma:

   a. Caída de las falsas religiones (versículos 1–4).
   b. Caída de los recursos materiales (versículos 5–10).
   c. Caída del poder espiritual (versículos 11–15).

4. VERSÍCULOS 16–25
   - *"En aquel día"* (versículo 16) sitúa esta sección en el futuro. Estas palabras aparecen seis veces. Este versículo no cabe duda que caracterizó a Egipto en el conflicto más reciente con Israel. Los ejércitos de Egipto se derrumbaron y huyeron.
   - En los versículos 17–18 esto podría tener también una aplicación actual. Toda esta sección apunta hacia el Día del Señor para tener un cumplimiento completo.
   - Los versículos 19–20: *"Altar para Jehová"* se ha interpretado por algunas sectas como la pirámide. La pirámide no es ni un altar ni una columna, sino un monstruoso mausoleo para enterrar a un rey y su reina. La cruz será lo que Egipto mirará en vez de un montón de piedras.
   - Versículos 21–22: Egipto tiene un futuro glorioso. La nación entrará y disfrutará del reino con Israel. Qué diferente será de su momento presente.
   - Versículo 23: Esta calzada no será para soldados y ejércitos, sino para los que van a Jerusalén a servir a Cristo, el rey.
   - Versículo 24: Notemos la exaltada posición de Egipto en el reino.
   - Versículo 25: Notemos esta frase, y es una de las frases más asombrosas de las Escrituras: *"Bendito el pueblo mío Egipto"*. Aún está por llegar una bendición a esta nación despreciada y estropeada. Ahora procederemos a hacer un estudio más detallado de los versículos 16–25.

5. UN ESTUDIO MÁS DETALLADO DE LOS VERSÍCULOS 16–25

- En los versículos 18–25 del capítulo 19 tenemos una mirada amplia, pero a la vez exhaustiva tanto de los judíos como de los árabes.
- Si esta profecía se hubiera leído hace unas décadas, la crítica podría haber dicho: "está loco, porque no hay estado de Israel ni ha habido estado de Israel durante siglos y siglos". Pero Dios dijo que el pueblo regresaría a la tierra y que habría una nación llamada Israel. En la historia más reciente hemos visto el cumplimiento de esa profecía con respecto al estado de Israel.
- La profecía también tiene que ver con los enemigos de Israel y mutuos. Uno de ellos es Egipto y el otro Asiria. Hoy no llamamos a Asiria con ese nombre porque el gran imperio se ha dividido y, por lo tanto hoy diríamos Irak, Jordania, Siria y Arabia Saudita, o lo que los medios de comunicación denominan el "mundo árabe". Estos son los enemigos de Israel. Al norte estaba Asiria y al sur, Egipto. Entre estos dos grandes imperios en esos tiempos antiguos estaba la diminuta nación llamada Israel, y se convirtió en el campo de batalla común. Fue destruida, devastada e invadida primero por uno y luego por el otro. Del sur venían los faraones y los ptolomeos. Del norte venían líderes como Tiglatpileser y Antíoco Epífanes. La historia antigua se reduce a la destrucción de la tierra de Israel.
- La historia moderna de Israel ha sido la misma. No ha habido momento en el estado de Israel en el que no hayan enfrentado la amenaza de guerra o la guerra misma, y así será hasta que Cristo regrese. Israel está rodeada de 50 millones de árabes que dicen y creen que Israel no debería existir, mientras que Israel es un país diminuto de menos de tres millones de judíos.
- Es difícil darse cuenta de la pertinencia de esta profecía y de que tal cosa siempre pasará como está descrito aquí en este pasaje. El profeta Isaías levanta sus ojos al mañana dorado, al reino milenial de nuestro Salvador, y así escribe, en el versículo 18, que la tierra de Egipto hablará el lenguaje de Canaán y jurarán por Jehová de los ejércitos, es decir, darán lealtad al gran Dios, y en ese día habrá un altar al Señor en Egipto.
- Egipto clamará al Señor debido a sus opresores, y Dios les enviará al poderoso Señor Cristo y Egipto conocerá al Señor ese día. Y el Señor golpeará a Egipto porque a quien ama, también disciplina. Dios golpeará a Egipto por sus transgresiones, pero también sanará a Egipto. En ese día habrá una calzada que sale de Egipto hasta Asiria y la recorrerá hacia ambos lados, y los egipcios servirán a Dios con los asirios. En aquel día, Israel será una bendición en medio de la tierra junto a los otros dos.
- ¿Se imagina algo así, cuando haya paz y camaradería entre estos pueblos? ¿Qué está Dios prometiendo al mundo árabe?
- Dios nunca se olvida de sus pactos con nadie. Esta profecía tiene que ver con una profecía que Dios le hizo a Abraham con respecto a su hijo Ismael. Todo el mundo árabe tiene a Ismael como su patriarca, así como los judíos se ven a sí mismos como descendientes de Isaac y Jacob.
- ¿Cuál es este pacto que Dios hizo con el mundo árabe? Lo leemos claramente en el libro de Génesis. En Génesis 16, Sara es estéril y lleva a su criada Agar a Abraham, y ella consiente en tener un hijo de Agar. Cuando Agar concibe, Sara se vuelve celosa, ella y Abraham la echan de la casa, y ella queda errante en el desierto del Neguev. Esperando un hijo, un ángel se le apareció y le habló diciéndole que Dios haría de su hijo Ismael una gran nación. El ángel le dijo que regresara con su ama y la obedeciera. En Génesis 17, el pequeño Ismael tiene trece años y Dios hace un pacto con Abraham y le promete un hijo de Sara. Pero Dios también escuchó el clamor de Abraham por su hijo Ismael, y Dios dijo que haría de Ismael una gran nación y un gran pueblo, que lo multiplicaría mucho y que sería el padre de doce príncipes y de una gran nación.
- En Génesis 21 nace Isaac, que significa "risa". Ismael se rió del niño y de nuevo Agar es echada y se fue al desierto, y allí Dios le repitió el pacto que le había hecho antes (ver Génesis 21:17-21).

- En Génesis 25, Isaac e Ismael están juntos enterrando a su padre, Abraham. En ese capítulo, Ismael es el padre de doce hijos, así como Jacob tuvo doce hijos. Ismael es también el padre de una hija que se casó con Esaú (ver Génesis 36:3) y así se puso el fundamento del mundo árabe como lo conocemos hoy. Dios está recordando su promesa a Ismael. Estamos comenzando a ver algunas señales de eso al acercarnos a los días del regreso del Señor. Al mirar a Arabia Saudita, es una tierra desolada y estéril, y a la vez está justo detrás de nosotros en riqueza individual. ¿Quién puso ahí ese petróleo? Miles de millones de barriles están ahí en esa tierra. Dios lo puso ahí y esto, creo yo, es una parte de la bendición de Dios y parte del pacto de Dios.

- ¿Durará para siempre el hecho de que esos primos se odien para siempre y luchen uno contra otro? ¿Durará siempre el hecho de que el mundo occidental estará en medio intentando encontrar la paz? El profeta alza su voz y profetiza acerca del glorioso reino milenial de nuestro Salvador. Israel estará en él y será parte de él. Encontrará esto en Zacarías 12-14. El profeta dice que viene un tiempo en el que el Señor Jehová, el Mesías, se aparecerá a la nación de Israel. Ellos regresarán a su tierra cuando Cristo se les aparezca. Después se cumplirá Romanos 11:26: *"y luego todo Israel será salvo"*.

- Hay otros también que serán salvos. Leamos la profecía aquí en el capítulo 19 y versículos 20-21:

    Y será por señal y por testimonio a Jehová de los ejércitos en la tierra de Egipto; porque clamarán a Jehová a causa de sus opresores, y él les enviará salvador y príncipe que los libre. Y Jehová será conocido de Egipto, y los de Egipto conocerán a Jehová en aquel día.

    ¡Qué gloriosa profecía! Cristo en el reino milenial incluirá en él también a los hijos de Ismael, el mundo árabe. Ellos confiarán en el Señor.

- Dios tiene un propósito y un diseño para estas personas, pero ¿qué hay de nosotros? Yo no soy un hijo de Ismael, ni de Isaac, ni de Jacob. Pero en Isaías 49:6-8 leemos:

    Dice: Poco es para mí que tú seas mi siervo para levantar las tribus de Jacob, y para que restaures el remanente de Israel; también te di por luz de las naciones, para que seas mi salvación hasta lo postrero de la tierra. Así ha dicho Jehová, Redentor de Israel, el Santo suyo, al menospreciado de alma, al abominado de las naciones, al siervo de los tiranos: Verán reyes, y se levantarán príncipes, y adorarán por Jehová; porque fiel es el Santo de Israel, el cual te escogió. Así dijo Jehová: En tiempo aceptable te oí, y en el día de salvación te ayudé; y te guardaré, y te daré por pacto al pueblo, para que restaures la tierra, para que heredes asoladas heredades.

- Así pues, el pacto del Señor es para nosotros en esta dispensación:

    En aquel tiempo Israel será tercero con Egipto y con Asiria para bendición en medio de la tierra; porque Jehová de los ejércitos los bendecirá diciendo: Bendito el pueblo mío Egipto, y el asirio obra de mis manos, e Israel mi heredad (Isaías 19:24–25).

CAPÍTULO 20

Este breve capítulo continúa la carga de Egipto. El último capítulo terminó en una nota alta sobre la bendición futura para Egipto en el reino milenial. Ahora vemos que hay un peligro en que Israel mire a Egipto en busca de ayuda en una crisis cuando Asiria salió en el norte contra ellos. Isaías tuvo que dejarle claro al pueblo de Dios que no podían esperar una verdadera ayuda de Egipto, ya que ellos mismos estarían a merced de Asiria. Los egipcios iban a sufrir a manos de los asirios y serían llevados a la cautividad así como Efraín (Samaria, que son las diez tribus del norte de Israel). Esto sucedería tres años después. El último capítulo concluyó con la lejana visión: la visión milenial. Este capítulo comienza y termina con una visión casi inmediata. Este capítulo se podría llamar "eventos actuales", lo cual respalda la fiabilidad de Isaías como profeta de Dios. Este capítulo pone en el microscopio los días concretos en los que vivía Isaías.

Otro elemento sobre este capítulo es la referencia en el versículo 1 a Sargón. Este es el único lugar en el que aparece él en la Biblia. Hasta tiempos comparativamente recientes, era desconocido en la historia secular. Ahora el nombre de Sargón y su registro se han encontrado en los monumentos y ha quedado establecido en la historia secular. Sucedió a Salmanasar, pero no era su hijo. Era el padre de Senaquerib. Es consolador que la arqueología haya establecido la autenticidad de las Escrituras, y especialmente de un hombre mencionado solo una vez en las Escrituras y sin mención en la literatura hasta tiempos recientes. El estudiante aplicado de la Palabra de Dios no necesita esta confirmación para establecer la precisión de las Escrituras. Más bien, las Escrituras establecen la precisión de la arqueología y la historia. La fe ni descansa, ni puede hacerlo, sobre la inspiración del pico y la pala. Sin embargo, la mayoría de las personas esperan que las piedras hablen para satisfacer su propia curiosidad.

1. VERSÍCULO 1
   + Este nombre *"Tartán"* era el de un general del ejército asirio (ver 2 Reyes 18:17). *"Asdod"* era una ciudad de Samaria (las 10 tribus del norte).
2. VERSÍCULO 2
   + Isaías iba a convertirse en una parábola andante para Israel como advertencia para no hacer una confederación con Egipto. A Isaías no se le pidió que se desnudase. La ropa era y es esencial para las costumbres orientales, y la desnudez es tan repulsiva que es obvio que esta no era la idea. Isaías tenía que despojarse de su túnica de luto. Eso atraería una atención inmediata y asombrosa hacia el profeta, y permitiría a Isaías establecer su punto públicamente. La túnica exterior siempre la llevaban los hombres y especialmente un profeta, y por eso lo que se le indicó hacer a Isaías era algo sencillamente contrario a las costumbres comunes y no a la decencia moral.
3. VERSÍCULO 3
   + Isaías estuvo tres años sin su túnica exterior, y en tres años esto le sucedería a Egipto. Etiopía está incluida en esta parábola.
4. VERSÍCULO 4
   + Egipto no se podía proteger a sí misma, ni tampoco Etiopía. No sería un aliado fiable para Israel. Tanto Egipto como Etiopía fueron invadidos por Sargón, y Egipto sufrió esta vergüenza.
5. VERSÍCULOS 5-6
   + En su desesperación, los israelitas reconocerían su ineptitud y clamarían pidiendo ayuda. Esa ayuda será el libertador, que aún ha de ser revelado en el día venidero del Señor.

CAPÍTULO 21

En este capítulo tenemos tres cargas: Babilonia (el desierto del mar), Edom (Duma) y Arabia.

Las 3 cargas en este capítulo se expresan mediante símbolos expresivos, los cuales representan ciertas naciones, y aparentemente eran tan claros para la gente del tiempo de Isaías como las estrellas y los galones lo son para nosotros. Estas insignias en este capítulo no son tan claras para nosotros y, como resultado, se han producido algunos desacuerdos entre los estudiantes de la Biblia. Consideraremos cada una por separado al repasar el capítulo. Estas tres, Babilonia, Edom y Arabia, eran enemigos o posibles enemigos de Israel.

1. VERSÍCULO 1
   + *"El desierto del mar"* es una expresión extraña. Es como decir "la sequedad del agua". Sin embargo, puede que no fuera demasiado peculiar, ya que hoy producimos "hielo seco" y "calor frío".
   + Este versículo por sí solo no identifica a la nación, pero el versículo 9 sí la identifica. Antes de que Babilonia se convirtiera en una potencia mundial, su destino ya se había profetizado. La primera

carga en los capítulos 13 y 14 fue contra Babilonia. Babilonia se volvió tan terrible, poderosa y representaba tanto en las Escrituras, que tenemos esta palabra relacionada con su destino aquí en este capítulo. Fue el primer lugar de la rebelión unida contra Dios llamada Babel, y representa la última fortaleza de rebelión contra Dios en Apocalipsis 17 y 18.
- *"Desierto del mar"* es una frase paradójica. Babilonia estaba geográficamente localizada en una gran planicie desértica. Estaba irrigada por los canales que salían del río Éufrates. El desierto y el mar forman una rara amalgama en este capítulo. A lo mismo se refiere Juan en Apocalipsis 17:1–3.

2. VERSÍCULO 2
   - Dios ordena a la nación dual de Media-Persia destruir y desvalijar la ciudad cuando dice: *"Sube, oh Elam [Persia]; sitia, oh Media"*.

3. VERSÍCULOS 3-4
   - Aquí el profeta Isaías está conmovido por un gran sentimiento y emoción cuando es consciente de la futura devastación. Este es el corazón de Dios deseando mostrar misericordia, incluso durante los tiempos de juicio.

4. VERSÍCULOS 5-10
   - No fue agradable para Isaías poder presagiar el doloroso sufrimiento al que iban a ser expuestos los enemigos de Israel. Su corazón tierno se dolió profundamente por la desolación y la destrucción que su idolatría y corrupción iban a acarrear sobre ellos.
   - Él habla casi como un testigo ocular de la escena de festividad, y en palabras escasas, pero lúcidas, declara la palabra del Señor. El centinela dio aviso al rey de Babilonia de que había caído: *"Cayó, cayó Babilonia; y todos los ídolos de sus dioses quebrantó en tierra"* (versículo 9). Este es un panorama tanto de pena como de alivio. Babilonia era una fuente de todo tipo de idolatría.

5. VERSÍCULO 11
   - Aquí vemos la segunda carga en este capítulo y es la carga de Duma, o Edom. Duma significa "silencio". La palabra inglesa "dumb" (mudo) se acerca mucho a la intención de Isaías. "Seir" significa "rugoso o velludo". Esaú fue el primero al que se le pudo llamar por esa descripción en Génesis 25:25. Esaú habitó en el Monte Seir (ver Génesis 36:8). También era una tierra barrida por las tormentas. Seir también significa tormentas. ¡Vaya juego de palabras, "silencio y tormenta"!
   - Aquí vemos otra paradoja. De la tierra del silencio y la tormenta surge esta pregunta que se repite dos veces: *"Guarda, ¿qué de la noche?"*. En otras palabras, ¿cuánto ha transcurrido ya de la noche? ¿Cuánto tiempo falta para que la gloria de Dios sea revelada cuando el Hijo de justicia aparezca?

6. VERSÍCULO 12
   - El centinela dijo que venían la mañana y la noche. Lo que será la gloria para algunos, será también la fatalidad para otros. Lo que será la luz para Israel, será la noche para Edom.

7. VERSÍCULO 13
   - Aquí tenemos la tercera carga en este capítulo, y es la carga sobre Arabia. Arabia era la tierra de los ismaelitas, las tribus beduinas del desierto, los árabes actuales.

8. VERSÍCULOS 14–17
   - Ya sea que seamos o no capaces de seguir cada detalle narrado aquí, es evidente que Arabia iba a sufrir a manos de los asirios de una manera muy concreta. Al menos por el momento, el orgullo de las tribus ismaelitas iba a ser humillado y sus ciudades desvalijadas, sin embargo no es una pista de su futura destrucción, porque Arabia aún tiene que ser bendecida en el día venidero porque a lo largo de los siglos Dios ha preservado a los descendientes de los hijos de Abraham nacidos de la carne.

¿Cuánto recuerda?
1. ¿Cuál es el principal motivo de la condenación de Dios hacia la nación de Egipto en el capítulo 19?
2. ¿Cuáles son las tres cargas que encontramos en el capítulo 21?
3. Describa el semblante de Isaías al dar la profecía de desolación y destrucción del capítulo 21.
4. En el capítulo 21 y el versículo 12, ¿qué quiere decir la frase: *"La mañana viene, y después la noche"*?

Su tarea para la próxima semana:
1. Repase sus notas de esta lección.
2. Lea los capítulos 22–24 de Isaías.
3. Subraye su Biblia.

Lección 8. Notas

Lección 9
CAPÍTULOS 22, 23 y 24

CAPÍTULO 22

El profeta ahora se dispone a dar un mensaje del Señor a la ciudad de Jerusalén en un tiempo en el que estaba en peligro de ser destruida por los asirios y sus aliados de Elam y Kir. Elam, como sabemos, es Persia, y había sido durante siglos un enemigo de Asiria, pero en este preciso instante se había vuelto cooperador hasta cierto grado con Senaquerib en un intento de conquistar la tierra de Judá. Esta carga se refiere a Jerusalén como destacaremos a lo largo del capítulo. Las cargas comenzaron a mucha distancia en Babilonia, y habían continuado hasta acercarse más a Jerusalén, como hemos estudiado capítulo tras capítulo. Ahora la tormenta irrumpe con toda su furia sobre Jerusalén. ¿Qué asedio y qué enemigo tiene el profeta Isaías en mente? Persia es mencionada por nombre, pero Jerusalén estaba en ruinas mientras que Persia tenía el poder. Aparentemente, todos los enemigos que han salido contra Jerusalén están ante nosotros en este capítulo, desde los asirios que devastaron la tierra, pero no entraron en la ciudad, hasta el último enemigo del norte que amenazará la ciudad, pero no entrará. El intervalo entre estos dos ha visto esta ciudad capturada más que ninguna otra. Esta es la carga total de Jerusalén.

1. VERSÍCULO 1
   - *"El valle de la visión"* se refiere a Jerusalén, como queda implícito en los versículos 4, 8, 9 y 10. La expresión *"valle de la visión"* es otra frase paradójica de Isaías. "El monte de la visión" se entendería porque el monte es un lugar desde donde se ve a la distancia. Moisés subió al monte Nebo para ver la tierra de la promesa. Nuestro Señor miró Jerusalén desde el monte de los Olivos. El valle, en las Escrituras, es siempre el lugar de dolor, humillación y muerte. El valle de la sal, matanza y muerte son expresiones bíblicas. El dicho "qué agradable es mi valle" es secular. La visión aquí es una de dolor y batalla venidera. El valle es el lugar adecuado para esta visión.

2. VERSÍCULOS 2–8
   - Estos versículos se aplican de forma definitiva al sitio de Jerusalén a manos de los asirios. En los días de Isaías, la destrucción fue aplazada por la fidelidad del rey Ezequías y después Josías, pero aun así, el profeta reconoció el hecho de que la ciudad santa finalmente iba a ser presa y víctima muchas veces de naciones gentiles codiciosas.

3. VERSÍCULOS 9–11
   - Todo esto ocurrió durante el reinado de Ezequías, y se puede documentar históricamente por los archivos de Jerusalén que todo lo que describe este capítulo es historia.
   - Ezequías, de hecho, tomó precauciones como se describe en estos versículos al defender Jerusalén.
   - Cuando lea estos versículos y este capítulo, debe darse cuenta de que fue solo una intervención divina lo que destruyó al ejército asirio y libró a Jerusalén. Hubo, por parte de Ezequías, un giro sincero hacia el Señor mientras que las masas de gente no se volvieron al Señor.

4. VERSÍCULOS 12–14
   - *"En este día"* se refiere al futuro, y la palabra *"llamó"* se refiere al pasado y a la historia. Es tanto histórico como profético.
   - Dios dio a su pueblo días de fiesta para acudir ante Él con gozo. Su pecado hizo que fuera imperativo sustituir la fiesta por el ayuno, y el gozo por el llanto. Entonces la gente se quejaba en los días en los que debían haberse alegrado. En su desesperada situación, cuando deberían haberse apenado,

adoptaron la filosofía materialista de un dios que rechaza a la gente. Adoptaron la teoría de "come y bebe porque mañana moriremos", y esto es fatalista.

5. VERSÍCULOS 15–19
   - *"Sebna"* era el secretario de la tesorería y un político barato bajo Ezequías. Aparentemente, se había apropiado de fondos de modo indebido, y encontrará referencias a ello en 2 Reyes 18:18 y 19:2, y en Isaías 36:3 y 37:2. Sebna estaba construyendo un sepulcro para perpetuar su nombre. Fue irónico, ya que moriría y sería enterrado en una tierra extranjera como se puede leer en los versículos 17 y 18.

6. VERSÍCULOS 20–24
   - Eliaquim era un hombre fiable, un verdadero hombre de estado y un siervo leal del rey Ezequías. Era un hombre de estado, y no un mero político. Estaba motivado por un amor sincero por su país y por Dios. Iba a tomar el oficio que Sebna dejó vacante.
   - A él se le iba a encomendar la llave de David, es decir, la llave del tesoro real, sobre el que recibió autoridad para abrirlo y cerrarlo cuando lo considerase oportuno. En esto vemos un modelo muy claro de nuestro bendito Señor, que usa las mismas expresiones que tenemos aquí cuando se dirige a la iglesia de Filadelfia en Apocalipsis 3:7: *"Esto dice el Santo, el Verdadero, el que tiene la llave de David, el que abre y ninguno cierra, y cierra y ninguno abre"*.
   - Para los que lo ven como su guía y protector divinamente otorgado, abre la casa del tesoro de la verdad divina, revelándoles las cosas preciosas que Dios tiene almacenadas en su Palabra.
   - Eliaquim iba a ser como un clavo bien clavado en su lugar. De Eliaquim dependerían los medios de refrigerio y consuelo que Dios había provisto para su pueblo. Vemos en esta ilustración una seguridad para los que han puesto su confianza en Cristo para ser salvos. Él es, sin duda, un clavo puesto en un lugar seguro, y sobre Él puede colgar la gloria de la casa de su Padre y los vasos, tanto grandes como pequeños. Su seguridad no reside en su propia habilidad para aferrarse al clavo, sino en el hecho de que están colgados en ese clavo que está seguramente enclavado. Sebna representa al anticristo mientras que Eliaquim representa a Cristo.

7. VERSÍCULO 25
   - Este versículo mira hacia atrás, a Sebna, y es un cuadro del anticristo. La frase es profética como indican claramente las palabras *"en este día"*.

CAPÍTULO 23

Esta es la undécima y última carga contra las naciones, y es la carga de Tiro. Cada una de estas grandes naciones representa o simboliza algún gran principio, filosofía o sistema que Dios debe juzgar:

1. Babilonia: representa las falsas religiones y la idolatría.
2. Palestina: representa las verdaderas religiones, que se volvieron apóstatas.
3. Moab: representa una religión formal, una forma de piedad, pero que niega el poder de ella.
4. Damasco: representa transigir.
5. Etiopía: representa las misiones.
6. Egipto: representa el mundo.
7. Persia: representa el lujo.
8. Edom: representa la carne.
9. Arabia: representa la guerra.
10. El valle de la visión (Jerusalén): representa la política.
11. Tiro: representa el comercialismo o las grandes empresas.

Tiro y Sidón eran dos grandes ciudades de los antiguos fenicios; a Sidón, la ciudad madre, la superaba su homóloga. Los barcos de los fenicios entraban en todos los puertos del Mar Mediterráneo y sus barcos penetraban en los océanos inexplorados de ese tiempo. Sus barcos traían estaño de Gran Bretaña. Los fenicios eran personas agresivas y progresivas. Cartago en el norte de África estaba asentada junto a ellos. Chipre le debía su prosperidad al intercambio con Tiro. Esto ocurría con otros centros. Es de interés notar que los fenicios inventaron el alfabeto.

Ezequiel 26 contiene una destacada profecía con respecto a Tiro que ha tenido un cumplimiento exacto. Tiro fue destruida por Babilonia y fue llevada a cautividad durante los mismos setenta años que Judea. La ciudad se recuperó parcialmente, pero después Alejandro Magno arañó el antiguo lugar de Tiro para hacer una calzada como entrada a la nueva ciudad. La ciudad antigua nunca se reconstruirá hasta el milenio, como se indica en el último versículo de este capítulo.

1. VERSÍCULO 1
    - *"Tarsis"* era una tierra distante nombrada en Isaías 66:19. Jonás huyó allí. Estaba evidentemente en el sur de España donde se estableció una colonia de Tiro y recibió el nombre de Tarteso. Estaba cerca de Gibraltar, y obviamente es el lugar mencionado en este versículo. Desde Tarteso Tiro importaba plata, hierro, estaño y plomo.
    - *"Quitim"* era la isla de Chipre.
    - Esta carga comienza con los barcos de Tiro regresando del lejano Tarteso y se enteran de la destrucción de Tiro. Todas las casas han sido derribadas y el puerto bloqueado. Estas noticias llegan hasta la isla de Chipre, donde Tiro mantenía un gran negocio.

2. VERSÍCULO 2
    - Tiro fue parcialmente construida en una isla. Tiro y Sidón van juntas como el cerdo y los frijoles. Eran las dos ciudades principales de los fenicios. Los prominentes mercaderes del mar de Sidón habían hecho de Tiro la gran ciudad que era.

3. VERSÍCULO 3
    - Las aguas del Nilo crecían e inundaban Egipto y la hacía fértil. La riqueza de Egipto había venido mediante el puerto de Tiro.

4. VERSÍCULO 4
    - Este versículo sugiere que Tiro es la hija de Sidón. Históricamente esto es correcto.

5. VERSÍCULOS 5-6
    - La destrucción de Tiro arruina el comercio de Egipto. La caída de Tiro causa un duelo universal. Esto es similar a la caída de Babilonia al final de la gran tribulación. Algunos escapan a Tarsis.

6. VERSÍCULO 7
    - La gente de Tiro tuvo que huir lo más lejos posible. Esta es la ciudad de la antigüedad, la cual era anteriormente la ciudad alegre.

7. VERSÍCULO 8
    - La maravilla de Tiro originó la práctica popular actual de dar el nombre de la "reina" a todo lo que crece. Es decir, la patata reina, la naranja reina, el algodón reina y la rosa reina. Las colonias de la ciudad de Tiro habían establecido reinos dentro de las ciudades. Estas eran las coronas. La pregunta que se hace en este versículo se responde en el versículo 9.

8. VERSÍCULO 9
    - Fue el Señor de los ejércitos quien había determinado la destrucción de Tiro. Él no se disculpa por organizar las cosas.

9. VERSÍCULO 10
    - El río al que se refiere aquí es el Nilo. Al desbordarse por sus orillas, esta colonia de Tarsis ahora es libre para hacer lo que desee. La frase *"no tendrás ya más poder"* significa que nada les ata.
10. VERSÍCULO 11
    - A Tiro se le da una doble descripción:
        a. En el versículo 7 se le llama ciudad alegre.
        b. En el versículo 8 se le llama la que repartía coronas.
11. VERSÍCULO 12
    - Lo que se sugirió en el versículo 4 se declara claramente aquí. Tiro es la hija de Sidón. Sidón era la ciudad más antigua, y unos ricos mercaderes de allí habían fundado Tiro y le habían dado prestigio. El gozo de la prosperidad iba a desaparecer. Algunos pensaban que huyendo a Chipre quizá podían tener un nuevo comienzo. En esto no fueron decepcionados.
12. VERSÍCULO 13
    - Se dirige la atención a los futuros conquistadores de Tiro y de Judá. Los babilonios serían el instrumento humano.
13. VERSÍCULO 14
    - Este versículo es una repetición del versículo 1 y completa la sección.
14. VERSÍCULO 15
    - Tiro iría a la cautividad durante los mismos setenta años que lo hizo Judá y por el mismo enemigo: Babilonia.
15. VERSÍCULOS 16–17
    - Al final de los setenta años, Tiro regresaría y comenzaría de nuevo su comercio mundial. El profeta compara a Tiro con una ramera en su intercambio infame.
16. VERSÍCULO 18
    - Hay un intervalo entre los versículos 17 y 18. Al final del versículo 17 vemos a Tiro asumiendo su posición antigua. Esto continuó hasta que fue destruida por Alejandro Magno. Otros centros desde entonces habían sido los centros de grandes negocios. Sin embargo, el versículo 18 deja claro que Tiro entrará en el milenio. Este lapso de tiempo entre los versículos no es inusual, y es simplemente uno de los elementos de la profecía. Esto se confirma en Salmos 45:12, donde vemos a Israel una vez más como la esposa de Jehová, y a Tiro entre los que se alegran en su bendición y le dan regalos al rey.

Ahora hemos terminado el libro de las cargas. Recordará que el libro de Isaías está dividido en diferentes secciones, y hemos estudiado el libro de Emanuel y también el libro de las Cargas. Todas estas cargas, las once, nos sensibilizan al hecho de que Él es el Señor de todas las naciones del mundo. El mismo Señor Dios que guió la vida y el futuro de Israel es el mismo que el Señor que guía a las naciones del mundo.

Miremos la palabra *"carga"* que usa Dios tan a menudo. Isaías 22:25 es una buena definición de eso. La palabra significa "levantar un peso pesado y llevarlo". De ahí viene el significado de que llevar el juicio de Dios era pesado, una carga, algo que Dios puso sobre algunos de nosotros en algún momento. Puede ver eso en el mensaje de Dios a las naciones. La Palabra de Dios es pesada y a veces difícil de tomar. Es una espada afilada, de doble filo. Dios aplica esas cargas y esos juicios como Él quiere y desea. Dios es un juez y es fuego consumidor. En nuestra era no hay una persona o nación en ningún lugar del mundo donde Dios no esté hablando o haya hablado en tiempos pasados con cargas pesadas: juicios.

Ahora hemos terminado el libro de las cargas y pasaremos a los siguientes diez capítulos en los que vemos un estudio de la gran tribulación y del siglo venidero, el reino milenial de Cristo y la reunificación de Israel.

CAPÍTULO 24

De los capítulos 13 al 23 vimos el juicio de Dios sobre las naciones vecinas y sobre Israel mismo, y gran parte de este juicio se ha cumplido en el pasado, pero ahora llegamos a una nueva sección de las Escrituras comenzando con el capítulo 24 y siguiendo hasta el capítulo 35. Estos capítulos están enteramente en el futuro y a menudo se les etiqueta como "el pequeño Apocalipsis".

Los juicios concretos que han estado apareciendo en los capítulos previos llamados "cargas" discurren hasta este último juicio llamado la gran tribulación. Los juicios que hemos estudiado en los capítulos 13 al 23 se juntan en el capítulo 24 como una inundación poderosa y conmovedora, y toda la tierra se ve involucrada en este juicio.

La palabra "tierra", o su equivalente, aparece dieciocho veces en este capítulo. Algunos expositores toman la postura de que la tierra en este capítulo se refiere solamente a la tierra de Israel, mientras que otros adoptan la postura de que se trata de todo el mundo. Yo creo que hay un elemento de verdad en ambos porque me parece que está involucrada toda la tierra, pero se centra en la tierra de Israel. Obtengo esa connotación solo leyendo el capítulo y comparando los eventos de este capítulo con los del libro de Apocalipsis. Aunque este capítulo es todo juicio y apunta hacia la gran tribulación, hay un pequeño rayo de luz que irrumpe en el capítulo al ver una compañía que es preservada a lo largo de la gran tribulación.

1. VERSÍCULO 1
   - *"He aquí que Jehová vacía la tierra y la desnuda, y trastorna su faz, y hace esparcir a sus moradores"*. La palabra *"tierra"* significa "toda la tierra". Las palabras *"vacía"* y *"desnuda"* nos recuerda a un antiguo juicio en Génesis 1:2 que dice *"desordenada y vacía"*. El primer juicio de Génesis 1:2 no tuvo nada que ver con el pecado de la humanidad, pero este futuro juicio tiene todo que ver con la humanidad y su menosprecio de Dios (ver Isaías 45:18 Jeremías 4:23).

2. VERSÍCULO 2
   - El juicio llega a toda clase y condición de la sociedad. No hay nada en el pasado que se pueda considerar como algo parecido a un cumplimiento de esta profecía, y por eso, según el corto y fácil método de infidelidad llamado modernismo, se desecha tranquilamente como algo falso y, por lo tanto, no escrito por Isaías.
   - De esta forma, prácticamente toda la profecía se puede desechar. Para nosotros no hay la mínima dificultad en reconocer que este hombre santo de Dios llamado Isaías está aquí siendo movido a hablar según le dirige el Espíritu de Dios y describe los terrores de ese día en el que Dios juzgará al mundo. Es cierto que desde un punto de vista humano estaba muy lejos de ese día en el que escribió Isaías, pero ahora está muy cerca de nosotros.

3. VERSÍCULO 3
   - El juicio es de Dios y se extiende a todo el mundo. El mundo entero es como un barco boca abajo, vacío, y todas las clases y condiciones están afectadas en este juicio de gran envergadura.

4. VERSÍCULO 4
   - Toda la tierra se ve afectada por este juicio divino. Como observará aquí en este versículo, tenemos la palabra *"tierra"* que aparece dos veces y la palabra *"mundo"* una vez.

5. VERSÍCULO 5
   - *"Las leyes"* no están limitadas a los Diez Mandamientos en este versículo. *"El pacto sempiterno"* se debería examinar cuidadosamente. ¿Qué es ese *"pacto sempiterno"* que los habitantes de la tierra pueden quebrantar? En Génesis 9:8–17 tenemos exactamente siete veces la aparición de esa palabra *"pacto"*, que en sí misma es una marca de importancia divina. Entre los términos aplicados a ese pacto que Dios hizo entonces con la tierra, está el término *"pacto perpetuo"* en el versículo 16. Aquí tenemos claramente la respuesta a la pregunta. En ese tiempo, el arcoíris fue el elemento que Dios le dio al hombre.

- ¿Cuál fue el principio básico de ese pacto que lo hizo perpetuo? No podría ser otra cosa que la gracia, bien fundamentada sobre la justicia absoluta. El pacto que Dios hizo es con *"toda carne que está sobre la tierra"*, como dice Génesis 9:17. Este es totalmente un pacto de gracia, y las naciones de la tierra lo han menospreciado y rechazado.

6. VERSÍCULO 6
    - Dios prometió a Noé que nunca volvería a destruir la tierra con un diluvio. Observemos aquí en este versículo que el juicio es fuego por el uso de la palabra *"consumidos"* (ver 2 Pedro 3:6–7).

7. VERSÍCULOS 7–9
    - El vino es la fuente del gozo, pero el gozo se ha acabado. La música es la expresión del gozo, pero el gozo se ha acabado. Vino, mujeres y cantos no son el pasatiempo en la gran tribulación.

8. VERSÍCULO 10
    - La *"ciudad por la vanidad"* significa lo mismo que *"una ciudad sin forma"*, y se asocia comúnmente a Babel.

9. VERSÍCULOS 11–12
    - Este es un cuadro de la cruda realidad de la tribulación.

10. VERSÍCULOS 13–15
    - Aquí vemos de nuevo a ese remanente preservado por la gracia divina mientras haya un solo verdadero israelita vivo, no meramente un judío externamente, sino un israelita internamente, ni la carne ni la tierra pueden ser destruidas del todo.
    - Precisamente, del mismo modo, y por la misma razón, mientras haya un solo miembro del cuerpo de Cristo en la tierra, un solo cristiano verdadero, la gran tribulación de la que habla nuestro capítulo no puede venir, porque la iglesia, compuesta por todos estos, estará aquí aún y morando sobre la tierra con el Espíritu Santo habitando en ellos, y por lo tanto se convierten en el obstáculo para la obra de Satanás.
    - El remanente, aunque pequeño, levantará su voz en alabanza a Dios por su liberación. Serán preservados tan pocos que será como unas cuantas aceitunas tiradas después de la cosecha y como la vendimia de las uvas: las sobras.
    - Ahora, al ver este capítulo desde el punto de vista de la profecía, usted se preguntará: "¿Cómo sé que esta es la gran tribulación y tiene un paralelismo con las Escrituras?". Lea Apocalipsis 6, que tiene lugar después del rapto de la iglesia y después de que Cristo haya sido declarado *"Digno eres de tomar el libro y de abrir sus sellos"* (Apocalipsis 5:9). Después, en el capítulo 6, comenzamos con el primer sello y seguimos hasta el sexto sello y después hay un paréntesis. En el capítulo 7 vemos el remanente y los que se salvan durante la tribulación, no solo judíos, sino también un gran número de gentiles que nadie podía contar. Y después, en el capítulo 8, vemos de nuevo resumido el séptimo sello y luego las siete trompetas, que son juicios peores que los primeros. Después de las trompetas están las siete copas, que son peores que las trompetas, y toda la tribulación continúa hasta el capítulo 19 de Apocalipsis. Así, cuando establecemos un paralelismo de esto con este capítulo de Isaías, vemos que el capítulo 24 comienza con la gran tribulación sobre toda la tierra y después hay un paréntesis del remanente, que aunque sea pequeño en cantidad comparado con el número total de habitantes de la tierra, hay un remanente. Y la gran tribulación está resumida en los versículos 16–22.

11. VERSÍCULO 16
    - Los cánticos ahora quedan apagados por el lloro producido por la intensidad del sufrimiento. Cuando Isaías ve el terrible carácter de la destrucción de la gran tribulación, proclama *"Mi desdicha"*, que significa "mi miseria, mi miseria".

12. VERSÍCULO 17
    + Hay tres peligros para los habitantes de la tierra:
    1. Terror: no hay forma de escapar del terror.
    2. Pozo: es el peligro de la muerte.
    3. Red: es el engaño.
13. VERSÍCULO 18
    + Este versículo es meramente una explicación del versículo 17.
14. VERSÍCULOS 19–20
    + Todo lo que el hombre ha considerado estable y duradero será quebrado en pedazos para que la tierra parezca tambalearse como un hombre borracho. Esto sugiere los grandes terremotos, que añadirán aún más al terror de esos días de pena y dolor.
15. VERSÍCULOS 21–23
    + Dios no solo tratará con juicio a los gobernantes equivocados de las naciones, sino también a esos principados y potestades invisibles que han querido dominar el corazón y la mente de hombres en puestos de autoridad, ya que también son descritos en Efesios 6:12 como *"gobernadores de las tinieblas de este siglo"*.
    + El *"ejército de los cielos en lo alto"* (versículo 21) se refiere a esos espíritus malvados en el cielo que intentan controlar las mentes de los hombres, de tal forma que les haga ponerles en contra de Dios y en un vano esfuerzo por torcer sus planes inmutables.
    + Aprendemos que la estrella caída llamada Satanás es el actor principal, y sus ejércitos de espíritus que están con él son descritos aquí por el profeta como un ejército derrotado, del que los prisioneros están confinados a un pozo para impedir su huida y para que en su dispensación final sean visitados después.
    + No vemos pista alguna aquí de una iglesia ni de ninguna nueva Jerusalén descendiendo de Dios desde el cielo.
    + El versículo 23 hace referencia al hecho de que cuando el Señor se levante para sacudir la tierra, entonces estas señales, mencionadas en el versículo 23 y a las que se refirió Cristo, serán obvias cuando el Señor de los Ejércitos venga de nuevo y descienda para tomar control del gobierno de este mundo y para traer la tan ansiada era de justicia.

¿Cuánto recuerda?

1. Describa por qué la frase *"el valle de la visión"* del capítulo 22, versículo 1, es paradójica.
2. Recuerde cómo está bosquejado en el capítulo 23 el simbolismo o representación de los juicios de Dios contra cada nación.
3. Describa la carga de Tiro y recuerde la doble descripción de Tiro.
4. ¿Quién será afectado en el capítulo 24 cuando vengan los juicios como una inundación poderosa y conmovedora?

Su tarea para la próxima semana:

1. Repase sus notas de esta lección.
2. Lea los capítulos 25–27 de Isaías.
3. Subraye su Biblia.

Lección 9. Notas

Lección 10
CAPÍTULOS 25, 26 y 27

CAPÍTULO 25

Este capítulo nos lleva a la era del Reino. Las nubes de la gran tribulación ya han desaparecido y brilla el sol de justicia. Este capítulo es un canto de liberación. Es el coro de Aleluya y el grito de victoria. Este es el primer capítulo que hemos considerado en mucho tiempo que es un gozo puro y sin diluir. El reino es un reino literal de Cristo sobre la tierra como rey durante mil años. No puede haber reino sin un rey. Dondequiera que esté usted, como grupo de creyentes, se convierte en parte de un núcleo, como todos los otros grupos de creyentes en cualquier lugar. Nos convertimos en parte del reino del cielo y somos automáticamente herederos de ese reino, que a cambio nos hace herederos del reino de Dios, que es eterno y para siempre y siempre.

Al final del último capítulo, la luna fue confundida y el sol avergonzado, lo cual no dice que Él ha venido. Oculto por mucho tiempo, como lo estaba el sumo sacerdote el día de la expiación, Él ha sido revelado al fin en toda su gloria y los santos ángeles con Él (ver Mateo 25:31).

1. VERSÍCULO 1
   - Esta es una canción o una alabanza de puro deleite y adoración. Proviene de un corazón lleno a rebosar, porque el adorador ha entrado en un nuevo conocimiento de quién es Dios y de lo que Dios ha hecho.

2. VERSÍCULO 2
   - Parece extraño que estos ciudadanos del reino se gocen por ciudades arruinadas y civilizaciones destrozadas, pero recuerde que "la ciudad de confusión" era el enemigo de Dios, y es aquí donde se regocija el pueblo de Dios.

3. VERSÍCULO 3
   - ¿Significa esto una conversión mundial? Sin duda lo es, porque este es el milenio.

4. VERSÍCULO 4
   - Al mirar atrás a su largo pasado, ellos comienzan a rememorar lo que ya ha terminado.

5. VERSÍCULO 5
   - Recuerdan la terrible blasfemia de los últimos días personificada en uno del que está escrito: *"el cual se opone y se levanta contra todo lo que se llama Dios o es objeto de culto; tanto que se sienta en el templo de Dios como Dios, haciéndose pasar por Dios"* (2 Tesalonicenses 2:4).

6. VERSÍCULO 6
   - Aquí el Señor prepara una mesa llena de un festín. Las cosas son literales, y sin embargo hay un significado espiritual en estos *"manjares suculentos"* y *"vinos"*, y representan alguna fiesta real equivalente en la que estaremos.
   - En esta mesa nos podemos sentar, y esos *"manjares suculentos de gruesos tuétanos"* hablan de esas ricas bendiciones que tenemos en Cristo, que son nuestras y de las que podemos alimentarnos. Por lo tanto, se convierten en parte de nuestro espíritu como la comida literal para nuestro cuerpo.
   - Nadie puede alimentarse de Cristo sin el correspondiente gozo, y eso se revela en la palabra *"vinos"*. La palabra en hebreo para las palabras *"vinos refinados"* es de una raíz que significa "guardar o preservar". Y así, esto alude a los vinos que han sido guardados con sus sedimentos, y al guardarlos en ellos, han mejorado su fuerza, color y aroma. El vino claro no se extrae de una vez, sino que se guarda

y preserva en los sedimentos. Después, los *"vinos purificados"*, que son las últimas palabras del versículo 6, nos dice que se ha conseguido el líquido claro, bien refinado.

- ¿Quién podría resistir la convicción de que hay una enseñanza espiritual aquí? Jehová ha estado tratando con su nación escogida de Israel, pero Israel es solo una representación de toda la raza, y en esos tratos podemos trazar lo que está ocurriendo y ha ocurrido no solo entre los judíos, sino también entre los gentiles. Él deja los sedimentos de nuestra vieja naturaleza adámica en nosotros. La vida que tenemos en Cristo, sin duda, está llena de gozo, y todos nosotros tenemos esa vida por el nuevo nacimiento. Pero esta vida está aún *"en los sedimentos"* de la vieja naturaleza de Adán. En otras palabras, los posos del pecado están todavía ahí y de esos posos el Señor hace una obra en nosotros para aumentar la fuerza del gozo y añadir fragancia a nuestra vida, para que en ese día cuando incluso los posos, los sedimentos, tras haber hecho su obra y bajo la gracia de Dios, nos volvamos *"refinados"*. ¿Acaso no da esto una razón digna a nuestra presente condición y explica hasta cierto punto la vieja naturaleza dentro de nosotros?

7. VERSÍCULO 7
   - Toda oscuridad espiritual será eliminada, y a los que hayan tenido un velo puesto por Satanás sobre sus ojos, se les quitará para que contemplen la multiforme muestra de nuevas verdades espirituales.

8. VERSÍCULO 8
   - Este versículo lo cita Pablo en 1 Corintios 15:54 (léalo). En 1 Corintios la referencia es al rapto, la gran verdad es entonces *"se cumplirá"*.
   - Toda lágrima será enjugada. Qué ocasión para regocijarse. La *"afrenta"* o reproche será eliminado. El pecado ya no estará presente para condenar al hombre. *"Jehová lo ha dicho"* y la persona que confíe no necesitará una seguridad de un futuro.

9. VERSÍCULO 9
   - Se dirige la atención a la persona de Dios. Es con Él con quien los hombres tienen que tratar. ¿Lo conocemos, amamos, servimos? Dios y su salvación son vitales para los hombres.

10. VERSÍCULO 10
    - ¿Por qué se presenta aquí a Moab? Esto es difícil de decir. Cuando Moab está arriba, Dios está abajo. Cuando Dios está arriba, Moab está abajo. Así, la pregunta principal aquí es: "¿Quién es el súbdito, Jehová o Moab?".
    - Aquí estamos en el reino y en la mente del espíritu de la profecía; lo que se describe mejor como la esfera de esta tierra es la palabra "Moab".

11. VERSÍCULO 11
    - De nuevo, ¿quién es el súbdito, el nadador, Jehová o Moab? La estructura de la frase no lo deja claro. La mayoría cree que es Moab luchando inútilmente en las aguas profundas de la calamidad.
    - En la segunda frase no hay razón para dudar. Es Jehová quien *"abatirá su soberbia"* como una nación culpable.

12. VERSÍCULO 12
    - El hombre no puede ser exaltado sin bajar a Dios. El orgullo del hombre es su perdición. El hombre se arruina cuando el hombre es exaltado, pero el hombre es exaltado cuando Dios es exaltado.

CAPÍTULO 26

En los capítulos 25 y 26 tenemos lo que se podría llamar "la historia de las dos ciudades", una representando esa ciudad orgullosa que el hombre ha construido irrespetuosamente, llamada en Isaías 24:10 "*la ciudad del caos*" (NVI), y la otra ciudad mencionada aquí es la que el Señor Dios mismo construyó. El último versículo del capítulo 25 nos habla de la gran ciudad mundial representada por Moab siendo derribada a escombros, pero aquí, en contraste con eso, Israel, sacada del tiempo de angustia, clama en el versículo 1: *"tenemos una ciudad fuerte"*. El significado aquí es que las murallas no eran de piedras enormes, sino de un tipo diferente de protección llamada "la salvación de Jehová".

Haremos bien en tener en mente que las bendiciones de las que habla este capítulo son para los que han entrado en el reino (el milenio), y para Israel en particular y los gentiles en general. Ciertamente, los creyentes hoy pueden gozarse y se gozan en esas bendiciones prometidas a Israel en particular. Son grandes principios espirituales mencionados aquí en este capítulo que se pueden aplicar al pueblo de Dios de todas las eras, como veremos. Este capítulo continúa hablando del mismo tema y alabanza, como lo hace el capítulo 25.

1. VERSÍCULO 1
    - El lenguaje aquí descarta la posibilidad de que esta sea una ciudad literal. Esta es la metrópolis de Dios donde Él protege a los suyos. Las paredes son la salvación de Dios. Esta es la ciudad preparada para el pueblo terrenal (ver Isaías 60:18).
2. VERSÍCULO 2
    - *"La gente justa"* es Israel en el reino literalmente. De Israel en ese día Dios ha dicho que sus iniquidades serán eliminadas y sus corazones limpiados por el lavamiento del agua de la Palabra, según la promesa dada en Ezequiel 36:25–26:

        Esparciré sobre vosotros agua limpia, y seréis limpiados de todas vuestras inmundicias; y de todos vuestros ídolos os limpiaré. Os daré corazón nuevo, y pondré espíritu nuevo dentro de vosotros; y quitaré de vuestra carne el corazón de piedra, y os daré un corazón de carne.

    - Con el velo quitado de sus ojos, entonces serán librados de la incredulidad y encontrarán un Salvador más que suficiente en su antes rechazado Mesías.
3. VERSÍCULO 3
    - Este es un buen ejemplo de un gran principio espiritual aplicable a todas las eras. La palabra para "pensamiento" aquí significa "lo que está formado". El corazón es el vientre del pensamiento y el cerebro meramente transmite esa idea como un teléfono transmite un mensaje. Cuando todo nuestro pensamiento está puesto sobre Dios en Cristo hoy, entonces lo que nos corresponde es una completa paz.
    - Este mismo pensamiento o idea es lo que sugiere Pablo en Filipenses 4:6–7, que dice: *"Por nada estéis afanosos, sino sean conocidas vuestras peticiones delante de Dios en toda oración y ruego, con acción de gracias. Y la paz de Dios, que sobrepasa todo entendimiento, guardará vuestros corazones y vuestros pensamientos en Cristo Jesús"*.
4. VERSÍCULO 4
    - Aquí tenemos una frase significativa en las palabras *"en Jehová el Señor está la fortaleza de los siglos"*. Debemos recordar el significado del nombre de Jehová. Es una palabra divina porque, como Aquel a quien se le atribuye, es imposible que nuestras mentes entiendan del todo su significado. Su equivalente en nuestro lenguaje más simple sería "el que es", respondiendo de forma precisa a Éxodo 3:14: *"YO SOY EL QUE SOY"*, es decir, el que siempre ha existido, siempre está presente, quien, si entra en algún pacto, es seguro que lo mantendrá y cumplirá para siempre.
    - Pero siendo cierto esto, entonces el nombre debe cubrir todos los tiempos. "El que es", es siempre el "Yo Soy". Él siempre debe haber sido y siempre será. Así, tenemos en este nombre sagrado el equivalente completo a *"el mismo ayer, y hoy, y por los siglos"* (Hebreos 13:8), o básicamente significa lo mismo que en Apocalipsis 1:8: *"Yo soy el Alfa y la Omega, principio y fin, dice el Señor, el que es y que era y que ha de venir, el Todopoderoso"*.

- En el tiempo cuando el Israel restaurado haya aprendido de nuevo a cantar, no se contentará solo con el nombre Jehová, sino que debe intensificar su deleite en la fidelidad para guardar el pacto, expresándolo al duplicar el significado en las palabras *"Jehová el Señor"*; la palabra "Señor" habla de la personalidad, de que Él es el mismo, y "Jehová" habla de su relación con los hombres y especialmente con Israel.
- En Cristo tenemos un nombre mucho más querido, una relación, donde ese nombre es Salvador, Redentor y muchos más nombres que se podrían añadir. Las palabras *"fortaleza de los siglos"* se pueden interpretar como "Roca de los siglos".

5. VERSÍCULO 5
   - Otra ciudad aparece ante nosotros aquí. Esta es una ciudad del hombre, la ciudad exaltada. Veremos aquí la ciudad del hombre contra la ciudad de Dios. Lo eterno contra lo temporal. La ciudad del hombre tiene que ser destruida para que la ciudad de Dios sea exaltada.

6. VERSÍCULOS 6–8
   - La ciudad parece llevar su propia destrucción. Se destruye a sí misma.
   - En el versículo 7 encontramos otro gran principio espiritual. Literalmente significa que Dios nivela el camino del justo. Él no mide nuestras obras como lo hace una báscula. Este camino del justo está compuesto de pasos sucesivos. La palabra *"rectitud"* significa que damos un paso en un momento y solo damos un paso cuando podemos ver el siguiente paso, y después Dios nos deja claro cuándo dar otro paso. Angustia, pobreza, enfermedad, dolor, necesidad extrema o incluso la muerte no son evidencias de que el camino no sea el correcto, sino que, lejos de ello, es en todas estas cosas donde somos más que vencedores por medio de Cristo Jesús (ver Romanos 8:37). Tenemos que caminar por fe, porque la Biblia dice: *"Este es el camino, andad por él"* (Isaías 30:21).
   - En el versículo 8, Israel iba a esperar que su Mesías viniera en juicio contra sus enemigos. El juicio siempre viene antes de la bendición, la noche antes del amanecer. Para el creyente, el juicio está en pasado: en la cruz.

7. VERSÍCULO 9
   - Durante la larga noche, el alma justa y paciente espera en Dios. El judío nunca busca la intervención divina a su favor al ser arrebatado para encontrarse con su Mesías en el aire, sino que espera que el Mesías regrese juzgando a sus opresores en la tierra. En sus pensamientos, durante la noche oscura de su propio dolor ha estado el nombre de Jehová, porque su salvación, dicen ellos, está incrustada en ese nombre, así como la nuestra está incrustada en el mismo Dios, pero bajo el nombre de Jesús. Recordemos que nosotros, como cristianos, no somos los hijos de la noche, sino del día. Sin embargo, tenemos que estar alerta y no dormir en la noche de pecado. Pablo describe esto en Romanos 13:11-12:

     Y esto, conociendo el tiempo, que es ya hora de levantarnos del sueño; porque ahora está más cerca de nosotros nuestra salvación que cuando creímos. La noche está avanzada, y se acerca el día. Desechemos, pues, las obras de las tinieblas, y vistámonos las armas de la luz.

8. VERSÍCULOS 10–15
   - La gracia de Dios se extiende a los malvados, pero ellos la menosprecian y rechazan. Como los malvados no tendrán la gracia de Dios, deben, según el versículo 11, tener inevitablemente su juicio. El remanente redimido confesará su parte en el pecado de la nación al examinar sus propias vidas a la luz de la presencia de Dios, y confesarán sus pecados.
   - Ahora, específicamente en el versículo 14 debemos interpretar eso en su contexto. ¿Quiénes son esos muertos que nunca revivirán? Decir que fueron individuos que no tendrán una resurrección

personal contradiría las Escrituras que dicen claramente que habrá *"resurrección... así de justos como de injustos"* (Hechos 24:15). ¿Quiénes entonces pueden ser estos? Pueden ser solo esos "señores" que han tenido dominio sobre Israel. Los poderes del mundo gentil que se han enseñoreado de Israel pasarán y nunca regresarán. Las naciones mueren, los imperios se derrumban y otros ocupan su lugar, pero nunca se recuperan. Este es el destino de los poderes del mundo a los que aquí se denomina "señores" en los versículos 13 y 14. Pero el contraste más fuerte aquí es una pequeña nación, muerta y enterrada hace mucho en el polvo de la tierra (es decir, esparcida hace mucho entre otros pueblos) que ahora revive y es restaurada en su tierra natal. Está creciendo rápido, y sus fronteras necesitan una ampliación constante. La resurrección nacional hablará de la obra de Jehová, como vemos en el versículo 15.

9. VERSÍCULO 16
    - El profeta regresa atrás en su memoria y se entretiene en ese tiempo de dolor y sufrimiento por el que Israel ha pasado, y en el que ese pequeño remanente penitente expresó su arrepentimiento apelando a Dios en susurros. El profeta regresa introspectivamente a esos días difíciles.

10. VERSÍCULO 17
    - Aquí encontramos al profeta pensando aún, y asemeja ese tiempo de angustia a los dolores de parto de una madre porque su sufrimiento era muy grande. Isaías ahora está mirando atrás a ese periodo que será también futuro. Él lo vio desde el otro lado del río del tiempo. Los dolores de parto de los que habla aquí se refieren a la gran tribulación que aún ha de venir.

11. VERSÍCULO 18
    - El sufrimiento nunca produjo un resultado fructífero. Este tiempo de esfuerzo es evidentemente la gran tribulación, y este periodo no cambiará el corazón de quienes realmente son malvados. Seguirán blasfemando contra el Dios del cielo.

12. VERSÍCULO 19
    - Aquí la voz del profeta se pierde en lo que Jehová mismo afirmó: *"Tus muertos vivirán"*. ¿Los muertos de quién? No puede haber otra respuesta que no sea Israel, de quien habla principalmente todo el capítulo de toda la profecía. Es en este revivir que Israel contrasta con todos los demás poderes de la tierra. *"Tus muertos vivirán."* Es este pequeño pueblo identificado con Cristo el que obtendrá la victoria final de esta tierra, porque no será Babilonia o Roma ni ninguna otra nación moderna o alianza de naciones, sino Israel. A estos muertos ahora se les invita e incluye en las palabras *"despertad y cantad"*.

13. VERSÍCULOS 20-21
    - Isaías va de nuevo a la escena de la gran tribulación al describirla como la "indignación". Dios aconseja a su pueblo que acuda como en los días de Noé al arca y se protejan mientras la tormenta de indignación barre la tierra. Jehová mismo será su protector, como vemos en Salmos 27:5, que dice: *"Porque él me esconderá en su tabernáculo en el día del mal; me ocultará en lo reservado de su morada; sobre una roca me pondrá en alto"*.

CAPÍTULO 27

Al entrar en este capítulo recordemos que aún estamos hablando del reino venidero, y este es el capítulo final de esta sección y, omitiendo el versículo 1, vemos que comenzando en el versículo 2 el canto de la viña es Israel.

1. VERSÍCULO 1
    - Comencemos, no obstante, por el versículo 1, el cual debería ser parte del capítulo 26. *"En aquel día"* aparece tres veces en este capítulo: versículos 1, 2 y 12. Esta expresión familiar es un tecnicismo, como hemos visto, y cubre ese periodo que comienza con la gran tribulación y se extiende hasta el

milenio. En este capítulo se puede ver en cada ocasión como el tiempo de la venida de Cristo para establecer su reino.

- La palabra *"leviatán"* significa "Satanás". Se usan otros nombres para referirse a él, como "la antigua serpiente" o "el dragón", pero aquí encontramos otro nombre añadido, y ese nombre es leviatán. Esta extraña palabra seguramente debe tener cierto significado digno de ser hallado en una revelación divina. Es una palabra compuesta que usa la palabra "levi", que significa "unido" y después usted añade la palabra "tán", que significa "un dragón" o "serpiente". Así, la palabra completa sería "el dragón unido". Eso no es muy inteligible, así que debemos buscar otra descripción de lo que significa "el dragón unido". Cuando vamos a Job 41:15–17: *"La gloria de su vestido son escudos fuertes, cerrados entre sí estrechamente. El uno se junta con el otro, que viento no entra entre ellos. Pegado está el uno con el otro; están trabados entre sí, que no se pueden apartar"*.

- Sus escamas son su protección y él piensa que es invulnerable. Esto lleva al orgullo de Satanás. Después, en el versículo 34 de Job 41, encontramos el final de esta descripción cuando leemos *"Es rey sobre todos los soberbios"*. Cuando volvemos de nuevo a Isaías, vemos quién es ese a quien el Espíritu de Dios designa con la palabra "leviatán". Que su uso es simbólico no se puede cuestionar, porque Jehová no contiende con cocodrilos literales (y eso es lo que describe Job 41). Entonces ¿qué describe? La mayoría de los comentarios lo describen de esta forma: la serpiente veloz es Asiria, representada por la corriente del río Tigris. Esa serpiente tortuosa es Babilonia representada por el sinuoso Éufrates y "el dragón que está en el mar" es Egipto, rodeado del Nilo, que es siempre nombrado como mar, al igual que se hacía con cualquier masa de agua en ese tiempo. Por lo tanto, tenemos la palabra leviatán, que significa que todo esto que se une para este leviatán es la serpiente veloz y tortuosa.

- Todas estas cosas nos expresan que Satanás, el diablo, este dragón, expresa e inculca antagonismo hacia Cristo y su iglesia, e intenta conquistar el corazón del hombre. Es este leviatán quien está detrás del modernismo que niega todo fundamento de las verdades de la Palabra de Dios. No olvidemos que "en aquel día" el Señor castigará, y con una espada fuerte luchará contra todo el orgullo, el antagonismo y el pecado producido por leviatán, que significa "el dragón unido".

- La mejor manera en la que podría expresarlo sería: tome todos los nombres que recuerde que se le puedan aplicar al diablo y júntelos, y descubra el significado de cada una de las palabras, y después, cuando tenga todo eso en su mente, júntelo todo y el significado completo significa que eso es Satanás personificado en su máximo esplendor y con su máximo poder. ¿No es fantástico saber que "en aquel día" el Señor se ocupará del dragón unido?

2. VERSÍCULO 2

- Empezamos ahora el canto de la viña, que nos recuerda a Isaías 5. La viña es Israel en ambos capítulos, aquí y en el capítulo 5. Sin embargo, todo está en contraste. Había fallo y juicio en el capítulo 5, pero aquí hay abundancia, bendición y satisfacción por parte del Señor. En el capítulo 5 el Señor buscaba uvas y encontró solo uvas silvestres. Esto habla del pasado. En este capítulo el Señor encuentra una viña de vino tinto, y esto habla del futuro. El sujeto aquí en el versículo 2 es diferente del versículo 1. Una viña de vino tinto habla de abundancia, fruto, generosidad y gozo.

3. VERSÍCULO 3

- El Señor será el viñador aquí y nunca más dejará que otros la cuiden. Él es el viñador que vigila continuamente la viña de Israel. Él la observa de día y de noche para que ningún enemigo entre a robar. Aquí debemos darnos cuenta de que con leviatán atado o como el Nuevo Testamento nos dice, con el diablo encerrado en el abismo, de forma natural tenemos un canto que cantar. Aquí está el Señor mismo, quien canta y celebra las atracciones que ahora encuentra en su viña llamada Israel.

4. VERSÍCULOS 4–5

- Si volvieran a surgir espinos y cardos, Él los quemará.

- El enemigo puede hacer la paz con Dios incluso en el reino, porque Dios nunca cesó de ser misericordioso. Este es el único lugar en las Escrituras donde se sugiere, incluso, que algún hombre pueda hacer la paz con Dios. Aquí, por supuesto, tiene que ver con la obediencia al Rey y no con la aceptación de un Salvador. El hombre no puede hacer la paz con Dios con respecto a la cuestión del pecado. Dios ya ha hecho eso. Él hizo la paz mediante la sangre de su cruz. Hoy tenemos paz como dice Pablo en Romanos 5:1: *"Justificados, pues, por la fe, tenemos paz para con Dios por medio de nuestro Señor Jesucristo"*.

5. VERSÍCULO 6
   - El canto de la viña concluye con Israel cumpliendo al fin la misión que Dios le dio: *"llenará la faz del mundo de fruto"*. Jehová está satisfecho. Israel florecerá y echará renuevos como lo está haciendo hoy día (ver Isaías 35:1).

6. VERSÍCULO 7
   - Este versículo comienza con una pregunta que se ha respondido parcialmente en el libro de Isaías. La luz crea responsabilidad. A la vista del hecho de que Israel tuvo más luz, su pecado fue más oscuro. Su castigo ha sido mayor. Ha recibido más castigo que las naciones que han intentando acabar con ella. Pero a lo largo de todo este castigo, Dios no destruyó Israel como hizo con algunas naciones, pero como son su pueblo y su pacto, lo hizo con ellos, siempre los preservará. El Salmo 118:18 dice: *"El Señor me castigó severamente, pero no me dejó morir"*.

7. VERSÍCULOS 8–9
   - No fue el sufrimiento por el pecado lo que expió el pecado de Israel. El pecado de la nación es expiado por la sangre de Cristo.

8. VERSÍCULOS 10–11
   - Aún las ciudades que Israel construyó serán destruidas como cualquier ciudad que el hombre, aparte de Dios, pueda construir.

9. VERSÍCULOS 12–13
   - Esta sección revela que Dios definitivamente pretende restaurar la nación de Israel a la tierra prometida. Regresarán, personalmente e individualmente. Nada podría estar más claro que esto. Asiria, Egipto, Israel y Jerusalén, son todas palabras literales en un sentido, y a la vez, simbólicas. El lenguaje significa lo que dice. La conclusión lógica es que Dios reunirá a Israel. Como esto no se ha cumplido en el pasado, sigue siendo algo para el futuro.

¿Cuánto recuerda?

1. ¿Cuál es la era del reino de la que leemos al comienzo del capítulo 25?
2. ¿Por qué Israel puede afirmar ser "fuerte ciudad" en el capítulo 26 versículo 1?
3. ¿A qué dos ciudades se hace referencia en el capítulo 26?
4. Contraste la viña de la que se habla en el capítulo 5 de Isaías con la viña de esta sección que encontramos en el capítulo 27.

Su tarea para la próxima semana:

1. Repase sus notas de esta lección.
2. Lea Isaías capítulos 28–30.
3. Subraye su Biblia.

Lección 10. Notas

Lección 11
CAPÍTULOS 28, 29 y 30

CAPÍTULO 28

Este capítulo nos lleva a una sección totalmente nueva. Las profecías que son totalmente futuras se incluyen en los capítulos 24 al 27, que acabamos de terminar. A partir del capítulo 28 hasta el 35 tenemos profecías que tienen un cumplimiento inmediato y también profecías que se extienden al futuro, y cubren el mismo periodo que en la sección previa (capítulos 24-27).

A esta sección en la que estamos entrando ahora se le identifica como "los seis ayes". Los seis ayes se encuentran en Isaías 28:1, 29:1, 29:15, 30:1, 31:1 y 33:1. Esta sección culmina en la batalla de Armagedón que se encuentra en el capítulo 34, seguida de las glorias del milenio que vienen sobre la tierra en el capítulo 35.

Este capítulo en particular, el 28, es una buena ilustración de la culminación de las profecías cercanas y futuras. Nos da en detalle los eventos pasados y futuros, lo local y lo inmediato, lo general y lo lejano.

El reino del norte de Israel, designado aquí con el término Efraín, iba a entrar pronto en la cautividad asiria. Esto fue un anticipo del día venidero cercano, pero iba a ser también una advertencia para el reino del sur de Judá. La primera parte de este capítulo se cumplió en el año 721 a. C. cuando Salmanasar, rey de Asiria, invadió Efraín y derrocó lo que se conoce como Israel, o el reino del norte.

Según realizamos este estudio versículo por versículo de este capítulo, debemos recordar que en el pasado, lo que parecía impenetrablemente oscuro ha resplandecido con luz, al meditar en ello y estudiarlo. Por lo tanto, tenemos la confianza de que la misma bondad del Espíritu Santo nos guiará al entrar en esta sección de las Escrituras conocida como los seis ayes.

1. VERSÍCULO 1
   - Efraín e Israel son términos sinónimos de las diez tribus del norte, también llamadas Samaria. La imagen de ebrios es tanto literal como espiritual. Estaban llenos de estupor en cuanto al entendimiento espiritual se refiere.
   - El ay es sobre Efraín. Cuando Isaías escribió, todo iba bastante bien en cuanto a la apariencia se refiere. Pero con un entendimiento más profundo, dado solo por el Espíritu de Dios, se discernió que la condición moral del reino estaba clamando por una intervención divina. Su plenitud era algo del pasado. Seguía siendo una flor, pero se estaba marchitando.
   - El pueblo de Efraín, o el reino del norte, estaba tan entregado a los lujos mundanos y placeres carnales que, en la parálisis espiritual que producen siempre estas cosas, solo se les puede asemejar a ebrios que están tirados en su vergüenza.
   - Es siempre una marca característica de los últimos días. Por lo tanto hoy, bajo la cubierta de una religión formal, la masa de profesantes cristianos son *"amadores de los deleites más que de Dios"* (2 Timoteo 3:4). El destino, o el ay, mencionado aquí en el versículo 1, se había cumplido hacía mucho porque Asiria anhelaba esa tierra, y por lo tanto Salmanasar la capturó en el 721 a. C. y el pueblo fue llevado a la cautividad (ver 2 Reyes 17). Pero esto no completa la profecía en su significado más profundo.
2. VERSÍCULO 2
   - Los asirios son designados aquí como un pueblo fuerte, torbellino trastornador y aguas recias.
3. VERSÍCULO 3
   - Aquí el profeta toma la figura de alguien ebrio. Se había alcanzado un alto nivel de civilización en el reino del norte con sus comodidades y belleza exterior expresadas en casas, jardines y árboles.

4. VERSÍCULO 4
   - El versículo 4 se refiere de nuevo a la flor marchitándose de Efraín.
5. VERSÍCULOS 5-6
   - Aquí el profeta cambia al lejano día futuro con la expresión *"en aquel día"*. ¿Cómo sabemos que es futuro? Siete años después de la caída de Efraín, los ejércitos asirios invadieron Judá y amenazaron Jerusalén, pero Ezequías, que estaba reinando entonces, puso el asunto abiertamente en manos del Señor Dios con el resultado de que la ciudad fue completamente librada (ver 2 Reyes 19). Pero este no se puede considerar tan siquiera el estado final, porque después de la muerte de Ezequías, la verdadera condición del pueblo quedó de nuevo en evidencia y el juicio otra vez se cernió sobre Jerusalén. Esto no ha tenido un cumplimiento satisfactorio en el pasado, no se puede encontrar en ningún momento de la historia, por lo que debemos seguir mirando al futuro para ver el cumplimiento final de estos versículos.
6. VERSÍCULOS 7-8
   - Estos versículos hacen referencia a Judá, donde el pueblo había ido por el mismo camino de Efraín de placer descontrolado, llamado borrachera, y con resultados desastrosos incluso peores porque sus privilegios habían sido mayores.
   - La profundidad de la caída está siempre determinada por la altura del privilegio, y esto fue así en lo que a Judá se refiere. Pero incluso los sacerdotes y profetas fueron tragados por el vino que habían ingerido. Esto se puede interpretar como una intoxicación con la falsedad que ellos predicaban. Son tan repulsivos en su orgullo sin sentido, en sus placeres enfermizos, como borrachos que vomitan sobre la mesa. Esto nos recuerda que el Señor se enfurece con la tibieza, con la autocomplacencia del pueblo, como dice en Apocalipsis 3:16: *"te vomitaré de mi boca"*.
7. VERSÍCULOS 9-10
   - Esta es una de mis partes favoritas de las Escrituras porque habla de la enseñanza y el aprendizaje. Este es el trato compasivo de Dios con su pueblo, y aquí aprendemos cómo enseña Dios. Observemos:

     ¿A quién se enseñará ciencia, o a quién se hará entender doctrina? ¿A los destetados? ¿A los arrancados de los pechos? Porque mandamiento tras mandamiento, mandato sobre mandato, renglón tras renglón, línea sobre línea, un poquito allí, otro poquito allá.

   - El profeta, de parte de Jehová, pregunta: *"¿A quién se le impartirá el conocimiento de sus caminos?"*. Será tan sencillo que incluso los niños que solo tienen la capacidad de escuchar podrán entenderlo. Sin embargo, esa misma simplicidad hará tropezar a los sabios y prudentes que en su propio orgullo serán cegados a sus perfecciones.
   - El Señor obrará pacientemente, con precepto añadido sobre precepto, línea sobre línea, dando un poquito aquí y después un poquito allá, hasta que las palabras sean tan familiares que parezcan monótonas. Pero si esto se le revela a bebés, está oculto de los líderes de la nación que se ven a sí mismos como sabios y prudentes.
8. VERSÍCULOS 11-13
   - Notemos en esta sección que el Señor vuelve con lo mismo una, y otra, y otra vez, y aquí encontramos en esta sección que Él les hablará y les dará descanso. La carga del mensaje que oyeron fue "descanso para el cansado", un tierno mensaje de gracia. Alguien ha dicho que Isaías es el profeta del lugar común. La enseñanza es un trabajo lento, paciente y continuo. Esta es la forma en que incluso se imparte la verdad espiritual. Dios no lo imparte en un instante al alma perezosa y aletargada.
   - Cuando el pueblo se adentra en la apostasía en una época, se hace cada vez más difícil enseñar e impartir la verdad espiritual. Estos versículos, no obstante, nos recuerdan perfectamente lo que

dijo nuestro Señor en Mateo 11:28: *"Venid a mí todos los que estáis trabajados y cargados, y yo os haré descansar"*. En una estrecha conexión con esta bendita invitación a descansar, oímos inmediatamente a esos hombres desdeñosos del tiempo de Isaías que eran gobernantes que afirmaban tener la capacidad perfecta de conseguir el descanso para ellos mismos y su pueblo guardando las leyes. Para poder encontrar ese descanso debemos depender totalmente del Señor Jesús y dejar que la luz de 1 Corintios 14:20 caiga sobre este versículo, porque lo que tenemos aquí es la misma referencia a los hijos y los bebés.

9. VERSÍCULO 14
   - El juicio que viene sobre Israel en el norte debería ser una advertencia para Judá en el sur. Efraín habla a Jerusalén.

10. VERSÍCULO 15
    - El pacto con la muerte y el Seol se refiere al pacto futuro de Israel con el anticristo (ver Daniel 9:27).

11. VERSÍCULO 16
    - Cristo es *"la roca espiritual"* (1 Corintios 10:4). El Señor había venido a Israel en humildad y gracia solo para ser rechazado, pero como nos dice Salmos 118:22: *"La piedra que desecharon los edificadores ha venido a ser cabeza del ángulo"*.
    - Toda bendición para Israel y Judá, así como para el mundo gentil, está atada a Él. Rehusar el testimonio de Dios con respecto a su Hijo es escoger deliberadamente el juicio eterno. Recibirlo a Él significa vida eterna y bendición. Israel ha estado cegada durante mucho tiempo, y por su error a la hora de recibir a su rey cuando vino en gracia han tenido que soportar increíbles sufrimientos durante los largos siglos de su vagar. Incluso después de haber regresado a su tierra habrá grandes sufrimientos preparados para ellos hasta que pongan su mirada en aquel a quien atravesaron, y se duelan por aquel que se duele por su único hijo (ver Zacarías 12:10).

12. VERSÍCULO 17
    - Cuando llegue el día de la aflicción, los que rehusaron aliarse con la bestia y el anticristo esperarán en fe la manifestación de esta "piedra viva", que ha de caer sobre los pies de la gran imagen de la supremacía gentil y hacerla polvo. Será su parte esperar tranquilamente, conociendo la verdad de que *"el que creyere, no se apresure"* (versículo 16). El plan de Dios se cumplirá a su propio tiempo.

13. VERSÍCULOS 18-19
    - La aparición del Señor destruirá el refugio de mentiras y anulará el pacto con la muerte y el acuerdo con el infierno. El juicio será la porción de todos aquellos que acepten la marca de la bestia y el número de su nombre, pero quienes pongan su confianza en el Señor Dios, serán vindicados y recibirán su lugar en el reino venidero glorioso cuando se establezca sobre esta tierra con un poder manifiesto.
    - Hasta ese día, quienes se aparten del Señor confiarán en sus propios planes para librarse y verán que están como aquel que se quiere arropar con una manta estrecha que se describe en el siguiente versículo.

14. VERSÍCULOS 20-22
    - Estos versículos hablan de la profunda ineptitud de los planes humanos cuando Dios interviene. Los apóstatas se han hecho una cama cómoda para ellos mismos, según creen, pero es demasiado corta como para permitirles estirarse en ella. También consiguieron una manta que les debía hacer que estuvieran más cómodos, pero que era demasiado estrecha. Aquí vemos que Dios está activo en su "extraña" obra. Es su obra, necesaria e inevitable, pero Él la hace. En los versículos 21-22 vemos que el juicio de Dios viene en el futuro inmediato, y se le insta al pueblo a creer y no burlarse, ya que esto tan solo intensifica el peso del juicio.

15. VERSÍCULOS 23–29

- Comenzando con el versículo 23, vemos que Jehová está aquí hablando y enseñando mediante parábolas. Esta es similar a la parábola del trigo y los espinos. Es un cuadro de un buen sembrador que abre la tierra con la azada y siembra distintos tipos de semillas. Hay semillas blandas y duras, y se deben emplear diferentes métodos para cosecharlas. Las semillas blandas no se deben golpear con la misma intensidad que las duras, o de lo contrario se destruirán. Así, Dios juzga. El individuo o la nación en verdad determina el carácter del juicio que caerá sobre ellos. Esta sección arroja más luz sobre los siguientes pasajes en Mateo:

    Dejad crecer juntamente lo uno y lo otro hasta la siega; y al tiempo de la siega yo diré a los segadores: Recoged primero la cizaña, y atadla en manojos para quemarla; pero recoged el trigo en mi granero. (Mateo 13:30)

    Enviará el Hijo del Hombre a sus ángeles, y recogerán de su reino a todos los que sirven de tropiezo, y a los que hacen iniquidad, y los echarán en el horno de fuego; allí será el lloro y el crujir de dientes. Entonces los justos resplandecerán como el sol en el reino de su Padre. El que tiene oídos para oír, oiga. (Mateo 13:41–43)

- El significado aquí es que Dios prepara el corazón del hombre mediante la convicción, la aflicción, el dolor, y también el interés espiritual, y después la buena semilla cae y da fruto.

CAPÍTULO 29

Las profecías están limitadas a Jerusalén, pero llegan hasta el futuro desde la invasión de Senaquerib hasta el tiempo en el que Jerusalén será pisoteado por los gentiles y hasta que el último invasor (ver Zacarías 14:1-7) destruya Jerusalén, y finalmente hasta el establecimiento del reino cuando el Mesías venga y ponga sus pies sobre el Monte de los Olivos.

Es necesario establecer el hecho de que Jerusalén es la ciudad designada bajo el título de Ariel. Isaías se deleita en un juego de palabras, como hemos observado en nuestro estudio. Ariel significa "como un león". La palabra aparece en 2 Samuel 23:20, donde encontramos la palabra *"leones"*. Un hombre Ariel es un hombre como un "león". La palabra significa "el león de Dios". La palabra podría significar "altar de Dios". Ambas designaciones son un título apropiado para la ciudad de Jerusalén. Se identifica también como "la ciudad donde habitó David". El león es la insignia de esta familia. A nuestro Señor se le llama *"el león de la tribu de Judá"* (Apocalipsis 5:5). Del mismo modo, Jerusalén era el lugar donde estaba el templo de Dios y, por supuesto, el altar estaba ahí.

1. VERSÍCULO 1

- El segundo ay se pronuncia aquí sobre Jerusalén bajo el nombre de Ariel. Se corresponde con una gran señal de preocupación que viene de un corazón que rebosa emoción. Nos recuerda el lamento de nuestro Señor sobre Jerusalén:

    ¡Oh Jerusalén, Jerusalén, la ciudad que mata a los profetas y apedrea a los mensajeros de Dios! Cuántas veces quise juntar a tus hijos como la gallina protege a sus pollitos debajo de sus alas, pero no me dejaste. Y ahora, mira, tu casa está abandonada y desolada. (Mateo 23:37–38)

- Estas palabras vienen de un Hombre que estaba llorando y anhelaba dar misericordia. Tenía reticencia a mostrar su juicio.

2. VERSÍCULO 2

- En el versículo 2 encontramos el juicio sobre Jerusalén (no olvidemos que la palabra *"Ariel"* es uno de los nombres de Jerusalén).

3. VERSÍCULOS 3-5
   - Jerusalén ha sido sitiada y capturada por el enemigo más veces que ninguna otra ciudad. Los gentiles han marchado por sus calles y lo siguen haciendo hasta este mismo momento. El pasaje se refiere específicamente al asedio de Senaquerib, narrado aún más en este libro en los capítulos 36 y 37. Allí, el ángel del Señor levantó el asedio destruyendo a los ejércitos asirios.
   - Comienza con "el tiempo de los gentiles" en el año 606 a. C. y continúa durante todo el tiempo en el que "Jerusalén será hollada por los gentiles". Culminará con el asedio final, que es el peor de todos (ver Zacarías 15).

4. VERSÍCULOS 6-8
   - Este ataque final sobre Jerusalén es un juicio de Dios, pero Él intervendrá al final para librar a su pueblo de la exterminación. Estos sueños de los enemigos de Dios de establecer sus propios reinos serán frustrados, y los intentos de construir un reino son meramente visiones extrañas.

5. VERSÍCULOS 9-10
   - Incluso los profetas y príncipes no anticiparon esta liberación de Dios. Estaban cegados al futuro como enemigos de Dios. Eran como hombres que estaban ebrios.

6. VERSÍCULOS 11-12
   - La actitud del pueblo, incluyendo el pueblo de Dios, antes de su liberación final a manos de Dios, era y es que la profecía es demasiado difícil de entender, que era un asunto sellado sobre el que no podían saber nada.

7. VERSÍCULOS 13-14
   - La gente es juzgada por adoptar la actitud hacia Dios de que no podemos conocer la palabra profética segura de Dios, pero podemos, porque sabemos que en el Nuevo Testamento hay muchos pasajes que nos garantizan que podemos descansar en el hecho de que *"toda la Escritura…es útil"* (2 Timoteo 3:16).
   - El profeta lo asemeja a una religión nominal, pero no a una religión sincera (versículo 13).

8. VERSÍCULO 15
   - Este capítulo contiene dos ayes porque, primero, actúan como si Dios no viera o supiera, y segundo, actúan como si ellos se estuvieran saliendo con la suya, como se indica aquí en este versículo.

9. VERSÍCULO 16
   - La confusión producida por este cambio donde todo se pone "patas arriba", hace que Dios haga lo mismo socialmente, económicamente y políticamente. Esta falsa espiritualidad niega que Dios creara al hombre y entra en la blasfemia de cuestionar la sabiduría y las acciones de Dios.

10. VERSÍCULOS 17-21
    - Dejamos la tarde del día del hombre y ahora entramos en la mañana del día de Dios. Este es un cuadro del reino venidero. El fruto regresa a la tierra, y la ceguera espiritual es quitada.

11. VERSÍCULOS 22-24
    - Estas palabras finales miran hacia el futuro esperando su total cumplimiento. No ha habido nada en el pasado que pueda compararse a esto y, por lo tanto, es algo futuro.

CAPÍTULO 30

Este es el cuarto ay. No hay registro de que el reino del sur de Judá provocara su destrucción uniéndose a Egipto. Por otro lado, el reino del norte de Israel lo hizo en 2 Reyes 17:4. Obviamente, esta profecía tiene que ver con el reino del sur de Judá, como se indica en el versículo 19, donde encontramos el término *"Sion en Jerusalén"*. Este parece ser un aviso en forma de profecía aún por cumplirse. ¿Acudirá Israel a Egipto como un muro contra un futuro enemigo? Actualmente parece muy improbable. Sabemos por otras profecías que Israel pedirá ayuda a una fuente exterior contra el rey del norte. Algunos comentaristas dicen que Egipto podría ser un poder representativo al que toda la nación de Israel irá en pos de ayuda en el día futuro. El uso de la nación de Egipto se podría explicar porque el peligro en los días de Isaías estaba en acudir a Egipto. Este capítulo tiene mucha enseñanza dada a Israel para buscar la ayuda del Señor. Esto es especialmente impresionante a la vista de la bendición futura que Dios tiene preparada para su pueblo. De acuerdo con los capítulos que hemos enseñado previamente, este capítulo hace referencia a la misma falsa confianza que se encuentra en el capítulo 28, que se denomina "el pacto con la muerte".

1. VERSÍCULOS 1–2
    - Este es un ay porque es una advertencia. La profecía de que la nación de Israel acudirá a Egipto en el futuro con resultados nefastos es una señal roja para el día de hoy. Seguro que hay una analogía aquí para el cristiano que ha sido liberado del mundo. Sigue estando en el mundo, pero no es del mundo. Siempre está el peligro constante de volver al mundo, vivir como el mundo y confiar en los apoyos del mundo.

2. VERSÍCULO 3
    - Dios advierte a Judá que Egipto no es una fortaleza o aliado real para ellos. Es meramente un espejismo en el desierto de la adversidad.

3. VERSÍCULO 4
    - Este es un cuadro de embajadores avanzando a Egipto en busca de ayuda.
    - La palabra "Zoán" se llama actualmente "Tanis—en el delta del río Nilo".
    - La palabra "Hanes" es Heracleópolis, que es un lugar más arriba en el Nilo.
    - Veamos estas dos palabras por un instante. Los nombres Zoán y Hanes seguro que deben tener alguna enseñanza para nosotros, o bien en su significado o en algo que otro versículo nos pudiera decir. Zoán es importante porque viene de una raíz que significa "poner la tienda", como las tribus nómadas hacen, incluso, en el presente. Esto nos habla de lo contrario al descanso permanente o habitar como Jerusalén hará en el futuro. La palabra "Zoán" se encuentra en Isaías 33:20, donde se traduce como un tabernáculo que "no será desarmado". ¡Qué nombre tan perfecto para este pobre mundo caracterizado por las constantes mudanzas y donde los hombres no tienen una ciudad duradera! Incluso nuestros mismos cuerpos son solo tabernáculos que tarde o temprano caerán. Zoán está escrito en todo aquí, pero es muy bonita la luz que vierte por su mismo contraste con las palabras de nuestro Señor: "En la casa de mi Padre muchas moradas hay": casas duraderas (Juan 14:2). Egipto y Zoán se corresponden estrictamente. Los viejos nombres hebreos dan una sugerencia clara de una verdad muy preciosa; porque de Hebrón está escrito que "fue fundada siete años antes de la ciudad egipcia de Zoán" (Números 13:22). ¿Por qué sería eso importante? Para unos oídos hebreos, estos nombres cuentan una gran verdad, y por eso puede ser significativo para nosotros. Aprendemos que Hebrón es lo opuesto a Zoán, y significa "comunión", lo cual significa afecto, armonía, sentimiento, combinado con una intimidad perfecta. José fue enviado por su padre fuera del "velo de Hebrón" para servir a sus hermanos; un cuadro de nuestro Señor enviado por su Padre lejos de los gozos e intimidades del regazo de ese Padre para ir con sus hermanos que lo rechazaron. En 1 Juan 1:3 nuestro Señor nos lleva de regreso con Él a ese "velo de Hebrón" porque "nuestra comunión es con el Padre y con su Hijo, Jesucristo". Nosotros habitamos en Hebrón.
    - Ahora bien, con estos significados en mente, ¿no es algo mucho más refrescante que decir, '¿cuál era la ciudad más antigua de las dos?' cuando leemos que "Hebrón fue fundada siete años antes de la ciudad egipcia de Zoán"? La primera nos serviría de muy poco, pero esos "siete años", que es un símbolo de perfección, significa que ese lugar de descanso y refugio fue siete años antes de que esta escena inquieta y vagabunda de mudanzas, Zoán, se construyera. El propósito de Dios era tener a todos sus

redimidos en casa con Él; o, en otras palabras, en total gracia, seremos arrebatados, y eso será siete años de descanso con el Señor, siete años antes de la venida de Cristo con nosotros en juicio. Estamos en Hebrón y gracias a Dios Hebrón fue fundada antes que Zoán.

- Estos "mensajeros" de la necia Judá van a Zoán. Después se les ve avanzando aún más hasta Hanes. Es una palabra compuesta de "Han", que significa "gracia", y "nes", que significa "huir", que al menos sugiere el camino que los mensajeros estaban tomando alejándose de esa gracia que debería haber sido la confianza segura de Judá. La palabra "Hanes" significa, entonces, "huir de la gracia". ¿No es asombroso cómo Dios incluye ciertas palabras para nuestra instrucción?

4. VERSÍCULO 5

- La misión de los embajadores parece en vano.

5. VERSÍCULO 6

- Esta es una válida descripción de los animales salvajes de África.

6. VERSÍCULO 7

- El profeta sigue advirtiendo contra la alianza con Egipto. Los egipcios no ayudarán. Todas sus sugerencias y esfuerzos serán en vano. La frase *"su fortaleza sería estarse quietos"* se interpreta en algunas traducciones como "jactancioso".
- Encontramos otro nombre para Egipto en Isaías 51:9 y ese nombre es "Rahab". Este es un juego de palabras, porque Rahab es la misma palabra para Egipto que encontramos en Isaías 51:9, aunque en Job 26:12, describe a la "arrogancia". Así, la palabra cubre el doble significado de Egipto y arrogancia, que son sinónimos.

7. VERSÍCULO 8

- A Isaías se le dice: *"Ve, pues, ahora, y escribe esta visión en una tabla delante de ellos, y regístrala en un libro, para que quede hasta el día postrero, eternamente y para siempre"*. Aquí vemos que el único que podría ver desde lejos es el verdadero autor de las Escrituras. El judío de hace 2 700 años y el que profesa ser cristiano hoy son similares. Ambos prefieren estar cómodos, ser engañados y escuchar una mentira cómoda que sentirse incómodos con la verdad. Al mirar a nuestro alrededor, incluso hoy, otro hombre de Dios, hablando por el mismo Espíritu, escribió: *Porque vendrá tiempo cuando no sufrirán la sana doctrina, sino que teniendo comezón de oír, se amontonarán maestros conforme a sus propias concupiscencias, y apartarán de la verdad el oído y se volverán a las fábulas* (2 Timoteo 4:3-4).

8. VERSÍCULO 9

- Él describe las actitudes de las personas de ese día. Ellos no oían; eran rebeldes; estaban mintiendo.

9. VERSÍCULO 10

- Incluso dijeron a los profetas: *"que dicen a los videntes: No veáis; y a los profetas: No nos profeticéis lo recto, decidnos cosas halagüeñas, profetizad mentiras"*.

10. VERSÍCULO 11

- Invitaron al Santo de Israel a que los dejara tranquilos, a apartarse de su presencia.

11. VERSÍCULOS 12-14

- El Señor da su respuesta y su juicio, y dice: *"Porque desechasteis esta palabra"*; la iniquidad será para ustedes como una muralla alta que de repente se derrumba sobre ellos, y esto se encuentra en los versículos 13 y 14.

12. VERSÍCULO 15

- Este es otro de los grandes principios espirituales que abundan en Isaías. Esta es una buena exhortación para cualquier edad. Aquí encontramos al Señor Dios, al Santo de Israel, hablando alto y claro. En vez de apartarse, Él sugiere un regreso a Dios. En vez de una labor tediosa, Él sugiere descanso. Pero esto es siempre demasiado humillante; los hombres no regresarán.

13. VERSÍCULOS 16–17
    - Mucho más masculino sería subirse en el caballo y escapar al galope. Sin duda, dice el Señor, ellos huirán, pero quienes les persigan serán más rápidos.
14. VERSÍCULOS 18–22
    - Ninguna distinción dispensacional afecta el corazón de Dios. Él es siempre rápido para oír el clamor de arrepentimiento, siempre corre para encontrarse con el hijo pródigo que regresa, y siempre espera escuchar la primera palabra de confesión para mostrar su amor y misericordia.
    - El versículo 18 es el pivote sobre el que el espíritu de profecía gira de la amenaza a la consolación. Babilonia nunca será reconstruida (capítulo 13); Nínive será un lugar desolado (ver Sofonías 2); la ciudad de las naciones no es ciudad (capítulo 25). Sin embargo, el judío tendrá en Sion, incluso en Jerusalén, una morada eterna.
    - Notemos en el versículo 18 la frase *"Jehová es Dios justo; bienaventurados todos los que confían en él"*.
    - El lugar y el pueblo se identifican en el versículo 19 y esto, por supuesto, es el reino milenial.
    - En el versículo 20 Jehová deja que su pueblo sepa que Él ni ha sido ignorante ni se ha mostrado indiferente al dolor por el que han pasado. Sin duda Él los ha alimentado con pan de aflicción, pero ahora ese castigo ha terminado su obra y sus maestros no se esconderán más. Hasta ese tiempo, Él les había estado enseñando, de forma velada y mediante el dolor y la adversidad, pero a partir de este punto, Él dice que los guiará de una forma muy distinta y que ellos lo verán.
    - Ellos también oirán y serán guiados por la palabra que se les da: *"Este es el camino, andad por él"* (versículo 21).
    - La autenticidad de la conversión de Israel queda indicada en el versículo 22. Lo que habían honrado y amado ahora lo detestaban, así como en un tiempo casi habían menospreciado la Palabra divina. Este cambio tan grande de amores y odios siempre acompaña a una obra divina en el alma del hombre.
15. VERSÍCULOS 23–26
    - Aquí tenemos que hacer un juicio en cuanto a la interpretación literal del pasaje. Por ejemplo, si nuestro sol brillara con una intensidad siete veces mayor, pereceríamos y solo eso haría que fuera un destructor en vez de un proveedor. Si la luna brillara literalmente como la luz del sol, enseguida lloraríamos por la pérdida del sueño y clamaríamos pidiendo oscuridad. Estos versículos simplemente dibujan un claro retrato de la abundancia y un aumento de toda la misericordiosa provisión que Dios nos da, que proporcionan estos cuerpos celestiales. Desde un punto de vista espiritual, también podría significar que la verdad, correspondiéndose con la luz, inundará la escena.
16. VERSÍCULOS 27–28
    - Estos dos versículos dan la intervención de Jehová a favor de Israel. Notemos que no dice que viene Él mismo, sino que es su nombre el que viene, porque ese nombre, Jehová, personifica en sí mismo todo lo que Él es, en su relación con Israel. La imagen de los versículos 27 y 28 nos dice que Judá está haciendo una alianza con Egipto cuando debería estar dando un paso hacia Dios, porque sus juicios sobre el mundo serán como una terrible tormenta, convirtiendo los arroyos en aguas caudalosas que cubrirán hasta el cuello. Él tamizará las naciones en su propio tamiz de vanidad y pondrá su bocado en las mandíbulas de la gente.
17. VERSÍCULOS 29–33
    - Los asirios aquí son el enemigo final de Dios en la gran tribulación. Asiria, incluyendo Babilonia, es el actual Irak y Arabia Saudita. Tofet era un lugar en el valle de Hinón donde se practicaban las idolatrías más abominables. Históricamente, este nombre pertenece a un lugar en el valle de Hinón donde se ofrecían sacrificios humanos. La palabra significa "lugar de fuego". La referencia simbólica

es al lago de fuego y al destino de la bestia. Gehena es una palabra compuesta de "geh", que significa "valle", y "hena", que es la forma griega de Hinón, así que la palabra completa significa "el valle de Hinón".

- El fuego de Tofet comenzará con el soplo del Señor (versículo 33). Su soplo será como un torrente de azufre.

Para resumir este capítulo, encontrará primero una advertencia a Judá de no buscar una alianza con Egipto en los versículos 1-14; en segundo lugar, un ánimo a buscar a Jehová porque Él está dispuesto a librarlos (versículos 15-26); y en tercer lugar, una afirmación diciendo que Dios tratará con los asirios (versículos 27–33).

¿Cuánto recuerda?

1. Recuerde la parábola del buen sembrador en el capítulo 28, versículos 23-29. ¿Cómo se puede aplicar esto al juicio?
2. Defina la palabra *"Ariel"* y describa su significado para Jerusalén.
3. ¿Cuál fue la actitud del pueblo antes de la liberación final de Dios (capítulo 29:11–12) y a qué lo asemeja el profeta en los versículos 13–14?
4. Recuerde los dos ayes que se encuentran en el capítulo 29.
5. ¿A quién está dirigido el cuarto ay en el capítulo 30?
6. Defina las palabras *"Zoán"*, *"Hanes"* y *"Hebrón"*. ¿Qué significado aportan estas definiciones para entender el texto? (versículo 4)
7. Resuma el capítulo 30 en sus tres secciones distintivas.

Su tarea para la próxima semana:

1. Repase sus notas de esta lección.
2. Lea los capítulos 31–35 de Isaías.
3. Subraye su Biblia.

Lección 11. Notas

Lección 12
CAPÍTULOS 31, 32, 33, 34 y 35

CAPÍTULO 31

Tan asentada en cada corazón está la tendencia a la falsa confianza, que en este breve capítulo tenemos una fuerte reiteración del aviso en forma de un "ay" pronunciado en el capítulo 30 y de nuevo en este capítulo. Todos tenemos en nosotros un poco de "Egipto", y corremos el peligro de tener en nosotros una falsa confianza. En este capítulo, no es principalmente contra Egipto mismo contra quien se pronuncia el ay, sino contra los hebreos por depender de Egipto. Usted debería siempre recordar que el camino a Egipto es siempre descendente; es un descenso, una reducción del estándar moral y la dignidad, porque el lugar de la confianza del hombre debería ser el Señor Dios como está revelado en su amado Hijo Jesucristo; y cuando dejamos ese estándar, siempre vamos hacia abajo, y nunca hacia arriba.

El profeta en este capítulo advierte al pueblo de Dios que no mire a Egipto en busca de ayuda, sino que mire al Señor porque Él defenderá a Jerusalén. El peligro era predominante, y era tan evidente que los israelitas acudirían a Egipto, que el profeta continuó advirtiendo a Judá acerca de la futilidad de tal medida. Egipto es la amenaza de este capítulo y Asiria solo está mencionada. Este es un capítulo muy práctico para todos los cristianos hoy, porque la mayoría de nosotros tenemos una inclinación a apoyarnos en algún tipo de apoyo material o físico, en vez de descansar sobre los recursos espirituales que Dios ha provisto.

1. VERSÍCULO 1
   - Este es el quinto ay, y se pronuncia sobre los que descienden a Egipto en busca de ayuda. Observemos que el movimiento es siempre hacia abajo, nunca hacia arriba. Observemos también que el ay no es para Egipto, sino para los que acuden a Egipto. Egipto tenía carros y jinetes, y sus fuerzas eran fuertes y numerosas. Una filosofía materialista dice que es sabio mirar a Egipto. La verdadera fuente de dificultad era que el pueblo de Dios no lo buscaba a Él ni lo miraba. Este era su problema: que como no confiaban en el Señor, acudían frenéticamente a alguna muestra de poder físico externo, un hombre que dice con el salmista: *"Estos confían en carros, y aquéllos en caballos; mas nosotros del nombre de Jehová nuestro Dios tendremos memoria"* (Salmos 20:7).

2. VERSÍCULO 2
   - Aquí hay un poco de ironía. Después de todo, el Señor es tan sabio como los que acuden a Egipto piensan que son. Dios está contra quienes acuden a Egipto. Dios se opone a todas las formas de apostasía.

3. VERSÍCULOS 3–4
   - En el versículo 4 vemos a un cachorro de león rugiendo por su comida o su presa, y una compañía de pastores que se acerca con el claro propósito de quitarle esa comida. Ni el número ni el ruido le asusta. Parece seguro que el valiente león refleja a Jehová mismo, que ha descendido para contender con algún enemigo. La pregunta que surge entonces es: ¿contra quién pelea Jehová? Y eso se explica en el versículo 3. Jehová nunca lucha contra la fe, ni contra el remanente penitente de su pueblo, sino que aquí lucha contra *"el ayudador y... el ayudado"*.

4. VERSÍCULO 5
   - Aquí, la figura cambia y el Señor Dios se asemeja a las aves que vuelan. Si la figura de Jehová como un cachorro de león es apropiada a la luz del enemigo de Jerusalén, entonces la de un ave que guarda su nido agitando las alas refleja sus acciones hacia la ciudad de Jerusalén, su amada ciudad. Este contraste de firme fortaleza con tierna gentileza es un bonito cuadro. La mamá ave nos da una bonita imagen de su tierno cuidado.

5. VERSÍCULO 6
   + Se ruega volver al Señor, ya que es su intención proteger a su pueblo. Ellos pueden confiar en Él con seguridad; sin embargo, ellos están en un estado de revuelta.
6. VERSÍCULO 7
   + Aquí el profeta mira al día en el que ellos se volverán de sus ídolos a Dios.
7. VERSÍCULO 8
   + Aunque los asirios son el peligro inmediato para la ciudad santa, el énfasis aquí en este capítulo ha estado sobre el peligro de acudir a Egipto a buscar ayuda y no en el peligro de un ataque de Asiria. El Señor ya ha decidido que los asirios fracasarán y caerán en su ataque sobre Egipto, por lo tanto el verdadero peligro estaba en acudir a Egipto.
8. VERSÍCULO 9
   + El Señor tratará con los asirios. Este capítulo concluye con la certeza de que es Jehová el que habla, y Él ha tomado su lugar en Sion, con una ardiente ira contra sus enemigos en Jerusalén.

CAPÍTULO 32

Este capítulo es una nota brillante entre el quinto y sexto ay, y un rayo de luz para el pueblo de Dios en un lugar oscuro. Ha pasado algún tiempo desde que la persona del Rey estuvo ante nosotros, pero lo encontramos de nuevo en este punto, porque no puede haber bendición milenial sin Él.

El marco aquí es la tribulación y la subsiguiente bendición del reino (bendición milenial).

1. VERSÍCULO 1
   + Este versículo nos proyecta en el reino. El Rey no es otro que el Señor Jesucristo. El carácter de su reino es justicia (compare esto con el capítulo 11).
2. VERSÍCULO 2
   + Él no solo es el Rey, sino también el Salvador. Él llevó el juicio de pecados por nosotros, y también es una roca de protección. Se nos presenta en Isaías 26:4 como la fortaleza de los siglos. Este es otro aspecto de su ministerio bajo la figura de la roca.
3. VERSÍCULOS 3–4
   + Habrá un entendimiento espiritual dado a todo el pueblo de Dios. Primera de Corintios 13:12 dice: *"Ahora vemos por espejo, oscuramente; mas entonces veremos cara a cara"*. Los verdaderos valores espirituales serán entonces reconocidos y hechos obvios.
4. VERSÍCULOS 5–8
   + Todo se verá con su verdadero valor y sus verdaderos colores en ese día. A todo hombre se le verá por lo que es. No habrá lo de "poner al frente" o fingir ser lo que no somos. La marca de la hipocresía será eliminada. Notará la palabra *"generoso"* en los versículos 5 y 8. La palabra *"tramposo"* significa "una persona ruda o grosera".
5. VERSÍCULOS 9–14
   + La mujer que vive en placer en ese día no sentirá el juicio venidero. Por lo general, las mujeres son las primeras que se alarman y son sensibles al peligro. Aquí, continúan en el placer y la frivolidad porque son insensibles a la grave condición. Están muertas mientras viven en el placer. El juicio viene sobre la tierra, y la tierra queda desolada. Esto tiene un cumplimiento bifocal, tanto cerca como lejos. Se cumplió parcialmente bajo Senaquerib, pero mira hacia delante, al día futuro de la gran tribulación.
6. VERSÍCULO 15
   + Como la tierra de Israel prosperó bajo una doble bendición de lluvia, la temprana y la tardía (ver Oseas 6:3; Jeremías 5:24; Deuteronomio 11:14), así habrá un doble derramamiento correspondiente del Espíritu Santo sobre el pueblo de Israel.

- El primero, o la lluvia temprana, cayó en Pentecostés. Se debe hacer una distinción entre los "últimos días", cuando la predicción tiene que ver con la Iglesia. Los últimos días, en cuanto a su relación con la Iglesia, comenzaron con la venida de Cristo, pero tienen una referencia especial con el tiempo al final de este siglo. Los últimos días en cuanto a su relación con Israel son los días de la exaltación y bendición de Israel.
- Ahora leamos Joel 2:28–29:

   Y después de esto derramaré mi Espíritu sobre toda carne, y profetizarán vuestros hijos y vuestras hijas; vuestros ancianos soñarán sueños, y vuestros jóvenes verán visiones. Y también sobre los siervos y sobre las siervas derramaré mi Espíritu en aquellos días.

Notemos el término "*después de esto*" que se refiere a "los últimos días". Pedro usó las mismas palabras y citó a Joel en Hechos 2:16-21. La lluvia temprana en Pentecostés resultó en tres mil almas que aceptaron al Señor, pero los representantes de la nación estaban lejos de hacer lo mismo, y así, "*vino sobre ellos la ira hasta el extremo*" (1 Tesalonicenses 2:16). Esto sigue esperando su clímax cuando hayan regresado a la tierra; cesará con el derramamiento del Espíritu como la lluvia tardía. Durante ese largo tiempo la tierra está desolada, así como su pueblo. Israel espera la lluvia tardía, y solo ellos son su objetivo. Dios, el Espíritu Santo, vino a esta tierra en Pentecostés, y ese evento nunca se ha repetido. Sin embargo, no puede haber un segundo derramamiento durante esta dispensación porque Él ya está aquí. El Espíritu no se puede derramar sobre Israel mientras Él esté aquí en esta dispensación (y me refiero al Espíritu Santo). Él no puede ser derramado sobre Israel mientras estén esparcidos. Cuando Israel sea restaurado en su tierra, entonces vendrá la segunda efusión del Espíritu como se nos dice aquí en Joel, Hechos y Zacarías 12:10.

7. VERSÍCULO 17
   - Este es otro gran principio espiritual que es para los hombres de todos los siglos. La obra de justicia es siempre paz, y el efecto de la justicia es siempre reposo y una bendita seguridad.

8. VERSÍCULO 20
   - Este último versículo se usa tan constantemente como la siembra de la Palabra del evangelio, que es difícil admitir cualquier otra idea. Sin embargo, los lectores judíos entenderían una siembra en la tierra tan literal como la tierra misma en la que se hace la siembra literal. A los animales que hacen la obra por ellos se les permitirá alejarse a campos cultivados por la abundancia de la cosecha. Todo lo que siembren dará abundancia, de modo que no tendrán ninguna preocupación por algún pequeño daño en los campos. Pero lo que deberíamos recordar es que tenemos que sembrar la Palabra de Dios, enseñarla y estudiarla cada día.

CAPÍTULO 33

Este capítulo cuenta el sexto y último ay de esta sección de las Escrituras. Comienza con un movimiento que se proyecta hasta la bendición del reino del capítulo 35. En el capítulo 35 se nos lleva al final de la primera gran división de Isaías. Este capítulo en particular pronuncia un juicio sobre los que intentan destruir al pueblo de Dios y acabar con su tierra. Se refiere a los asirios en el futuro inmediato de los días de Isaías, pero se extiende hasta el enemigo final de Israel en los últimos días. Este capítulo dibuja la tierra como algo con una importancia primordial.

1. VERSÍCULO 1
   - El saqueador aquí es Senaquerib, que vino contra Jerusalén durante el reinado de Ezequías (ver Isaías 36 y 37). Esta es la conclusión unánime de todos los eruditos. Sin embargo, no limita este capítulo solo a los asirios, sino que es el comienzo de un cumplimiento más amplio y completo, como indica claramente este capítulo. Esto se consumará finalmente en el anticristo y el Imperio Romano

restaurado. La referencia aquí es principalmente al rey del norte que descenderá como los asirios en los últimos días (ver Ezequiel 38 y 39).

2. VERSÍCULO 2
    - Esta es la oración del fiel remanente de Israel, en ese entonces y también en el futuro.

3. VERSÍCULO 3
    - Notemos que la palabra *"naciones"* es plural. El enemigo aquí es más que los asirios. El Señor oyó la oración entonces y la oirá en el futuro.

4. VERSÍCULOS 4–6
    - Se producirá una gran transformación en el pueblo de Dios en ese día. Regresarán de lo material a lo espiritual. Esto será en el día en que el reino sea establecido aquí en la tierra, es decir, el milenio. Esto tiene que ver con Israel y las naciones aquí en la tierra en ese día. La referencia *no* es la iglesia.

5. VERSÍCULOS 7–9
    - Aquí oímos el clamor de los embajadores que han intentado hacer un acuerdo con Senaquerib, pero no tuvieron éxito, y como resultado, los caminos quedaron casi desiertos. La tierra misma refleja la miseria del pueblo: los cedros del Líbano cuelgan como si estuvieran llorando, las flores de Sarón se marchitan de vergüenza, y las hojas que caen del Carmelo y Basán están en consonancia con las lágrimas que caen por los rostros de sus habitantes. Esto es un cuadro de los últimos días en los que otro dirigente romperá su pacto con Israel en medio de la semana setenta de Daniel.

6. VERSÍCULOS 10–12
    - Notemos la palabra *"ahora"* repetida tres veces. El tiempo ha llegado, y no es ni un momento detrás del tiempo que Jehová había señalado. Siempre, Él viene cuando su pueblo llega a su límite.
    - Observemos la progresión de estos tres "ahora". Primero, como alguien dormido que se acaba de despertar; después ocupa su lugar en el tumulto y es un papel de mando; finalmente, solo Él es exaltado sobre todo.
    - Esta descripción del caso de Israel no está lejos de la condición de la iglesia ahora y en el momento de su llegada en gloria. Sus glorias están asoladas; sus muros de separación del mundo están derribados; existen la vergüenza y la confusión. Pero cuando Él llegue y se produzca ese feliz momento, las cosas serán distintas. Hasta entonces, lo único que podemos hacer es aferrarnos y depender del Señor como el santo y el único que puede guardarnos y sostenernos.
    - Notemos en el versículo 11 el sarcasmo cortante cuando el enemigo será solo paja. No será sino rastrojo, lo cual sirve apenas para ser quemado. El propio aliento ardiente de ira del enemigo comenzará la llama.
    - Esto es el juicio de Dios.

7. VERSÍCULO 13
    - Se habla aquí de dos grupos de personas: *"los que estáis lejos"*, los gentiles, y *"los que estáis cerca"*, que es Israel.

8. VERSÍCULO 14
    - Los *"pecadores… en Sion"* son los de Israel que no son Israel. Son los israelitas impíos y también los gentiles.
    - *"El fuego consumidor"* no se refiere al lago de fuego, sino más bien al hecho de que nuestro Dios es un fuego que lo consume todo. No es una referencia al infierno, sino a la santidad de Dios.

9. VERSÍCULO 15
    - Las preguntas del versículo 14 se responden aquí (ver también el Salmo 15). Esto está en consonancia con las Escrituras. El que ha sido declarado justo por su fe en Cristo está llamado a caminar en

justicia. ¿Qué diremos entonces? ¿Seguiremos en pecado para que abunde la gracia? (ver Romanos 6:1; Efesios 2:8-10).

10. VERSÍCULOS 16–17
    - Esta es la feliz anticipación de los que han puesto su confianza en el Señor.

11. VERSÍCULO 18
    - Pablo cita este versículo en 1 Corintios 1:20: *"¿Dónde está el sabio? ¿Dónde está el escriba? ¿Dónde está el disputador de este siglo? ¿No ha enloquecido Dios la sabiduría del mundo?"*. La cita aquí se interpreta de forma más precisa: la palabra *"sabio"* se sustituye por *"escriba"*, la palabra *"escriba"* se sustituye por *"pesador del tributo"*, y *"disputador de este siglo"* se sustituye por *"el que pone en lista las casas más insignes"*.

12. VERSÍCULOS 19–24
    - Esta es la gloriosa perspectiva que le espera a Jerusalén. El ojo de fe mira más allá de las duras circunstancias inmediatas para centrarse en las gloriosas perspectivas del futuro. Este es el día en el que el Rey estará en Jerusalén. El Príncipe de paz traerá entonces la paz a la tierra. Babilonia podía alardear del Éufrates. Asiria podía alardear del Tigris. Egipto podía alardear del Nilo. En ese día, Jerusalén, una ciudad sin litoral, puede alardear del Señor como la fuente de su fuerza y vida. Lo importante aquí es que el pecado será perdonado.

CAPÍTULO 34

Así como las cargas que afectaron a varias naciones en los capítulos 12-23 fueron seguidas de una colisión general en el capítulo 24, a esta, a su vez, le siguió el gozoso capítulo 25. Aquí, hemos tenido varias naciones amenazadas por un enemigo tras otro, hasta que tanto los gentiles como los judíos apostataron. Ahora viene de nuevo la colisión en juicio divino sobre la tierra en este capítulo 34. Este capítulo estará seguido, como vimos antes, por las distensiones de la promesa que se encuentran en el capítulo 35.

El hombre mira al futuro como un tiempo en el que él mejorará el mundo mediante sus propios esfuerzos y sus propias "buenas obras" que él mismo establecerá y que él mismo se llevará al milenio. Esto nunca ocurrirá, y esa teoría es de Satanás. La Biblia, sin embargo, mira al milenio y a un mejor día. Antes de que el reino, o el milenio, sea establecido, todo lo que el hombre haya construido apartado de Dios sufrirá un juicio terrible. Toda obra de los hombres es contraria a Dios y debe sufrir un conflicto final. Ese conflicto está ante nosotros aquí en este capítulo bajo el título de "la batalla de Armagedón". El "pecado del hombre" finalmente será liderado bajo el "hombre de pecado", y él y Cristo deben lidiar entre ellos. La luz y las tinieblas, el bien y el mal, no pueden coexistir.

Muchos de los pasajes de la Escritura relatan este evento, tales como Isaías 61:2, Isaías 63:1–6, Zacarías 14:1–3 y Apocalipsis 19:11–19.

Este capítulo mira por completo al futuro. Primero, vemos la indignación del Señor derramada sobre toda la nación, y esto se encuentra en los versículos 1–4.

1. VERSÍCULO 1
    - En Isaías 1:2 Dios puso al cielo y la tierra por testigos de su juicio sobre su pueblo, Israel. En este capítulo, Dios llama solo a las naciones de la tierra para ser testigos de su juicio final sobre las naciones.

2. VERSÍCULO 2
    - Observemos cuidadosamente las palabras escogidas para describir este juicio: *"airado"*, *"indignado"*, *"destruirá"*, *"entregará al matadero"*. Son las expresiones más fuertes posibles que se podrían usar. El juicio es universal y es severo. No solo es *"tiempo de angustia para Jacob"* (Jeremías 30:7), sino que es el tiempo de las penurias de la tierra. Nuestro Señor habló de esto como un tiempo sin precedente en la historia del mundo. Los sellos, las trompetas y las copas de Apocalipsis se intensifican y confirman esta verdad.

3. VERSÍCULO 3
   - Esto es repulsivo y terrible, más allá de toda descripción (leer Apocalipsis 19:17-19).
4. VERSÍCULO 4
   - Esto se debe interpretar literalmente, ya que se repite en Mateo 24:29. Para otras referencias, vea Salmos 102:26 y compárese con Hebreos 1:11 y también con Apocalipsis 6:12–14.
5. VERSÍCULOS 5–7
   - Ahora vemos la diana y la figura de todos los enemigos de Dios descritos en los versículos 5-7 bajo el nombre de Edom.
   - En el versículo 5, Edom representa todo lo relativo a Adán que se rebela contra Dios y contra el pueblo de Dios (ver Malaquías 1:3). Dios juzgará a Edom (ver Abdías 4:18).
   - El versículo 6 es una figura de una espada llena de sangre. Está bañada en el cielo, porque el pecado comenzó ahí y será juzgado ahí. La espada es el instrumento del juicio.
   - En el versículo 7 el sacrificio de animales no es suficiente. La sangre de toros y machos cabríos no quitará el pecado.
6. VERSÍCULO 8
   - Este es el día de la venganza del Señor.
7. VERSÍCULOS 9–10
   - Esto parece estar limitado a la tierra de Edom, pero también podría tomarse como el juicio de la vieja tierra antes de que exista la nueva tierra.
8. VERSÍCULO 11
   - *"Destrucción"* y *"asolamiento"* son las palabras hebreas para "sin forma y vacío" que encontramos en Génesis 1:2. Hubo un juicio pre adámico de la tierra y habrá un juicio pos adámico de la tierra.
9. VERSÍCULOS 12–15
   - Este es un cuadro de Edom hoy, pero mira al juicio futuro que habrá sobre la tierra.
10. VERSÍCULOS 16–17
    - La Palabra de Dios nunca falla. Siempre se cumple. No pasará ni una sola palabra hasta que todas las cosas se hayan cumplido. Podemos confiar totalmente en ello.

CAPÍTULO 35

Llegamos ahora al milenio, un cuadro del reino del Señor Jesús. Este capítulo es una perla. Los fuegos del juicio en este momento están extinguidos, la noche de penurias sobre la tierra se ha terminado y la mañana del deleite milenial ha llegado. El método de Dios siempre ha ido del sufrimiento a la paz, de la noche al amanecer, del juicio a la salvación. Este capítulo contrasta con las tormentas de juicio de los últimos capítulos.

En primer lugar, veremos desaparecer la maldición del pecado y la tierra material restaurada.

1. VERSÍCULO 1
   - Se nos informa que los desiertos del mundo aumentan cada año. La sequía y la erosión del suelo están acelerando este proceso. Todo esto cambiará en el milenio. Esta frase familiar y hermosa *"el yermo se gozará y florecerá como la rosa"* es una descripción apta y feliz del futuro de la tierra. A los que están familiarizados con la gran zona desértica de su país, les impresionará esta declaración.
2. VERSÍCULO 2
   - Esta es una descripción de la eliminación de la maldición de la tierra, y está en clara oposición con las condiciones del presente. Pablo dice que la creación gime con dolores de parto hoy (ver Romanos 8:22), pero en el milenio toda la creación se gozará.

- Una nota importante a recordar es que toda la Escritura está de acuerdo en que el día milenial no es el día eterno, ni el día perfecto. El milenio no es "el reposo de Dios", el Sabbat final, el séptimo día, sino que es el sexto día en el que el gobierno de la tierra está en la mano de Cristo, el segundo hombre, el último Adán con su esposa, con todo el mal bajo control, aunque presente. Así como en nuestra regeneración personal aún está la vieja naturaleza en nuestro interior, a la que no se le debe permitir reinar (ver Romanos 6:12), así en ese tiempo llamado el milenio, la vieja naturaleza, el pecado, no reinará.

3. VERSÍCULOS 3-4
    - Vemos que los hombres serán renovados y sus cuerpos fortalecidos. En medio de la tormenta de juicio, el pueblo de Dios puede gozarse porque sabrá que Dios vendrá, y la fuerza de su venida dará fuerza al corazón cansado, y es la esperanza de su venida lo que fortalecerá y fortalece el corazón desfallecido del cristiano. La iglesia tiene la esperanza añadida de no experimentar nunca esta venganza porque no sufriremos la gran tribulación.

4. VERSÍCULOS 5-6
    - Durante el milenio, la enfermedad, los achaques y toda aflicción serán eliminados y los cuerpos serán restaurados de su enfermedad. Nuestro Señor envió estas credenciales de sí mismo a Juan el Bautista en Mateo 11:2-6.

5. VERSÍCULOS 7-9
    - Aquí, Isaías regresa a los beneficios que vendrán sobre la tierra. *"El Camino de Santidad"* (versículo 8) se ha mencionado antes en Isaías 19:23.

6. VERSÍCULO 10
    - Esto no solo incluye a Israel, sino que incluirá a los redimidos que entraron en el milenio. Notemos las palabras *"redimidos de Jehová"*. Para Israel, este es el final de un largo viaje. Como Jacob, han vagado muy lejos, pero aquí están al fin de nuevo en Betel, la casa de Dios, y en esa casa morarán para siempre. Esto nos lleva al final de la primera gran división del libro de Isaías.

7. NOTAS ADICIONALES SOBRE EL MILENIO
    - Hay más de tres mil versículos en el Antiguo Testamento que tienen que ver con la segunda venida de Cristo. En el Nuevo Testamento hay más de trescientos cincuenta versículos.
    - La Biblia divide la historia humana en siete periodos inigualados llamados eras, o dispensaciones:
        a. Primera dispensación—inocencia—Génesis 1:26-3:24
        b. Segunda dispensación—conciencia—Génesis 4:1-7:24
        c. Tercera dispensación—gobierno humano—Génesis 8:1-11:32
        d. Cuarta dispensación—promesa—Génesis 12:1-Éxodo 18:27
        e. Quinta dispensación—ley—Éxodo 19:1-Hechos 1:26
        f. Sexta dispensación—gracia—era de la Iglesia—Hechos 2:1-Apocalipsis 3:22
        g. Séptima dispensación—milenio—1.000 años—Apocalipsis 20:1-15
        (Tras estas dispensaciones vendrá la eternidad).
    - Nadie entrará en el milenio a menos que sea salvo (ver Mateo 25:31-46).
    - El milenio está profetizado más en el Antiguo Testamento que en ningún otro lugar. Apocalipsis meramente nos da un periodo definido de tiempo: 1 000 años. Juan no nos da ningún detalle sobre el milenio. Son los profetas del Antiguo Testamento los que dibujan el cuadro que nos ha abierto el apetito a todos acerca de esa gloriosa era en la que Cristo será el Rey en su reino.
    - Los profetas del Antiguo Testamento nos hablan de un reino de paz y tranquilidad donde los hombres *"volverán sus espadas en rejas de arado, y sus lanzas en hoces…ni se adiestrarán más para la guerra"*

(Isaías 2:4). Después en Isaías, el lobo yacerá con el cordero (11:6) y un hombre será como un niño cuando tenga cien años (65:20).

- En Apocalipsis 20:1–3 Satanás es atado durante los mil años, con lo que no podrá engañar más a las naciones. Incluso con Satanás inactivo, habrá cierta cantidad de pecado durante el milenio.
- Las resurrecciones: Apocalipsis 20:4–6. La primera resurrección: hay cuatro fases (ver 1 Corintios 15:20–25):
    a. Cristo es las primicias, el primero en resucitar, y nunca verá muerte ni decadencia.
    b. *"los que son de Cristo, en su venida"* (versículo 23): el rapto.
    c. Los creyentes del Antiguo Testamento y los santos martirizados de la tribulación resucitan después de la tribulación (ver Daniel 12:1–3).
    d. Los creyentes mortales en el milenio recibirán cuerpos eternos sin muerte.

¿Cuánto recuerda?

1. ¿Hacia quién estaba dirigido el ay del capítulo 31?
2. ¿Quién es la amenaza, o peligro, en el capítulo 31?
3. Describa el doble derramamiento del Espíritu Santo que se encuentra en el capítulo 32.
4. ¿Sobre quién se pronuncia el último juicio en el capítulo 33?
5. Describa la transformación que se producirá en el pueblo de Dios en el capítulo 33.
6. ¿Cuál es el mayor acontecimiento que se produce en el capítulo 34?
7. Tras el juicio del capítulo 34, ¿qué sigue en el capítulo 35?
8. Describa las varias fases de renovación que vemos en el capítulo 35.

Su tarea para la próxima semana:

1. Repase sus notas de esta lección.
2. Lea los capítulos 36–39 de Isaías.
3. Subraye su Biblia.

Lección 12. Notas

Lección 13
CAPÍTULOS 36, 37, 38 y 39

En los capítulos 36 al 39 llegamos ahora al histórico interludio que forma una segunda gran división claramente marcada en el libro de Isaías, radicalmente distinta en su forma a los capítulos que hemos estudiado hasta ahora, y bastante distinta a los capítulos que estudiaremos después. Estos capítulos, del 36 al 39, no nos detendrán mucho tiempo, pero no debemos deshonrarlos mediante la indiferencia o la negligencia. La historia divina nunca es meramente historia, nunca es un simple relato de eventos. Si se nos permite beneficiarnos de las lecciones morales que podemos sacar de ella, no hemos agotado nuestro tiempo. Hay verdades profundas de un carácter espiritual que solo se disciernen espiritualmente, y para ese discernimiento dependemos del Espíritu Santo. Al reconocer estos capítulos como una división del libro de Isaías, nos sirve para hacer que el libro entero sea una trilogía, es decir, le da al libro la importancia de ese número llamado tres que habla de la plena manifestación de Dios.

Una comparación de estos cuatro capítulos con 2 Reyes 18 y 19 da toda la evidencia de que ambos relatos fueron tomados de una fuente común, o el uno fue tomado del otro.

Estamos hablando aquí de un país del tamaño del estado de Rhode Island (4000 km.^{2}) La mayoría de los historiadores categorizarían una nación de ese tamaño como de poco valor históricamente, y sin embargo, el destino del hombre depende mucho más de los judíos que de ninguna otra nacionalidad.

Esta sección de las Escrituras deja la alta meseta de la profecía y desciende al registro de la historia. Incluso la forma del lenguaje es distinta. ¿Por qué están estos cuatro capítulos de carácter histórico acuñados entre las dos grandes divisiones del libro de Isaías? Esta es una pregunta razonable que requiere investigación y recompensa al estudiante honesto. Hay varios factores importantes dignos de mencionar.

En primer lugar, la historia secular y la sagrada no son iguales. El Dr. Jennings, en su libro *Studies in Isaiah* (Estudios en Isaías), destaca: "La historia divina nunca es *meramente* historia, nunca es simplemente un relato veraz de acontecimientos pasados".[1] Hay grandes verdades espirituales calzadas en la historia sagrada que solo se ven con los ojos de la fe. El Espíritu Santo debe enseñarnos el propósito divino al narrar la historia bíblica. Notemos varias razones que se sugieren:

1. Estos incidentes podrían dar la impresión de ser triviales para el historiador mediocre que trata los grandes movimientos del mundo. Pero los eventos que tienen que ver con el pueblo de Dios fueron importantes según el estándar del cielo.

2. De hecho, estos capítulos notan la transferencia de poder de Asiria a Babilonia. Babilonia era la amenaza real para el pueblo de Dios e iba a comenzar el periodo designado por nuestro Señor como "el tiempo de los gentiles".

3. Esta sección es una narración de un hijo de David que fue cercado por enemigos y que fue hasta la frontera de la muerte, pero fue librado y continuó reinando. En esto, él presagia al "gran hijo de David" que fue cercado por enemigos, entregado a la muerte, resucitado de los muertos y que vendrá de nuevo, y ese es Jesucristo. Ezequías fue solo un hombre que caminó en los caminos de David, otro hombre débil. Nuestro Señor fue mayor que David, y como el Hijo de Dios crucificado nos ha sido hecho *"sabiduría, justificación, santificación y redención"* (1 Corintios 1:30). Hay otras grandes verdades espirituales y principios que notaremos en nuestro bosquejo.

El segundo factor importante en esta sección histórica es que estos eventos particulares se escribieron tres veces en las Escrituras: 2 Reyes 18-19, 2 Crónicas 29-30, y después de nuevo aquí en Isaías. El hecho de que el Espíritu Santo viera adecuado escribirlos tres veces es en sí mismo un asunto de gran importancia.

---

1. F. C. Jennings, *Studies in Isaiah* (Eugene, OR: Wipf and Stock Publishers, 1935), p. 419.

Estos registros no son idénticos, pero sí similares. Algunos eruditos creen que Isaías es el autor de los tres pasajes, o al menos el pasaje en 2 Reyes. Seguros de que el Espíritu de Dios tiene algún principio especial para nosotros aquí, no deberíamos apresurarnos a pasar rápido estos eventos como si no fueran de suma importancia.

En tercer lugar, se describen tres milagros importantes y estupendos en esta corta sección, que son:
1. El ángel mata a 185 000 asirios (capítulo 37:36-38).
2. El sol retrocede diez grados en el diario solar de Acaz (capítulo 38:7-8).
3. Dios sana a Ezequías y le prolonga quince años la vida (capítulo 38:1-5).

En cuarto lugar, esta sección comienza con Asiria y termina con Babilonia. Hay dos cartas importantes que recibió Ezequías: la primera es de Asiria, la cual Ezequías llevó directamente a Dios en oración y Dios libró a su pueblo (capítulo 37:14). La segunda carta era del rey de Babilonia, la cual halagaba a Ezequías, y él no la llevó al Señor en oración. Como resultado, esto produjo la perdición de Judá (capítulo 39:1-8).

CAPÍTULO 36

Senaquerib, rey de Asiria, había descendido como un torrente desde el norte, tomando todo lo que encontraba a su paso. Había capturado todas las naciones y ciudades que había en su camino, o se habían rendido. Orgulloso de sus victorias, aparece con el ejército asirio ante los muros de Jerusalén. Se sorprende y asombra de que Ezequías intentara resistirlo. Busca alguna explicación, como que Ezequías debía tener algún arma secreta. Rabsaces, su representante, ridiculiza todas las posibilidades conocidas de ayuda. Arrogantemente, demanda rendición incondicional. Este capítulo termina con los términos y amenazas reportados a Ezequías.

Este es un cuadro patético de un día venidero en el que el enemigo habrá rodeado de nuevo Jerusalén. Ninguna ayuda humana puede librarla, ya que el enemigo ha venido del norte, del este, del sur y del oeste.

1. VERSÍCULO 1
   - Ezequías era de hecho uno de los cinco reyes buenos de Judá que provocaron el avivamiento. El relato de 2 Crónicas le da un certificado de buena salud espiritual (ver 2 Crónicas 29:1-1). Sin embargo, era un hombre y se convirtió en rey débil, e intentó prevenir la invasión de Jerusalén sobornando a Senaquerib (ver 2 Reyes 18:13-16).
   - Ezequías había tomado el oro y la plata del templo para alcanzar la exorbitancia del rey de Asiria. No sirvió para nada, ya que el ejército de Asiria estaba afuera de las puertas de Jerusalén.

2. VERSÍCULO 2
   - Senaquerib no fue condescendiente para acudir personalmente, sino que envió un ejército bajo el mando de Rabsaces. Notemos dónde estaba: "*junto al acueducto del estanque de arriba, en el camino de la heredad del Lavador*". Este es exactamente el lugar en el que había estado previamente Isaías para animar el corazón de Acaz, el padre de Ezequías, y para anunciar el nacimiento virginal de Jesús (ver notas sobre Isaías 7:3).

3. VERSÍCULO 3
   - Ezequías envió una embajada de tres para recibir los términos ofrecidos por Senaquerib.

4. VERSÍCULO 4
   - Rabsaces expresa arrogantemente su sorpresa de que Ezequías se atreviera a resistirse. Quiere saber el arma secreta en la que confía Ezequías.

5. VERSÍCULO 5
   - Rabsaces comienza a hablar de las posibilidades que podrían haber hecho que Ezequías les resistiera y menospreciara tan neciamente. Menciona cuatro posibilidades que han dado a Ezequías una falsa esperanza.

6. **VERSÍCULO 6**
   - La primera posibilidad es la idea de que Ezequías podría estar mirando a Egipto como un fuerte aliado. De hecho, el ejército asirio estaba entonces de camino a Egipto para capturar ese reino, y tenía sentido que Jerusalén bloqueara el camino.
   - El asunto era que Ezequías esperaba algún tipo de ayuda de Egipto, como había ocurrido con Acaz, su padre, antes que él. Los asirios llaman a Egipto una "caña frágil", lo cual era cierto, como demostraron los hechos subsiguientes, y como Isaías había advertido.

7. **VERSÍCULO 7**
   - La segunda fuente de ayuda que menciona Rabsaces era el Señor. Aquí es donde su discernimiento espiritual le dio una pista equivocada. Los lugares altos que Ezequías había eliminado eran lugares inmorales de idolatría. Había solo un lugar para adorar: el templo en Jerusalén. Había solo un camino a Dios: el altar sobre el que se hacían los sacrificios de sangre.
   - El hombre del mundo hoy día dice que todas las iglesias son buenas y que no hay diferencia en lo que uno crea siempre que sea sincero. Esto contradice las palabras de nuestro Señor cuando dice en Juan 14:6: *"Yo soy el camino, y la verdad, y la vida; nadie viene al Padre, sino por mí"*.

8. **VERSÍCULOS 8-9**
   - La tercera posibilidad sugerida por Rabsaces revela la actitud soberbia de los asirios. Cabía la posibilidad de que Ezequías dependiera de sus propios recursos y mano de obra para defender la ciudad. Esto era tan absurdo que los asirios ofrecieron proveer caballos para dos mil hombres si les podían encontrar personas para que montaran los caballos para la batalla. El equipamiento de Egipto, aunque hubiera llegado, no habría sido de mucha ayuda.

9. **VERSÍCULO 10**
   - La cuarta razón es la más sutil de todas. Rabsaces sugiere que Jehová de Israel ha enviado a los asirios contra Jerusalén y Él. Jehová, por lo tanto, está del lado de los asirios.

10. **VERSÍCULO 11**
    - Todo el tiempo Rabsaces ha estado hablando de forma altanera en lenguaje hebreo para que los soldados en las murallas de Jerusalén pudieran oírle. Esto se hizo para molestar a los representantes de Ezequías, que sugerían que hablara en la lengua asiria que ellos entendían.

11. **VERSÍCULO 12**
    - El altivo Rabsaces se negó a hacerlo, porque definitivamente estaba intentando destruir la moral del ejército en Jerusalén.

12. **VERSÍCULO 13**
    - Ahora se dirige al pueblo en las murallas y les habla de forma orgullosa y con desdén.

13. **VERSÍCULOS 14-15**
    - Les insta a no confiar en el Señor. Sus palabras son pragmáticas, y a primera vista tienen la intención de causar temor.

14. **VERSÍCULO 16**
    - Ahora intenta mostrar que si se rinden sin ofrecer resistencia, el rey de Asiria está dispuesto a mostrar misericordia. Su misericordia es algo cruel.

15. **VERSÍCULO 17**
    - El método de Asiria era desarraigar a la gente y llevarlos lejos de su tierra natal, y allí colonizarlos. Esto era un gran destructor de la moral.

16. VERSÍCULOS 18-20
    - Arrogantemente, alardea de que ninguno de los dioses de las otras naciones les ha librado. ¿Por qué iban ellos a esperar que Jehová librara a Jerusalén? Puso a Jehová a la altura de los ídolos paganos.
17. VERSÍCULO 21
    - Los representantes de Ezequías no responden, sino que mantienen su paz. Se les dijo que procedieran de esta manera, "sin responderles". Es la mejor respuesta cuando el enemigo busca hacernos responsables.
18. VERSÍCULO 22
    - Los mensajeros regresan para reportar las tristes palabras a Ezequías. Las ropas hablan de la dignidad y gloria del hombre. La hierba está vestida con la flor, y Salomón en toda su gloria no se vistió como una de ellas (ver Mateo 6:28-30). Pero la ropa rasgada habla de humillación y vergüenza. Este capítulo concluye con una nota oscura y triste, pero el relato no termina en este capítulo.

CAPÍTULO 37

Antes de comenzar el estudio versículo por versículo de este capítulo, permítame darle un panorama amplio del capítulo, ya que es largo.

Primero, encontramos la reacción de Ezequías al reporte del mensajero (versículos 1-4).

Segundo, hay una palabra de ánimo para Ezequías del Señor a través de Isaías (versículos 5-7).

Tercero, la retirada temporal de Rabsaces de Jerusalén y su carta a Ezequías (versículos 8-13).

Cuarto, Ezequías recibe la carta y después tenemos la oración de Ezequías (versículos 14-20).

Quinto, la respuesta de Dios a la oración de Ezequías a través de Isaías (versículos 21-35).

Seis, el relato de la destrucción de 185 000 asirios por el ángel del Señor (versículos 36-38).

1. VERSÍCULO 1
    - La reacción de Ezequías al reporte de sus mensajeros revela a un hombre de gran piedad. En su situación extrema se vuelve a Dios y a la casa del Señor.
2. VERSÍCULO 2
    - Ahora envía a sus mensajeros al profeta Isaías. Este es otro acto de fe.
3. VERSÍCULO 3
    - El mensaje a Isaías era, sin duda, amenazante y negro. Era un día de problemas, reprimenda y blasfemia.
4. VERSÍCULO 4
    - Aquí, Ezequías revela una aberración de fe por su parte. Habla del Señor como *"tu Dios"* y no como "nuestro Dios". Notemos que corrigió esta oración en el versículo 20.
5. VERSÍCULOS 5-6
    - Dios le asegura a Ezequías que la blasfemia de los asirios no había escapado a su atención. Del mismo modo, Dios no puede ignorarlo, ni lo hará.
6. VERSÍCULO 7
    - Dios declara la destrucción de los asirios. Como veremos, esto tuvo un cumplimiento literal.
7. VERSÍCULOS 8-9
    - Llegó el rumor de que la fuerza principal del ejército asirio estaba siendo atacada por el ejército egipcio. Rabsaces se retiró temporalmente para ayudar a la principal fuerza del ejército asirio, pero para "guardar las apariencias" envió una carta de Senaquerib a Ezequías.

8. VERSÍCULO 10
   + Esta es la forma en que obra Satanás; intenta destruir la fe que cualquier persona pueda tener en el Señor.
9. VERSÍCULOS 11-12
   + Aquí, Ezequías va más allá de la primera palabra y alardea de que ningún dios de ninguna nación había librado a su pueblo de la mano de los asirios.
10. VERSÍCULO 13
    + Senaquerib cita datos históricos que eran difíciles de responder. Pregunta: "¿Dónde están todos los reyes?"
11. VERSÍCULO 14
    + Cuando Ezequías recibió la carta, fue directamente a Dios y abrió la carta delante de Él. Después sigue una de las oraciones verdaderamente grandes de las Escrituras.
12. VERSÍCULOS 16-20
    + Ningún israelita instruido creía que Dios era una deidad local que ocupaba una casa en Jerusalén, pero Ezequías reconoció que la presencia Shekiná, o gloria de Dios, habitaba entre los querubines. Reconocía que el hombre solo podía acercarse a Dios mediante el sacrificio, y que se acercaba a Él encima del propiciatorio. Reconocía que Dios es el Creador de todo, y que Dios está sobre todo.
    + En el versículo 17, Ezequías le enseña la carta a Dios y dirige la atención al hecho de que es directamente contra Dios.
    + Él reconoce la verdad de la carta en los versículos 18-19. No había necesidad de negarla o ignorarla. Cuando tratamos con Dios, es sabio decirle la verdad, especialmente sobre nosotros mismos, y no intentar ocultar nada.
    + El versículo 20 es una apelación sencilla (la oración) a Dios para que salve a Judá por causa de su nombre.
13. VERSÍCULO 21
    + Dios siempre responde.
14. VERSÍCULOS 22-28
    + Aquí vemos que el asirio ha blasfemado contra Dios, y Dios hará algo al respecto. El orgullo del asirio le hizo alardear. Su éxito le engañó, pero Dios le humilló.
15. VERSÍCULO 29
    + Dios ha escuchado la blasfemia del asirio y ha tomado nota de ello (ver versículo 4).
16. VERSÍCULO 30
    + El pensamiento principal es que los hijos de Judá continuarían en la tierra un poco más de tiempo. Vendrían días difíciles en el futuro, pero Dios los usaría para fortalecer a su pueblo. El Señor se dirigió a Israel directamente, comenzando aquí en el versículo 30.
17. VERSÍCULO 31
    + Todo esto conduce a la viña que produce fruto. Notemos esta bella expresión: *"volverá a echar raíz abajo, y dará fruto arriba"*, lo cual es aplicable a todos los hijos de Dios de cualquier época.
18. VERSÍCULO 32
    + Es siempre el remanente, aunque pequeño, el que permanece fiel a Dios.

19. VERSÍCULO 33
    - Notemos la osadía de esta profecía. Si uno de los 185 000 asirios hubiera disparado accidentalmente una flecha contra los muros de Jerusalén, la Palabra de Dios sería imprecisa. ¡Qué maravillosas son las promesas de Dios!
20. VERSÍCULO 34
    - Esta profecía fue de un cumplimiento específico y también literal.
21. VERSÍCULO 35
    - Dios promete defender su ciudad por su nombre y por el de David. ¿Ha prometido Dios defender a los suyos? Por supuesto que lo ha hecho a lo largo de los siglos, y también en esta dispensación (ver Juan 17:11).
22. VERSÍCULO 36
    - Se había prometido juicio y llegó, tal como también sucederá en el futuro. Dios tiene una manera de llevar a cabo su propio juicio, y aquí lo vemos realizando una rápida acción y destruyendo a 185 000 asirios.
23. VERSÍCULOS 37-38
    - La historia secular registra que esto realmente ocurrió. Senaquerib fue asesinado por sus propios hijos. Ahora estamos listos para ver otro lado de la vida personal de Ezequías, y aquí se relata otro milagro.

CAPÍTULO 38

El rey Ezequías reinó sobre Judá por veintinueve años, y fue quince años antes de su muerte cuando se enfermó gravemente (ver 2 Reyes 18:2). Esa enfermedad fue en el año catorce de su reinado (ver Isaías 36:1). Todo esto ocurrió en el mismo año: la enfermedad de Ezequías y el sitio de Jerusalén a mano de los asirios.

1. VERSÍCULO 1
    - Isaías le da la sentencia de muerte a Ezequías. Es cierto que esta sentencia de muerte descansa sobre cada uno de nosotros, aunque no sabemos el día ni la hora. La instrucción que Isaías recibió del Señor fue que Ezequías debía ordenar su casa.
2. VERSÍCULO 2
    - Esta escena se desarrolla en la sala en la que Ezequías yacía postrado por la enfermedad, una úlcera maligna. Ezequías giró su rostro hacia la pared y comenzó a orar.
3. VERSÍCULO 3
    - Esta es la base sobre la que el santo del Antiguo Testamento oró, y esto se confirma en 2 Reyes 18:4-7. Es especialmente evidente en el versículo 5: *"En Jehová Dios de Israel puso su esperanza; ni después ni antes de él hubo otro como él entre todos los reyes de Judá"*.
4. VERSÍCULOS 4-5
    - Dios escuchó y respondió de inmediato. Notemos en la respuesta del Señor que no se dice mucho sobre el corazón perfecto de Ezequías, pero el Señor Dios se identificó como *"Jehová Dios de David tu padre"*. Nuestras oraciones son oídas por el gran Hijo de David: el Señor Jesucristo. Quince años se deben añadir a la vida del rey, además de los que ya ha reinado, pero la respuesta va más allá de la petición, como vemos en el versículo 6.
5. VERSÍCULO 6
    - Dios no solo le concede a Ezequías quince años más, sino que también declara que la amenazada ciudad no será conquistada. En otras palabras, Dios vincula la liberación de Jerusalén de mano de los asirios con la liberación de Ezequías de la muerte. Su respuesta a una petición animará el corazón del creyente al creer que Él responderá a otras peticiones.

6. VERSÍCULOS 7-8
    - Jehová da la señal que Ezequías había pedido (notará esto en 2 Reyes 20:8-10 y también en Isaías 38:22). Permítame parafrasear el versículo 8 con una lectura literal: "He aquí yo haré que la sombra de los pasos regrese, la cual desciende tras los pasos de Acaz con el sol, diez pasos hacia atrás. Y el sol regresa diez pasos con los pasos por los que ha descendido". La palabra más difícil es la que se da como "pasos". Aquí se nos obliga a ver en esta traducción literal una forma de pasos literales, que es una forma del reloj solar. Por eso la palabra se traduce como "en el reloj de Acaz".
    - Ahora podemos regresar en espíritu al palacio de Ezequías y a su cámara. Ahí yace el rey, aún boca abajo en su cama, pero con el rostro no ya girado hacia la pared, sino que el gozo y la esperanza iluminan sus ojos mientras mira por su ventana al jardín. A plena vista está una columna con una serie de pasos o escalones que suben, y al menos diez de ellos están en la sombra por encima de ese número de pasos. Al volver a mirar, los pasos que antes tenían sombra ahora reciben la clara luz del sol. Esta es la señal que el rey había pedido.
    - Los comentaristas han escrito páginas y páginas discutiendo cómo se produjo esta recesión de la sombra, pero aparentemente todo ha sido en vano e insatisfactorio. De tres cosas, no obstante, estamos bastante seguros.
        a. Primero, fue una intervención sobrenatural de Dios, controlando sus propias leyes según ve oportuno.
        b. Segundo, fue una señal que necesitaba que Ezequías pudiera ver lo que había ocurrido, porque a menos que una señal llegue de algún modo a los sentidos, sería un esfuerzo extra de fe en lugar de una ayuda a la fe. Por lo tanto, el reloj solar fue visible desde la cámara de Ezequías.
        c. Tercero, no fue una señal sin sentido, sino que fue un acto sobrenatural por parte de Dios.
    - Podemos estar seguros de que el rey meditaría en el significado de la luz estando en esos pasos cuando antes habían estado en la sombra, y le haría recordar los pasos en los que Acaz había caminado (ver Isaías 7:10-13). Acaz fue el padre de Ezequías, y el lugar donde Ezequías estaba enfermo era el palacio del rey. Él vio las columnas y los pasos del porche de su padre.
    - Ahora las condiciones habían cambiado y aquí encontramos que los asirios no están amenazando al hijo de Acaz, sino al hijo de David. La señal entonces que le enseñó a él, y que debería enseñarnos a nosotros, es que *"si andamos en luz, como él está en luz, tenemos comunión unos con otros"* (1 Juan 1:7).
    - Para un estudio extra, la palabra para reloj solar es literalmente "subir". Se traduce como "gradas" en Éxodo 20:26 y como "gradual" en los Salmos 120 y 126.
7. VERSÍCULOS 9-22
    - El escrito de Ezequías es importante, y los siguientes versículos son una muy buena tesis sobre la muerte, escrita por alguien que casi la experimentó. Y esta tesis comienza con el versículo 10 y se extiende hasta el final del capítulo. No olvidemos que este es el escrito de Ezequías.
    - Notemos en el versículo 20 que esta tesis de repente fue convertida en música. La pregunta surge en este punto con respecto a si Ezequías debía haber muerto en el tiempo señalado. El relato en 2 Crónicas tiene un versículo interesante en conexión con esto después de la enfermedad de Ezequías: *"Mas Ezequías no correspondió al bien que le había sido hecho, sino que se enalteció su corazón, y vino la ira contra él, y contra Judá y Jerusalén"* (2 Crónicas 32:25). Veremos en el siguiente capítulo que Ezequías se hizo el tonto tras su recuperación.
    - Sería interesante notar aquí que se recuperó y después fue cuando nació Manasés. Manasés fue el hijo de Ezequías que comenzó a reinar cuando tenía solo doce años de edad, lo cual significa que Manasés nació después de la enfermedad de Ezequías.

- Observemos que Ezequías escribe lo que Isaías había dicho *"Tomad masa de higos"* (2 Reyes 20:7). De hecho, la sanidad de Ezequías fue del Señor, pero utilizó un puñado de higos. La enfermedad de Ezequías era una "úlcera", que en hebreo significa "estar caliente". En otros lugares se le llama *"úlcera de Egipto"* (Deuteronomio 28:27). Fue la enfermedad de Job.

CAPÍTULO 39

Hay una transferencia desde Asiria en este capítulo, ya que el enemigo de Judá es una de las figuras destacadas de esta sección. En ese tiempo, Babilonia era una ciudad en apuros en las riberas del Éufrates, incapaz de vencer a Asiria. Sin embargo, Babilonia se iba a convertir en la gran cabeza de oro en los tiempos de los gentiles (ver Daniel 2:37-38), y eso hace que este capítulo sea significativo. Este capítulo revela el gran error de la vida de Ezequías. Tras su enfermedad, obviamente intentó agradar a Dios. Este capítulo revela su fragilidad humana y sus debilidades. Es después de un gran triunfo espiritual cuando llega nuestra peor derrota.

1. VERSÍCULO 1
   - Merodac-baladán es un rey insignificante para nosotros, pero su nombre está lleno de significado. El Dr. Jennings llama la atención al hecho de que las consonantes que forman la primera parte del nombre son las mismas que se usan en Nimrod: M-R-D. La palabra significa "el rebelde". Baladán significa "no señor". Su nombre completo significa entonces "el rebelde, no señor". Detrás de este rey, como ocurrió con Nimrod, está Satanás, el archirebelde. Él es el dios de este mundo. Él vino con halagos y una muestra de interés en Ezequías. Merodac-baladán envió cartas mediante mensajeros con un regalo para Ezequías. Fueron enviados bajo la suposición de que iba a ser una felicitación y buenos deseos por la recuperación de Ezequías. Ezequías había tomado la carta del asirio y la extendió delante del Señor. Aquí no lo hace, ya que no siente la necesidad. Esta era la carta más peligrosa de todas.

2. VERSÍCULO 2
   - Ezequías cometió el error de mostrar su plata y su oro, porque era inmensamente rico. La atención de Merodac-baladán alegró a Ezequías, y por eso abrió todo lo que tenía entre sus tesoros, y los mensajeros tomaron buena nota de ello. Más adelante, cuando el rey de Babilonia necesitó oro y plata, supo dónde acudir.

3. VERSÍCULO 3
   - Isaías sintió el peligro y acudió de inmediato con Ezequías para descubrir hasta dónde había llegado Ezequías con ellos. Ezequías no tuvo discernimiento del peligro que podría venir. Ahora puede ver, dramáticamente, el papel de un profeta.

4. VERSÍCULO 4
   - Isaías preguntó inmediatamente: "¿Qué les has mostrado?", y Ezequías dijo de forma orgullosa: "Todo".

5. VERSÍCULOS 5-7
   - Esta es una profecía que Isaías proclamó del parte del Señor y que se cumplió literalmente (ver 2 Reyes 24-25; Daniel 1).
   - La historia nos cuenta el cumplimiento de esta profecía, porque después de la captura de Jerusalén a manos de Nabucodonosor, fue pisoteada por los gentiles y continuará así hasta que el tiempo de los gentiles se haya cumplido. La cautividad de Babilonia es entonces realmente el comienzo de esa serie de cuatro monarquías que siguieron, una tras otra, donde Babilonia es reemplazada por los medo-persas, y estos, a su vez, por Grecia y después Roma.
   - Hay una verdad aquí que todos deberíamos aprender. ¿No nos ha dado Dios a todos, cosas preciosas en forma de "verdades"? ¿No hemos considerado esas verdades como nuestras y las hemos guardado?

¿Acaso muchas veces no hemos desarrollado una amistad con un tipo de espíritu de Babilonia que gobierna nuestro tiempo? ¿Acaso no hemos dicho: "Soy rico y tengo muchos bienes?".

6. VERSÍCULO 8
   - Esta parece una declaración extraña como para que la hiciera Ezequías. Estaba agradecido con que estas cosas no sucedieran en su época, pero ¿qué hay de sus hijos y nietos?
   - Esto pone fin a la sección histórica.

¿Cuánto recuerda?

1. ¿Qué se considera que es esta sección de Isaías (capítulos 36-39)?
2. Describa el carácter del rey Ezequías.
3. Recuerde las dos reacciones distintas de Ezequías a las dos cartas que recibió.
4. ¿Cómo responde Dios a la oración de Ezequías en el capítulo 38?
5. ¿Qué debilidad humana muestra Ezequías en el último capítulo?

Su tarea para la próxima semana:

1. Repase sus notas de esta lección.
2. Lea el capítulo 40 de Isaías.
3. Subraye su Biblia.

Lección 13. Notas

Lección 14
INTRODUCCIÓN A LA TERCERA SECCIÓN DE ISAÍAS Y CAPÍTULO 40

No podemos abordar esta última parte del libro de Isaías que habla tan clara y directamente de nuestro Señor, de sus sufrimientos y de la gloria que seguirá, sin temer haber fallado a la hora de discernir la intención del Espíritu de Dios cuando habla mediante su profeta Isaías. Sabemos que estamos a punto de entrar en un departamento de la Palabra divina de Dios en el que encontraremos tesoros de oro, plata y verdades preciosas, pero sin la luz y el liderazgo del Espíritu Santo no podremos encontrar esas verdades.

Con esto en mente, no veo muy necesario mostrar la unidad de todo el libro bajo la autoría de Isaías en ambas partes. Durante más de dos mil años no hubo ni un susurro de un "segundo Isaías", pero encontrará en muchos de nuestros comentarios modernos que cuando llegamos al capítulo 40 se menciona un "segundo Isaías".

En el siglo XVIII surgió una escuela de teólogos, principalmente de Alemania, con nombres que desde entonces se volvieron notorios, más que famosos, entre todos los que aman y veneran la Biblia. Nombres como Eichorn, Paulus, Hitzig, Nobel, y otros a quienes podemos clasificar entre los que constantemente causan un mundo de confusión para la persona laica promedio y también para algunos de nuestros teólogos. Justo antes del tiempo de su aparición en escena, surgieron hombres como Wesley, Whitfield y Watts, y muchos otros cientos de evangelistas habían recibido el mandato del Señor de cubrir toda la tierra con el evangelio de Cristo. Inmediatamente después de que estos evangelistas hubieran causado una atención mundial al nombre de Jesús, fueron enviados estos hombres con su veneno, marcados con tal evidencia de Satanás, luchando en contra, como es el caso cuando se experimenta un avivamiento. Su afirmación de conocimiento superior y un grado más elevado de entendimiento, por lo general, desenvolvió el paquete que hoy llamados "alta crítica".

Debemos ser justos con esos eruditos alemanes que son guiados por el Espíritu Santo y han hecho un gran trabajo, entre los que encontrará a hombres como Keil, Delitzsch, y otros.

Para nosotros, el claro testimonio de los profetas, apóstoles y escritores inspirados del Nuevo Testamento será lo único que necesitaremos. Juan el Bautista testificó de sí mismo en Mateo 3:3 diciendo: *"Pues éste es aquel de quien habló el profeta Isaías, cuando dijo: Voz del que clama en el desierto"*. Eso para mí no es un "segundo Isaías" o "el gran desconocido", sino el reconocido Isaías, el mismo que escribió los primeros treinta y nueve capítulos, y encontramos esa cita aquí en el capítulo 40.

Jesús mismo, de forma clara, confirmó lo genuino que era el libro de Isaías cuando lo citó en Lucas 4:17-21. Encontramos otras referencias en Mateo 8:17 y Juan 12:37-41. También encontramos un reconocido pasaje de las Escrituras en Hechos 8:26-40. Si estas palabras del libro de los Hechos que leyó el eunuco no son de Isaías, y si no predicen realmente los sufrimientos del Señor Jesús, y si son las palabras de un escritor desconocido, entonces debemos concluir que el eunuco habría sido engañado y se le habría enseñado una falsedad mediante una conspiración de al menos tres personas: el evangelista Felipe, el ángel del Señor y el Espíritu Santo de Dios. Pablo añade su voz a la verdad segura de Isaías en su carta a los Romanos, en 10:16-21. Afirmaremos entonces que Isaías es el único autor del libro que lleva su nombre. Isaías es el único nombre entre los hombres que, por su importancia, encaja en el contenido de esta segunda parte del libro de Isaías. El nombre *Isaías* significa "la salvación de Jehová". Estos capítulos, 40—66, podrían titularse, y así lo hacen, "la salvación de Jehová", y en estos capítulos la salvación se evidencia más claramente que en cualquier otra parte del Antiguo Testamento.

El descubrimiento de todo el rollo de la profecía de Isaías en la cueva 1 de Qumrán nos presenta un texto casi idéntico a la traducción del libro que tenemos en nuestras manos.

El entorno histórico de estos capítulos se puede recordar por un estudio del libro de Daniel. El entorno está a mitad del siglo VI a. C. y el rey persa, Ciro, era la gran figura en el horizonte de la política mundial (capítulo 44). Babilonia había sido la potencia mundial dominante, pero ahora estaba a punto de caer (capítulo 47). El pueblo cautivo de Israel en breve iba a ser liberado del exilio a manos de Ciro y se le iba a permitir regresar a Palestina (capítulo 45). Recordará que en los capítulos 2 y 7 de Daniel tenemos el orden de los imperios. Primero estaba Babilonia (Daniel 2:37-38; Daniel 7:1-4). El segundo era el imperio medo-persa (Daniel 7:5). El tercero era el imperio de Grecia (Daniel 2:39, 7:6). El cuarto era el imperio mundial de Roma (ver Daniel 2:40-43; 7:7).

El imperio asirio se debilitó y cayó en la última parte del siglo VII. Nínive, su capital, fue destruida por los medos y los babilonios en el año 612 a. C. Los babilonios, también llamados caldeos, rápidamente tomaron el imperio asirio y destruyeron Jerusalén y Judá en el 587 a. C. Con la muerte de Nabucodonosor, el gran rey de Babilonia, en el 561 a. C., ese imperio rápidamente se debilitó. Mientras tanto, el rey persa, Ciro, unió Media y Persia (el actual Irán), entró a Armenia y Asia Menor, y derrotó al ejército babilonio encabezado por Belsasar. Ciro fue, entonces, recibido en Babilonia por sus habitantes. Entre sus primeras acciones vemos los decretos que permitían regresar a sus hogares a los pueblos que habían sido desplazados de sus hogares. La versión hebrea del decreto para la liberación de los de Judea se encuentra en el capítulo 1 de Esdras, y otro decreto que permitía la reconstrucción del templo de Jerusalén se cita en Esdras 6. La reconstrucción del templo se terminó entre el 520 y el 515 a. C. bajo un gobernador llamado Zorobabel, un descendiente de David (ver Mateo 1:12-13).

Ahora tiene el contexto histórico de dónde estamos en las Escrituras, y quizá esto le ayudará a entender algunos de los personajes que estudiaremos en esta sección de las Escrituras. Estamos aquí en el contexto histórico de Ciro: Medo-Persia.

Esta es la segunda y última gran división de Isaías. Contrasta con la primera sección en que en la primera sección teníamos juicio y el justo gobierno de Dios. En esta sección tenemos la gracia de Dios, el sufrimiento y la gloria que siguen. La frase de apertura de *"consolaos"* establece el tono y el ritmo de esta sección de las Escrituras. El mensaje es ahora de consuelo y Dios se revela como el creador, salvador y sustentador.

En esta última sección se menciona a Isaías por nombre muchas veces, pero en este pasaje no se le menciona, como si fuera un discurso continuo. Así como Juan en Apocalipsis es transportado por el Espíritu Santo a escenas del futuro, también aquí el profeta es transportado por el mismo Espíritu al futuro de Israel y la venida del Mesías, e incluso a su muerte y plan de redención. Juan es el equivalente de Isaías. *Isaías* significa "la salvación de Jehová" y Juan significa "la gracia de Jehová". Así que ponga su mente a pensar como si estuviera estudiando Apocalipsis: todo profecía.

CAPÍTULO 40

Ahora echemos un vistazo al estudio versículo por versículo, comenzando con el capítulo 40. Los primeros capítulos del libro de Isaías estaban compuestos por el juicio y los ayes de Dios. Ahora encontramos al pueblo de Israel en el exilio y su nación destruida, el templo de Salomón en ruinas. Ellos se ven aparentemente derrotados mientras se sientan a orillas del río de Babilonia y lloran. En medio de ese sufrimiento y tristeza, el Señor envía al profeta Isaías con un mensaje de esperanza y seguridad. En estos capítulos, del 40 al 66, hay tres temas principales. En los capítulos 40 al 48 encontramos la promesa de la liberación. En los capítulos 49 al 57 está la revelación de Aquel que viene para liberarnos. En tercer lugar, en los capítulos 58 al 66, está el cuadro de un pueblo liberado después de haber pasado por las llamas purificadoras del castigo de Dios.

1. VERSÍCULO 1
   + Cuando el pueblo de Israel se da cuenta de su condición, han perdido su tierra, su templo de adoración ha sido destruido y parecen totalmente desamparados, Dios acude mediante el profeta Isaías y dice: *"Consolaos, consolaos, pueblo mío"*. Este es un maravilloso mensaje de consolación y ánimo.

- Notemos que el Señor dice *"pueblo mío"*. Hay mucho significado en esa afirmación porque Dios no puede dejar a los que son suyos porque Él es su Dios, su todo.

2. VERSÍCULO 2
   - Aquí encontramos una palabra de perdón. *"Hablad al corazón de Jerusalén; decidle a voces que su tiempo es ya cumplido, que su pecado es perdonado; que doble ha recibido de la mano de Jehová por todos sus pecados"*. Esta es una conversación de corazón a corazón entre Dios e Israel.
   - Observemos la frase *"que doble ha recibido de la mano de Jehová por todos sus pecados"*. ¿Significa esto que el Señor está siendo tan severo con ella que la está castigando doblemente? Claro que no. La Biblia es un libro oriental y las ilustraciones, por lo tanto, están tomadas del estilo de vida oriental. En esos tiempos, si un hombre estaba sumido completamente en una deuda y no era capaz de pagar, la costumbre era que un acreedor escribiera una declaración de su endeudamiento y clavara esa declaración en la puerta de la casa del deudor. Todo el que pasaba por allí sabría que ese era un hombre que estaba en bancarrota. La cantidad de la deuda estaba ahí para que todos la vieran, porque estaba escrita en un pergamino. Pero si el deudor tenía un amigo rico o alguien que pudiera pagarle la deuda, él iba al acreedor y le decía: "Estoy preparado para aceptar la responsabilidad de la deuda de este hombre y pagársela por completo". Entonces, de forma inmediata, el acreedor iba a la casa del deudor y cancelaba la cantidad de deuda que ponía en el pergamino, doblándolo y sellándolo a la puerta. El pergamino se doblaba *dos veces* y se sellaba. Ese es el sentido de *"doble ha recibido de la mano de Jehová por todos sus pecados"*.
   - Inmediatamente, este gran profeta evangélico nos presenta la idea de la cruz del Calvario donde el Señor Jesucristo fue hecho pecado por nosotros, pues *"Dios estaba en Cristo reconciliando consigo al mundo"* (2 Corintios 5:19). Notemos aquí una verdad importante. Isaías le dijo al pueblo que *"su pecado es perdonado"*, pero las consecuencias naturales del pecado, por lo general, permanecen. El castigo había que aceptarlo. Un hombre cosecha lo que siembra. David fue perdonado por la tragedia de la aventura amorosa que tuvo con Betsabé, y hasta el día que murió supo que había sido perdonado y limpiado por Dios, pero vivió durante el resto de su vida llevando las consecuencias de su pecado.

3. VERSÍCULO 3
   - A la voz del perdón le sigue de inmediato la voz de la liberación. Los escritores de los cuatro Evangelios se refieren a Isaías 40:3 como si estuviera relacionado con Juan el Bautista, el que vendría a preparar el camino para nuestro Dios.

4. VERSÍCULOS 4-5
   - Esta es la palabra de liberación.

     Todo valle sea alzado, y bájese todo monte y collado; y lo torcido se enderece, y lo áspero se allane. Y se manifestará la gloria de Jehová, y toda carne juntamente la verá; porque la boca de Jehová ha hablado.

   - Cuando Dios habla al corazón dando una palabra de perdón, solo es el preludio de una experiencia de su liberación. El perdón no es el final de la experiencia cristiana, sino solo el comienzo. El nombre de nuestro Salvador fue Jesús, no que Él nos salvará *en* nuestros pecados, sino que Él nos salvará *de* nuestros pecados.
   - El camino de regreso de Babilonia a Judá era como de unos treinta días de viaje a través del desierto, por montañas y valles. El viaje habría parecido imposible, pero cuando Dios toma una mano y se dispone a liberar, el mensaje del profeta es que todo monte y colina será rebajado, lo torcido será enderezado y los caminos rugosos serán allanados. Pero este sería un camino para nuestro Dios, y tiene un significado más importante que solo el regreso de Israel a Judá, porque en el versículo 5 la

gloria del Señor será revelada y toda carne verá esa manifestación. Era una situación similar cuando el bebé Jesús yacía en un pesebre en Belén. La gloria estaba ahí, pero estaba tan velada que no toda carne la veía, solo unos pocos pudieron traspasar el velo y ver y discernir *"(gloria como del unigénito del Padre), lleno de gracia y de verdad"* (Juan 1:14). Pero hoy, si alguien apareciera de repente con una gloria radiante y con los ejércitos acompañándolo, ¿podría la gente mirar a otro lado?

5. VERSÍCULOS 6-8
   - Aquí oímos una segunda voz con autoridad, y esta es la voz de Dios, y la voz dice: *"Da voces"*. Entonces Isaías responde con *"¿Qué tengo que decir a voces?"* (versículo 6). Entonces llega una parte de las Escrituras que es muy importante para todos nosotros. Notemos en el versículo 6: *"Que toda carne es hierba"*. Después en el versículo 8 *"Sécase la hierba, marchítase la flor; mas la palabra del Dios nuestro permanece para siempre"*. La hierba, mencionada aquí dos veces, es un emblema adecuado de la fragilidad del hombre. Cuando está en su mejor momento, es solo una brizna de hierba o una flor que se marchita y desaparece, comparado con la Palabra de Dios que habita y permanece para siempre. Tenemos en nuestra mano lo que habita para siempre y siempre. Pedro enfatiza esto en 1 Pedro 1:24-25. Por lo tanto, aquí, en los versículos 6 al 8, Isaías dio al pueblo una palabra de seguridad. Dios no depende del hombre o de los métodos, y ni una palabra de toda su buena promesa ha fallado nunca. La autoridad de la Palabra de Dios es algo sobre lo que puede poner su corazón a descansar con una seguridad y confianza absoluta.
   - Tras la palabra de perdón, a la que siempre le sigue otra palabra de liberación, tras la cual le sigue una palabra de seguridad, que es el fundamento de las Escrituras, encontramos una palabra de testimonio.

6. VERSÍCULO 9
   - Esta palabra de testimonio se ha oído muchas veces en presentaciones musicales. El sentido de esta palabra para el corazón del pueblo de Dios no era solamente para que escuchasen lo que Dios tenía que decir, sino para creerla, adueñarse de ella y hacer algo al respecto. Tenían que gritar con sus voces y no tener miedo, ¿y qué tenían que gritar? Lo encontramos aquí: *"¡Ved aquí al Dios vuestro!"*. No había disculpa alguna para el mensaje. No debía haber preocupación por la opinión popular; solo tenían que preocuparse de levantar su voz y no tener miedo.
   - Muy a menudo, muchos cristianos pierden la confianza en su mensaje, y a muchas personas les puede parecer que el cristianismo está luchando una batalla perdida. Encontramos en América el suave pedaleo de la Palabra de Dios porque el mensaje del evangelio a menudo no es real y vital para las vidas de los que profesan ser cristianos. Alce su voz, hable con la gente, no se avergüence de su mensaje, enséñelo y predíquelo. Y ¿qué debemos predicar?

7. VERSÍCULO 10
   - Vimos parte de lo que debemos predicar y lo que Israel tenía que proclamar en la última parte del versículo 9, y termina aquí en el versículo 10. Ellos y nosotros tenemos que decirle a la gente de forma brillante y vibrante: *"He aquí que Jehová el Señor vendrá con poder, y su brazo señoreará; he aquí que su recompensa viene con él, y su paga delante de su rostro"*.
   - Imagínese este mensaje entrando en el país de Babilonia, a un pueblo que sufre el castigo de Dios por sus pecados; y entonces se les dice estas palabras. Pero tiene un significado mucho mayor para nosotros. Este es un cuadro de la venida del Señor una segunda vez. Isaías no solo vio el futuro cercano, sino también el distante, incluso hasta el punto de describir el mensaje de Juan el Bautista.

8. VERSÍCULO 11
   - *"Como pastor apacentará su rebaño; en su brazo llevará los corderos, y en su seno los llevará; pastoreará suavemente a las recién paridas"*. Compare esto con el Salmo 23. El que viene es Emanuel: "Dios con nosotros".

- Aquí, su carácter se nos da como el de un tierno pastor. Cuando el Señor Jesús vino, tomó las varias frases declaradas por Isaías. Él dijo: *"Yo soy el buen pastor; el buen pastor su vida da por las ovejas"* (Juan 10:11, ver también 1 Pedro 2:25).
- Y así, como el tierno pastor, se le dibuja aquí en las buenas nuevas que Dios trae a Israel: el pastor que lleva las ovejas en su regazo y dirige tiernamente al rebaño. Este que viene tan tiernamente como el Buen Pastor, un hombre real, un hombre de total santidad, compasión y amor, es el Dios todopoderoso y omnipotente. El mensaje en estos versículos de Isaías apunta a un Hombre sobre una cruz y a la sangre que brotó de sus manos y su costado, y el mensaje dice: *"He aquí que Jehová el Señor"*.
- Si en su vida hay un desesperado sentimiento de fallo a pesar de todas sus profesiones de Cristo, de fe y de varias religiones, aquí viene para usted esta palabra de perdón de que todos los montes en su vida serán rebajados, todos los valles serán alzados y todos los lugares torcidos serán enderezados y los lugares rugosos allanados. Él hará esto por usted.

9. VERSÍCULO 12
    - Este versículo da inicio a la sección que habla de la grandeza de Dios como Creador. Notemos primero su omnipotencia. No creo que se haya escrito nunca un lenguaje tan majestuoso como el que encontramos aquí. Aquí está Dios respondiendo a un pueblo con una carga de culpa y un sentimiento de opresión, y veamos lo que les dice: *"¿Quién midió las aguas con el hueco de su mano y los cielos con su palmo, con tres dedos juntó el polvo de la tierra, y pesó los montes con balanza y con pesas los collados?"*.
    - La inmensidad del alcance de la mano del Dios todopoderoso es algo asombroso. Él nos hace ver que las grandes cadenas montañosas como las que conocemos en este país no son sino juguetes. Él las puede tomar y medir como un tendero puede pesar comida en una balanza. Vemos aquí la vastedad del alcance de Dios, que abarca todo este globo que llamamos la tierra, y puede sostener el océano en el hueco de su mano y las montañas en sus balanzas.

10. VERSÍCULOS 13-14
    - Ahora nos habla sobre la grandeza de su sabiduría.

        ¿Quién enseñó al Espíritu de Jehová, o le aconsejó enseñándole? ¿A quién pidió consejo para ser avisado? ¿Quién le enseñó el camino del juicio, o le enseñó ciencia, o le mostró la senda de la prudencia?

    - Él toma nuestra pequeña, miserable y quejicosa experiencia que protesta contra Él, y nos pone en su presencia, donde le oímos decir: *"¿Quién crees que me enseñó a hacer este gran universo?"*. Cuando miramos la sabiduría, el poder y la gloria de Dios, de algún modo nuestras quejas parecen hacernos sonrojar, y nuestros gruñidos por las cosas pequeñas nos hace querer esconder nuestro rostro de Él.

11. VERSÍCULO 15
    - Él no solo nos recuerda la vastedad de su alcance y la grandeza de su sabiduría, sino que también nos recuerda la insignificancia de las naciones cuando dice: *"He aquí que las naciones le son como la gota de agua que cae del cubo, y como menudo polvo en las balanzas le son estimadas; he aquí que hace desaparecer las islas como polvo"*.
    - La nación más grande, la más poderosa, la más idólatra y la más malvada son simplemente naciones que son como una gota que cae de un cubo.

12. VERSÍCULOS 16-17
    - Las naciones de la tierra quizá piensen que tienen problemas grandísimos, pero no son problema alguno para Dios. Notemos que todo el bosque del Líbano no serviría como un fuego para un holocausto, incluso si todos los animales del mundo fueran ofrecidos a Dios. Todo sería totalmente inadecuado. Solo en el sacrificio de Jesucristo, Dios puede encontrar satisfacción.

13. VERSÍCULO 18
    + Aquí el profeta contrasta a Dios con los ídolos. Ninguna imagen de Dios era permisible en el segundo mandamiento. ¿Por qué hace Él una pregunta como la que encontramos en el versículo 18?

14. VERSÍCULO 19
    + La respuesta a la pregunta en el versículo 18 se encuentra aquí en el versículo 19. Este pueblo en tiempos de pecado y desobediencia, cuando experimentan la mano castigadora de Dios, en vez de indagar en el corazón y arrepentirse, ¿qué hicieron? Fabricaron un dios a su propia medida, como encontramos en el versículo 19: *"El artífice prepara la imagen de talla, el platero le extiende el oro y le funde cadenas de plata"*. En otras palabras, él hizo el mejor trabajo posible, y lo pulió para que brillara. Dentro de esa imagen grabada no había oro, sino algo que se deslustra, pudre y deteriora.

15. VERSÍCULO 20
    + Algunas personas eran tan pobres que no se podían permitir el lujo de una de estas imágenes más finas, así que talaban un árbol y encontraban a un artesano para preparar lo que la Biblia llama una "imagen tallada", una que duraría mientras fuera humanamente posible. Así, ellos sustituyeron deidad por ídolos, vida por muerte, y al Dios vivo por religión.

16. VERSÍCULO 21
    + Dios comienza a hablarles sobre esta adoración a ídolos haciendo preguntas. Notemos las preguntas tan profundas que Él hace al pueblo de Israel porque han recibido instrucción que conocían, escucharon y deberían haber entendido.

17. VERSÍCULO 22
    + Aquí encontramos el versículo que nos dice que la tierra es redonda. Nada es nuevo bajo el sol, aunque muchos de nuestros antepasados pensaban que la tierra era plana y cuadrada. El trono de Dios está mucho más allá de la penetración de los telescopios más potentes porque el hombre es como una langosta.

18. VERSÍCULOS 23-24
    + Vemos aquí lo que les ocurre a las imágenes o ídolos que han sido adorados en lugar de nuestro Dios vivo. Esto es lo que ocurre cuando entramos al torbellino de vida y muerte para descubrir que cada sustituto que se pone en lugar de Dios es una absoluta farsa. Cuando Dios golpea en tiempos de torbellino, lo único que se encuentra es hojarasca.

19. VERSÍCULOS 25-30
    + Aquí hace de nuevo las preguntas sobre su santidad y su grandeza. Parte de la respuesta se encuentra en los versículos 28-30. Encontramos aquí algo de luz en este asunto de la queja. ¿Observa usted el contraste? El Dios eterno no desmaya, no se cansa; pero nosotros nos cansamos y desmayamos, no solo física y mentalmente, sino también espiritualmente. Conocemos el agotamiento total que trae sobre nuestros labios el indigno argumento con Dios. Todos nosotros desfallecemos, nos cansamos y nos desconcertamos, y después clamamos: "Señor, ¿por qué no hay liberación?". Pero Dios nunca se cansa ni desfallece. Deberíamos ver aquí algo de luz sobre el problema de nuestra falta de guía y liberación. Cuando cortamos la conexión entre Dios y nuestro caminar diario, entonces nos cansamos completamente.

20. VERSÍCULO 31
    + El Señor Dios nunca se cansa, y tras leer este versículo ¿puede ser que Él quiera que nosotros seamos como Él? Sí, lo quiere. El propósito de la redención es cambiar nuestra naturaleza y ayudarnos a comenzar a crecer a la imagen del Señor Jesucristo. Parece haber un extraño orden de sucesos aquí en este versículo.

- Notemos: *"levantarán alas... correrán... caminarán"*. Este orden es contrario a cómo aprendemos a movernos, a progresar de caminar a correr y entonces, algún día, el Cuerpo de Cristo participará en algún maravilloso viaje espacial cuando Jesús regrese. Caminar, correr, desmayar, ¡no! Caminar, correr, levantar, ¡no! Dios dijo que primero levantarán alas, después correrán, y luego caminarán y nunca desmayarán. Ese es el orden del cielo. ¿Por qué? Los que esperan en el Señor levantarán alas hasta lugares celestiales en Jesucristo, y ocuparán su lugar donde Dios los ha puesto, con su corazón en el cielo y sus pies en la tierra.
- Algunos han asemejado este versículo a las tres etapas del crecimiento cristiano que encontramos en 1 Juan 2:12-14, que son:
    a. El joven cristiano levantará alas como un águila.
    b. El cristiano adulto correrá.
    c. El cristiano maduro caminará.
- Los caminos de guía y liberación están abiertos para nosotros si estamos preparados para dejar de argumentar con Dios y volvernos de todo corazón a Él.
- No lo olvide, todo este capítulo se declara a un pueblo en el exilio, el pueblo de Dios, Israel, pero tiene un profundo significado sobre nosotros porque Isaías pudo ver el futuro inmediato para Israel, y estoy seguro de que él pudo ver también el futuro distante en el que estas palabras afectarían nuestras vidas día a día.

¿Cuánto recuerda?
1. ¿Cómo se titulan estos capítulos (40-66)?
2. Recuerde el contexto histórico de esta siguiente sección de las Escrituras.
3. ¿Cuál es el estado del pueblo de Israel en el capítulo 40?

Su tarea para la próxima semana:
1. Repase sus notas de esta lección.
2. Lea los capítulos 41, 42 y 43 de Isaías.
3. Subraye su Biblia.

Lección 14. Notas

Lección 15
CAPÍTULOS 41, 42 y 43

CAPÍTULO 41

Este capítulo es el gran capítulo de los YO de la Biblia. Solamente en estos versículos aparece catorce veces, donde Dios refuerza su autoridad con esta promesa: "Yo".

Echemos un vistazo rápido primero a estos "Yo" y deleitémonos en ellos, y pidámosle a Dios que los haga una realidad para cada uno de nosotros en lo personal. Leamos detalladamente.

- Hay tres de ellos en el versículo 10: *"Yo…te esfuerzo…te ayudaré…te sustentaré"*.
- Versículo 13: *"Yo…soy…quien te sostiene de tu mano…yo te ayudo"*.
- Versículo 14: *"Yo soy tu socorro"*.
- Versículo 15: *"Yo te he puesto por trillo"*.
- Versículo 17: *"Yo Jehová los oiré…no los desampararé"*.
- Versículo 18: *"en las alturas abriré ríos…abriré en el desierto estanques de aguas"*.
- Versículo 19: *"Daré en el desierto cedros…pondré en la soledad cipreses"*.
- Versículo 27: *"Yo…a Jerusalén daré un mensajero de alegres nuevas"*.

Cuando Dios dice que hará algo, lo dice con toda la autoridad y omnipotencia. Él ha previsto cada dificultad y cada obstáculo que puedan llegar. Él ha anticipado cada posible contingencia. Él conoce la debilidad de aquel a quien hace su promesa y aun así dice que lo hará.

No es de extrañar, por lo tanto, que tres veces en este capítulo haya una palabra de ánimo en los versículos 10, 13 y 14: *"No temas"*.

Durante el estudio de este capítulo no lo haremos en orden consecutivo como lo hemos hecho en otros capítulos. Enseñaremos un versículo y después veremos si otros versículos del capítulo arrojan más luz sobre ello. Por lo tanto, debemos leer toda la lección para entender el significado de Dios del capítulo 41.

1. VERSÍCULO 1
   - Aquí, el Dios todopoderoso llama a los confines de la tierra para una consulta para zanjar finalmente un asunto, y la prueba que se propone es muy simple. Los dioses de las naciones paganas están invitados a predecir eventos del futuro, o a mostrar que tenían entendimiento de los eventos de días de antaño.
   - Encontramos esto expuesto en detalle en los versículos 21 y 22:

   Alegad por vuestra causa, dice Jehová; presentad vuestras pruebas, dice el Rey de Jacob. Traigan, anúnciennos lo que ha de venir; dígannos lo que ha pasado desde el principio, y pondremos nuestro corazón en ello; sepamos también su postrimería, y hacednos entender lo que ha de venir.

   Este es el reto de alguien que afirma ser omnipotente dirigido contra todo aquel que afirme ser digno de la adoración de otro, y dice en esencia: "Muy bien, entonces preséntate ante mí".

2. VERSÍCULO 2
   - Hay alguien a quien se alude en este versículo, pero básicamente notará que Jehová demuestra su capacidad para hacer las cosas que reta a hacer a otros dioses.
   - En cuanto al pasado, Él ha levantado a uno del oriente a quien llamó justo. La mayoría de los escritores lo llamarán Ciro, pero este en el versículo 2 no encaja con la descripción de Ciro en modo alguno. Esta referencia es a Abraham. Él *"lo llamó para que lo siguiese…y le hizo enseñorear de reyes"*.

- En cuanto al futuro, en el versículo 25 dice que Él llamaría a uno del norte que sacaría a su pueblo de la cautividad. Esta es una referencia a Ciro, rey de Persia.
- Así, Dios demostró su capacidad para explicar el pasado y para predecir el futuro, y no tiene miedo de enfrentarse a todo el mundo y desafiar a cada ídolo a hacer lo mismo. Dios sigue estando en el trono.

3. VERSÍCULOS 5-7

- El resultado de este desafío fue una gran conmoción. El temor golpeó al pueblo cuando se acercaron, y como Dios iba a juzgar lo bueno y lo malo, encontraremos una imagen muy gráfica de las reacciones de la gente en el versículo 7.
- En la emergencia, muchos acudieron a hacer un ídolo temporal siguiendo su renuncia a volverse al Señor. Pulieron laboriosamente sus dioses dilapidados e hicieron otros nuevos, decididos a hacer su mejor representación posible sobre su adoración de ídolos. Pero cuando se vieron ante el Señor Dios, los ídolos eran mudos, ninguno podía hablar, ninguno de ellos tuvo ni una palabra que decir con respecto al tema que les dieron.
- Cuando el Señor los miró en los versículos 28 y 29, declaró que no había consejero que pudiera responder palabra: *"He aquí, todos son vanidad, y las obras de ellos nada; viento y vanidad son sus imágenes fundidas"* (versículo 29). No tenían respuesta al desafío de la omnipotencia.
- Esto no habla meramente de la historia judía, sino también del cristianismo contemporáneo en el que la iglesia está hoy en medio de un tremendo campo de batalla. El conflicto espiritual experimentado hoy es exactamente de la misma naturaleza y del mismo carácter que encontrará dibujado aquí en el capítulo 41. El asunto está aún sin resolver en las mentes de los hombres, aunque se zanjó eternamente en la mente de Dios. El mundo está esforzándose todo lo que puede por montar el mejor espectáculo posible sobre su adoración a la criatura en vez de al Creador. Su adoración es más la condescendencia de la cáscara de la religión que postrarse en sumisión ante una cruz vacía, un trono ocupado y el Rey de reyes en gloria.
- Esta tremenda batalla espiritual entre Dios y los que desafían su autoridad está llegando rápidamente a un clímax en el que Él demostrará su autoridad de una vez por todas, y todo el mundo se postrará ante el trono de Dios en reconocimiento de que Él es el Rey de reyes.
- Aquí entonces, en estas personas, la Iglesia, Dios ha de manifestar su gloria a cada ídolo, cada pagano, cada individuo, y les revelará que sin duda Él es omnipotente y sus intereses están en su pueblo. Si esto es así, ¿qué espero encontrar con respecto a su pueblo? Ellos deben ser investidos de mucho poder para soportar tales días, y presumiblemente vamos a encontrarlos en lugares altos e influyentes. Esperaríamos encontrarlos en posesión de una gran habilidad y talento, posiblemente en posesión de una gran cantidad de bienes terrenales, hombres que son capaces de encontrarse con hombres de su nivel intelectual y responderles. En pocas palabras, hombres de alguna prominencia. ¿Encuentro al pueblo de Dios ahí? Yo, al menos, no.
- Isaías 41:17 los describe como pobres y necesitados. Buscan agua y no la encuentran. Las alturas están desnudas, y los valles sin pasto. Su viaje los lleva por el desierto. Son tan indefensos como un débil y retorcido gusano (versículo 14). Es entre personas así donde Dios encuentra a los suyos, no entre los sabios o los prudentes, sino entre los bebés. No entre los altos y poderosos, sino entre los humillados y desconocidos, los don nadie. Así es como el apóstol Pablo describió a los cristianos en 1 Corintios 1:26-29:

> *Pues mirad, hermanos, vuestra vocación, que no sois muchos sabios según la carne, ni muchos poderosos, ni muchos nobles; sino que lo necio del mundo escogió Dios, para avergonzar a los sabios; y*

lo débil del mundo escogió Dios, para avergonzar a lo fuerte; y lo vil del mundo y lo menospreciado escogió Dios, y lo que no es, para deshacer lo que es, a fin de que nadie se jacte en su presencia.

- Son personas así en las que Dios está interesado, y son estas personas mediante las cuales Él obra. La mayor bendición para el Señor es el hombre que es pobre de espíritu, perseguido, vacío, que sufre y tiene hambre de Dios. A tal hombre le dice: *"Yo soy tu Dios que te esfuerzo"*. Y entonces Él se acerca aún más y dice: *"siempre te ayudaré"*; hasta le pone su brazo alrededor y le dice: *"siempre te sustentaré con la diestra de mi justicia"* (versículo 10).

- Todos nosotros en algún momento nos sentimos como si hubiéramos sufrido mucho más de lo que debiéramos. Escuchemos la voz de nuestro Señor amoroso cuando dice con toda autoridad: *"Yo estoy contigo"*. Él sabía lo que ocurriría, Él lo vio de antemano y lo permitió, porque nada ha ocurrido jamás en las vidas de su pueblo sin que primero haya pasado por su presencia. El Buen Pastor va delante de sus ovejas.

4. VERSÍCULOS 14-15
   - Él está con nosotros no solo en identidad y en compasión, sino que está con nosotros con un poder transformador.
   - Lea el versículo 15, el Señor habla al *"gusano de Jacob"*, y después dice: *"yo te he puesto por trillo, trillo nuevo, lleno de dientes"*. No conozco a ningún otro salvo el Creador mismo que pueda tomar un gusano y hacerlo afilado con dientes. Dios puede hacer eso.

5. VERSÍCULOS 18-20
   - Debemos recordar que, en palabras de Pablo, hemos sido hechos espectáculo para el mundo (ver 1 Corintios 4:9). Así es como Dios trata con su pueblo para que sea un testimonio a fin de que puedan mostrar su grandeza y su amor.
   - Sí, Él nos hace así y nos pone en todo esto, pero lo que parece ser un desierto en la mente de un espectador se ha convertido en el jardín del Señor en el alma.

Por lo tanto, en este capítulo vemos a Dios tratando con individuos en los versículos 1-6 y luego tratando con Israel en los versículos 7-20, y después tumbando y derrocando los ídolos en los versículos 21-29.

La confusión es el resultado final de la idolatría o cualquier filosofía que sea anti Dios o atea. No tiene una respuesta para los problemas de la vida. Los sistemas hechos por hombres no pueden satisfacer el corazón humano. La respuesta se encuentra en *"un mensajero de alegres nuevas"* (versículo 27).

CAPÍTULO 42

Parece imperativo que descubramos y distingamos entre los dos distintos siervos mencionados en este capítulo.

El Mesías, Jesús, aparece definitivamente en los versículos 1-7. En Mateo 12:17-21 hay una aplicación de esta profecía a Jesucristo. En Marcos 1:1-13 vemos el comienzo del Evangelio que se remonta a Isaías 40. Recordará que en Isaías 40 se nos presenta a este precursor que a su vez nos presenta al Mesías. En Marcos, él es el siervo de Dios (ver Marcos 10:45). Como Marcos enfatiza la humanidad de Jesús, parece que el carácter de siervo de este Mesías se da para describir a Jesús, el hombre. Él se identificó a sí mismo con la nación de Israel para poder convertirse en el representante de esa nación como un siervo. Se dice de Jesús que *"tomando forma de siervo, hecho semejante a los hombres"* (Filipenses 2:7). Está bien volver a enfatizar que cuando Jesús se hizo hombre, no solo se identificó con toda la humanidad, sino que también específicamente se identificó Él mismo con la nación de Israel: *"y de los cuales, según la carne, vino Cristo"* (Romanos 9:5). Como el siervo de Jehová, fue obediente a la voluntad del Padre. Él no obedeció a los hombres.

En este capítulo encontraremos un amplio bosquejo como este:
- ✦ El siervo de Jehová – Jesús – versículos 1-7
- ✦ La denuncia de los ídolos – versículos 8-17
- ✦ El otro siervo en este capítulo – la nación de Israel – versículos 18-25

Antes de empezar, identifiquemos algunas de las palabras al comienzo de este capítulo en el Nuevo Testamento. Vaya a Mateo 12:14-21. No tenemos problema en identificar a Aquel a quien se hace referencia aquí en los primeros versículos de Isaías 42. Todo gira alrededor de nuestro bendito Señor.

1. VERSÍCULO 1
   - ✦ Las palabras *"he aquí"* son un toque de corneta para captar nuestra atención y que fijemos nuestros ojos en Jesús. Nos recuerda a Hebreos 3:1: *"considerad al apóstol y sumo sacerdote de nuestra profesión, Cristo Jesús"*. Considere a Jesús como el tema de esta sección. Es "mirar a Jesús" lo que nos librará de todas las actuales formas de idolatría.
   - ✦ *"Mi siervo"* es el título descriptivo que establece el tono de esta nueva sección de Isaías. El carácter de siervo de Cristo se vuelve dominante y preeminente en esta última sección de Isaías. Aquí vemos a Cristo en el papel de un siervo.
   - ✦ Recordará que el capítulo anterior dibujaba una viva imagen del conflicto que hay constantemente y que continúa entre las fuerzas de la justicia y las fuerzas del mal. Ese capítulo concluía con una declaración de total desesperanza por parte de los hombres: *"He aquí, todos son vanidad, y las obras de ellos nada; viento y vanidad son sus imágenes fundidas"* (Isaías 41:29).
   - ✦ Como contraste vemos: *"He aquí mi siervo"*. Cuando todo lo demás falle, será el tiempo de mirar arriba y contemplar al Cordero de Dios.
   - ✦ Notemos en el primer versículo lo que se dice de Cristo: *"mi siervo, yo le sostendré"*. Parece como si se nos presentaran por un momento los concilios sagrados de la Deidad, y oyéramos al Padre decirle al Hijo: *"Mi siervo, he aquí a quien yo sostendré"*. Este versículo también nos dice que Él es alguien sobre el que mora el Espíritu de Dios en toda su plenitud. Por lo tanto, este Dios que es de confianza, sostenido, amado y ungido en el cielo, es el que no puede fallar. Él traerá juicio a las costas (islas) y a los confines de la tierra.

2. VERSÍCULO 2
   - ✦ Nosotros siempre vamos a la carrera, mientras que Dios nunca tiene prisa. Nosotros a menudo somos muy ruidosos mientras que Él es callado y tranquilo. Este versículo dice: *"No gritará, ni alzará su voz, ni la hará oír en las calles"*. El Señor no necesita fanfarria, pompa o esplendor, ni talento ni aprendizaje especial. Él trabaja en silencio. Deberíamos ver que nuestro Señor es un perfecto caballero y que nunca fuerza su voluntad o atención sobre aquellos que lo resisten.

3. VERSÍCULO 3
   - ✦ Este versículo se cita en Mateo 12:20. El siervo de Jehová, Jesucristo, es grande en misericordia hacia su pueblo. En Mateo 12 encontramos que el Señor Jesús estaba siendo asaltado por los escribas y fariseos, pero rehusó entrar en controversia con ellos. Ellos eran solamente cañas cascadas y pábilos que humean. Si Él hubiera escogido hacerlo, podría haberlos roto en pedazos, pero no vino para acabar con el pecado mediante discusiones o fuerza, sino más bien a expulsarlo poniendo la verdad y la justicia en su lugar.
   - ✦ Observemos Mateo 12:20: *"La caña cascada no quebrará, y el pábilo que humea no apagará, hasta que saque a victoria el juicio"*. En otras palabras, cuando Él envía el juicio a la victoria, ese será el fin de cada caña cascada y cada pábilo humeante, porque los hipócritas, los fariseos, los formalistas y todos los demás enemigos entonces se acabarán. Ese es el principal sentido de estas palabras, y de ellas haríamos bien en aprender que la mejor forma de luchar contra el error es mostrando la verdad. Si

usted ve un palito torcido delante de usted, no tiene que comenzar a demostrar a los demás lo torcido que está, pues es algo que ellos pueden ver. Ponga junto al palo torcido uno que esté derecho, y la rectitud de uno reprende la torcedura del otro. Si quiere permanecer contra el pecado, viva a Cristo; si quiere reprender el error, viva la verdad. Esta es la lección a aprender de las palabras del Señor.

- Hay otro significado aquí, sin embargo. Una caña cascada es algo que ha sufrido un daño. No está rota del todo ni es algo que no se pueda reparar, pero está cascada. Un pábilo humeante es algo que está casi apagado, pero no del todo. Hay una chispa en algún lugar, porque aún echa humo. En el caso del pábilo humeante, si se le permite continuar se convertirá en llamas.

- ¿Qué es una caña cascada? ¿Era una pequeña planta debajo del talón de un hombre? ¿O una flauta hecha de un palo? La analogía es algo así. Cuando una vida está aplastada y pisoteada, el Señor Jesús toma esa vida y la recompone, y entonces esa vida puede hacer un sonido de gozo y alabanza.

- El pábilo humeante o mecha es una mecha muy poco encendida que no llega a ser una llama. ¿Alguna vez ha visto a un hombre o una mujer casi sin esperanza en su vida? Quizá hay solo una chispa de esperanza y entonces el Señor se pone al lado de esa persona y derrama el aceite del Espíritu Santo. Esa persona deja de ser más una mecha apenas encendida, para convertirse en un fuego porque el Señor ha añadido nueva vida y nuevo sentido.

4. VERSÍCULO 4
   - Este versículo se aplica a nuestro Señor: *"No se cansará ni desmayará"*. Este versículo se puede comparar de nuevo con 12:20.

5. VERSÍCULO 5
   - Dios hace descansar su autoridad sobre el hecho de que es el Creador.

6. VERSÍCULO 6
   - Jesús es la luz del mundo. Específicamente, Él es la luz para los gentiles. Notemos en el versículo 1 que Él traerá juicio para los gentiles y después aquí, en el versículo 6, es una luz para los gentiles. Los profetas conectaron a los gentiles con Cristo de una triple manera:
     a. Primero, como luz, Él trae salvación a los gentiles (ver Lucas 2:32; Hechos 13:47).
     b. Segundo, como "la raíz de Isaí" (Romanos 15:12), Cristo, reinará sobre los gentiles en su reino milenial (ver Isaías 11:10). La salvación de los gentiles es el elemento distintivo de esta era actual (Efesios 2:11-12).
     c. Tercero, los creyentes gentiles durante esta era de la iglesia, junto a los creyentes judíos, constituyen *"la iglesia, la cual es su cuerpo"* (Efesios 1:23).
   - Recuerde que los profetas no entendieron las grandes predicciones del Mesías sufriente, el significado de su muerte, la institución de la iglesia, porque todo eso estaba escondido en el corazón y la mente de Dios. Ellos meramente captaron un destello de lo que sería, pero no conocieron su pleno significado.

7. VERSÍCULO 7
   - Cristo abriría los ojos y sacaría a los prisioneros de la cárcel y daría luz a los que estaban en tinieblas. Él hizo estas cosas en su primera venida.

8. VERSÍCULO 8
   - Aquí comenzamos la sección de las Escrituras donde el Señor Dios habla a Israel sobre quién es Él y les enseña de nuevo con respecto a los ídolos. Dios nunca comparte su gloria esencial con ninguna otra criatura. Hay una gloria que Él nos da en su iglesia, que se encuentra en Juan 17:22: *"La gloria que me diste, yo les he dado, para que sean uno, así como nosotros somos uno"*. Dios nunca permite que ninguna criatura tome su lugar como Dios en los afectos y devociones de sus criaturas.

- En el versículo 8 Él declara quién es, y después dice: *"y a otro no daré mi gloria, ni mi alabanza a esculturas"*.

9. VERSÍCULO 9
    - Las *"cosas primeras"* del versículo 9 hacen referencia a la predicción de Isaías de la invasión de Senaquerib y sus resultados, descritos en Isaías 10 y también en Isaías 37. Como las cosas primeras han sucedido, el Señor también dijo que Él iba a declarar cosas nuevas antes de que sucedieran. Solo Dios puede predecir el futuro con precisión.

10. VERSÍCULOS 10-12
    - Isaías pide aquí la alabanza del pueblo hacia el Señor Dios, y Dios no excluye a ningún segmento de la sociedad. Él incluso declara que todos los que están en el desierto, como las aldeas de Cedar, que es una ciudad desierta, incluso los que viven en las montañas deberían cantar y dar gloria al Señor.
    - Notará en el versículo 12 la palabra *"costas"*. Esta palabra aparece también en los versículos 4 y 10. Literalmente significa "las orillas bañadas por el mar", y se refiere a los continentes donde moran todos los gentiles.

11. VERSÍCULOS 13-20
    - Aquí empezamos un pasaje que describe el castigo de Israel. En el entorno adecuado, este es el Señor tratando con Israel a través de su siervo Jesucristo. Notemos en el versículo 13 que Él gritará, voceará y se esforzará.
    - Después en el versículo 14 tenemos las palabras del Señor Dios mismo, y esto continúa hasta el versículo 20. Esto se explica realmente por sí solo, con una excepción que deberíamos ver en el versículo 19.
    - En el versículo 19 encontramos al otro siervo de este capítulo: Israel. Tras las palabras de castigo del Señor para Israel, después lo resume todo diciendo: *"¿Quién es ciego, sino mi siervo? ¿Quién es sordo, como mi mensajero que envié? ¿Quién es ciego como mi escogido, y ciego como el siervo de Jehová?"*. En otras palabras, quién es más ciego que los que no deberían estar ciegos, como mi siervo que me conoce: Israel. Ellos han visto y oído muchas cosas, y sin embargo no han visto ni oído nada, según el versículo 20.

12. VERSÍCULOS 21-25
    - Como continuación de lo que el Señor Dios ha dicho, Isaías dice que el Señor magnificará la ley y la hará honorable.
    - En el versículo 24, ¿quién dio a Jacob o Israel en botín? ¿No fue el Señor? Isaías continúa con sus comentarios críticos hacia la nación de Israel hasta el final del capítulo 42, pero la escena cambia al entrar en el capítulo 43.

CAPÍTULO 43

En este capítulo veremos a la nación escogida redimida y restaurada. Veremos la fidelidad de Dios con Israel. Secciones en las Escrituras como esta hacen que la incredulidad sea equivalente a negar que Dios no tiene más propósito con la nación de Israel. No hay un dolor mayor que la tendencia a identificar a Israel con la Iglesia y a la Iglesia con Israel. Tal interpretación de la Biblia lleva al estudiante a una conclusión como la del liberal que dice que el libro está lleno de confusión.

1. VERSÍCULOS 1-7
    - La fidelidad de Dios con Israel es una de las promesas primordiales en las Escrituras de la que podemos depender. Esto se muestra en los versículos 1-7.
    - El propósito soberano de Dios para Israel es su promesa incondicional que hizo con Abraham, y que Él vuelve a enfatizar a lo largo del Antiguo Testamento.

2. VERSÍCULOS 8-10
   - Dios como Creador opera por gracia en sus tratos con su pueblo. Ellos están ciegos y sordos aunque tienen ojos y oídos. Dios puede hacerlos ver y oír. Si todas las naciones están juntas y si tienen dioses que creen que son superiores, dejen que los traigan y veamos si pueden predecir el futuro, y por supuesto no pueden. Dios nunca reconoce a un ídolo o a nadie que crea que es igual a Dios porque solo Él es Dios.

3. VERSÍCULO 11
   - Del mismo modo, Él no reconoce a nadie en los asuntos de la salvación. Si no hay otro salvador que no sea Dios y si Jesús es ese Salvador, entonces Jesús es Dios.

4. VERSÍCULO 12
   - Cuando el pueblo de Dios elimine la idolatría, entonces Dios se moverá y salvará. Israel fue testigo para todo el mundo en un mundo de muchos dioses. Tenían que dar testimonio de la unidad de la Deidad. La Iglesia debe dar testimonio de la trinidad de la Deidad.

5. VERSÍCULO 13
   - La palabra *"estorbar"* significa obstaculizar. Dios está ante toda la creación. El tiempo es una "cosa creada". Ninguna criatura puede escaparse de la mano de Dios o escapar de su alcance.

6. VERSÍCULOS 14-15
   - La destrucción final de Babilonia está presagiada, y la encontramos en la palabra *"caldeos"*. Seguro que es inevitable que la nación de Israel sea el enfoque. Dios asume la responsabilidad de haberlos hecho existir.
   - Todo grupo o persona antisemita debería meditar en esta frase *"Creador de Israel"*.

7. VERSÍCULOS 16-19
   - Primero, encontramos una referencia al cruce del Mar Rojo en los versículos 16-17.
   - Entonces, en los versículos 18 y 19 encontramos que la razón para el olvido fue porque lo nuevo opacaría tanto a lo antiguo que se volvería insignificante. La pequeña vela produce una luz que se observa bien en la oscuridad de la noche, pero el sol al mediodía la anula aunque esta siga brillando. La cosa nueva mencionada aquí es la forma milagrosa en que Dios volverá a reunir a Israel.

8. VERSÍCULOS 20-22
   - Esto habla de la forma en que Dios preservará y devolverá a Israel a su propia tierra, y también habla del propósito eterno de Dios con la nación de Israel. Ellos se han olvidado, y se habían olvidado de Dios, pero su actual condición no es un barómetro para lo que Dios hará por ellos en el futuro.

9. VERSÍCULOS 23-24
   - Ellos han fallado en llevar los sacrificios que miraban al sacrificio de Cristo en la cruz. Estaban tentando a Dios a tener comunión con ellos como pecadores declarados que no reconocieron sus pecados. Todo esto hizo que Dios se *"fatigara"*.

10. VERSÍCULO 25
    - Su negligencia a la hora de ofrecer lo que era típico de la muerte de Cristo no alteraría el plan de Dios de enviar a Cristo a morir para que el pecado pudiera ser eliminado para quienes lo aceptan a Él.

11. VERSÍCULO 26
    - Este versículo nos recuerda a Isaías 1:18.

12. VERSÍCULO 27
    - Esta es una alusión a Abraham. Ciertamente, las Escrituras narran sus fallos y sus pecados. Solo tenemos que mencionar el asunto de su mentira al faraón acerca de su esposa Sara. El término *"tus*

enseñadores" significa "intérpretes". Los que interpretaron a Dios para la gente tenían faltas y pecados, como Sansón, Samuel y David.

13. VERSÍCULO 28
    + Su actual condición es un juicio de Dios, pero no es el estado final para Israel.

¿Cuánto recuerda?

1. Tras su negativa a mirar al Señor, ¿cómo respondió el pueblo en una emergencia según vemos en el capítulo 41?
2. ¿Con qué tres grupos está tratando Dios en el capítulo 41?
3. ¿Cómo se describe a Cristo al comienzo del capítulo 42?
4. ¿Qué podemos vislumbrar del ejemplo de Cristo en el capítulo 42:3 sobre luchar contra lo que es erróneo?
5. ¿Quién es el otro siervo en el capítulo 42?

Su tarea para la próxima semana:

1. Repase sus notas de la lección.
2. Lea los capítulos 44, 45, 46, 47 y 48 de Isaías.
3. Subraye su Biblia.

Lección 15. Notas

Lección 16
CAPÍTULOS 44, 45, 46, 47 y 48

CAPÍTULO 44

Este capítulo continúa el tema del último capítulo. Sin embargo, el último capítulo termina con la mención directa de un juicio venidero. Este capítulo pasa directamente a la luz del reino venidero. Ese es el tiempo en el que el Espíritu Santo será derramado sobre toda carne. Este capítulo incluye una sátira brillante y amarga contra la idolatría. Este es el tema recurrente de esta sección de las Escrituras. El corazón humano tiene su propia forma de apartarse de Dios para acudir a varios ídolos. En la actualidad no vamos tras imágenes talladas, pero cualquier cosa a la que se entregue una persona en vez de entregarse al Dios verdadero, es un ídolo. He mencionado esos ídolos en capítulos previos, pero para reforzarlo, podemos hacer un ídolo del dinero, la fama, el placer, el sexo, el alcohol, la adoración a uno mismo, e incluso los negocios y la familia.

El punto álgido de la controversia o argumento del profeta contra la idolatría llegará en el capítulo 46. Ahí tendremos la ocasión de considerar este tema aún más y de examinar la verdadera distinción entre Dios y los ídolos.

El último versículo del capítulo 44 obviamente debería formar parte del capítulo 45, y de nuevo, es un buen ejemplo de los errores que se cometieron al dividir los capítulos. Las divisiones de los capítulos no tienen nada que ver con la inspiración de las Escrituras. Aquí veremos que el último versículo tiene que ver con Ciro y pertenece legítimamente al capítulo 45.

1. VERSÍCULO 1
   - La nación de Israel aparece aún designada como un siervo, como veremos aquí, así como en los versículos 2 y 21 de este capítulo. Aprendimos esto también en Isaías 42:18–25.
   - Notemos también aquí en el versículo 1 el doble nombre dado a la nación: Jacob e Israel.

2. VERSÍCULO 2
   - Aquí el Señor Dios añade otro nombre a Israel y Jacob, y ese nombre es *Jesurún*, que significa "el recto". Este nombre se corresponde con Israel, pero contrasta con *Jacob*, que significa "el torcido". Jesurún aparece primero en Deuteronomio 32:15 y 33:5, 26, y aparentemente es sinónimo de Israel.

3. VERSÍCULO 3
   - Aquí tenemos la promesa de Dios de derramar su Espíritu sobre Israel. Eso aún no ha sucedido y no se debe confundir con el día de Pentecostés. Este pasaje de Isaías 44:3 se corresponde con Joel 2:28–32:

   Y después de esto derramaré mi Espíritu sobre toda carne, y profetizarán vuestros hijos y vuestras hijas; vuestros ancianos soñarán sueños, y vuestros jóvenes verán visiones. Y también sobre los siervos y sobre las siervas derramaré mi Espíritu en aquellos días. Y daré prodigios en el cielo y en la tierra, sangre, y fuego, y columnas de humo. El sol se convertirá en tinieblas, y la luna en sangre, antes que venga el día grande y espantoso de Jehová. Y todo aquel que invocare el nombre de Jehová será salvo; porque en el monte de Sion y en Jerusalén habrá salvación, como ha dicho Jehová, y entre el remanente al cual él habrá llamado.

   - Obviamente, todas estas cosas no se cumplieron en Pentecostés. De hecho, ninguna de estas cosas se cumplió. Lo único que Pedro dijo fue que era similar a lo que Joel había prometido (el contexto de Joel está todo en el futuro):

Mas esto es lo dicho por el profeta Joel: Y en los postreros días, dice Dios, derramaré de mi Espíritu sobre toda carne, y vuestros hijos y vuestras hijas profetizarán; vuestros jóvenes verán visiones, y vuestros ancianos soñarán sueños; y de cierto sobre mis siervos y sobre mis siervas en aquellos días derramaré de mi Espíritu, y profetizarán. Y daré prodigios arriba en el cielo, y señales abajo en la tierra, sangre y fuego y vapor de humo; el sol se convertirá en tinieblas, y la luna en sangre, antes que venga el día del Señor, grande y manifiesto; y todo aquel que invocare el nombre del Señor, será salvo. (Hechos 2:16–21)

- El Espíritu no se derramó sobre *toda carne* en Pentecostés. Después de dos mil años, aún no ha ocurrido el *"toda"*. Será en el reino del que tanto Joel como Isaías hablaron. Encontrará esto descrito con mucho más detalle en mis notas sobre Isaías 32:15.

4. VERSÍCULO 4
   - Esto habla de dar fruto al cien por ciento en el reino de Cristo.

5. VERSÍCULO 5
   - La nación de Israel confesará que pertenecen a Jehová en ese día. Él no se avergonzará del humilde nombre de Jacob, y algunos incluso se apropiarán del orgulloso nombre de Israel.

6. VERSÍCULO 6
   - Esta es una afirmación con respecto al monoteísmo. Notemos el título que Dios reclama en relación con su pueblo: *"Rey de Israel"*, *"Redentor"*, *"Jehová de los ejércitos"*, *"el primero y…el postrero"*. Él concluye diciendo: *"fuera de mí no hay Dios"*.

7. VERSÍCULO 7
   - Aquí, el Señor Dios hace lo que ha hecho tantas veces en el pasado en Isaías. Dice, en esencia: "Si hay otro dios, que dé un paso al frente y que declare el futuro". Esta es la verdadera prueba.

8. VERSÍCULO 8
   - Israel es testigo de la unidad de Dios. Debían dar testimonio del monoteísmo. Si hubiera otro dios, seguro que el Dios omnisciente al menos hubiera oído acerca de él.

9. VERSÍCULO 9
   - Aquí comienza la brillante sátira contra la idolatría. Los que hacen imágenes son testigos del carácter sin sentido de sus dioses. Una imagen no tiene los cinco sentidos de un ser humano. Una imagen no puede ver ni oír.

10. VERSÍCULO 10
    - Las personas crean sus dioses en lugar de ser los dioses los que creen a las personas. Esto es en vano y una empresa sin beneficio alguno.

11. VERSÍCULO 11
    - Los hacedores de dioses, los hacedores de ídolos, deberían avergonzarse.

12. VERSÍCULO 12
    - En primer lugar, el que trabaja con los metales trabaja mucho para forjar un dios, pero esta labor le cansa, y revela que es solo un hombre. Es irónico que un hombre pobre y frágil pudiera hacer un dios que no será lo suficientemente fuerte para ayudar al hombre pobre y frágil.

13. VERSÍCULO 13
    - El carpintero ahora contribuye con su talento y trabajo para hacer un dios falso. En primer lugar, el dios se pone en un tablero y se mide. Imagínese medir al Dios infinito. Cuando el carpintero termina, la imagen se parece a un hombre, no a Dios. ¡Qué ironía!

14. VERSÍCULO 14
    - El origen del dios hecho por hombres está en el bosque. Es primero un árbol, que ha creado el verdadero Dios. Esos ídolos hechos de madera no crean el árbol, sino al contrario.
15. VERSÍCULO 15
    - Las astillas y virutas de la producción de un dios de madera se usaban para encender un fuego para que el hombre mismo se calentara y para hacer pan. Esta es la única aportación práctica y útil que viene de hacer un dios falso. De hecho, las astillas son más útiles que la imagen.
16. VERSÍCULO 16
    - Así que el único valor del ídolo de madera viene de las astillas que calientan el cuerpo y cocinan la comida. Por lo tanto, las astillas hacen más por el hombre de lo que el ídolo puede hacer.
17. VERSÍCULO 17
    - Esta es una sátira mordaz. De hecho, el ídolo de madera y metal constituye los pedazos que un hombre levanta y al que se postra como su dios.
18. VERSÍCULO 18
    - Los hombres se demostraron a sí mismos ser tan faltos de sentido como el ídolo al que adoraban mediante este procedimiento.
19. VERSÍCULO 19
    - No se dan cuenta de que calentar el cuerpo y cocinar la comida con la madera es bueno, y que adorar a un trozo de madera se convierte en una abominación.
20. VERSÍCULO 20
    - La idolatría es autoengaño.
21. VERSÍCULO 21
    - En los versículos 21–27 vemos a Dios incitando a Israel a acordarse de Jehová.
    - Se insta a Israel a apartarse de esos hechos atroces. Tienen que recordar que Dios les formó y que no se olvidará de ellos.
22. VERSÍCULO 22
    - Dios ha hecho algo que ningún ídolo puede hacer: Él ha redimido a Israel.
23. VERSÍCULO 23
    - Toda la creación debe unirse en alabanza a Dios porque Él es el Redentor de Israel; incluso los bosques deben alabar a Dios.
24. VERSÍCULO 24
    - Dios es Redentor y Creador.
25. VERSÍCULO 25
    - Dios traerá confusión a los sabios del mundo que lo niegan.
26. VERSÍCULO 26
    - De nuevo, Dios deja claro que Jerusalén y las ciudades de Judá siguen estando en su programa para el futuro.
27. VERSÍCULO 27
    - Aquí vemos una referencia al cruce del Mar Rojo y a mirar a su liberación venidera.
28. VERSÍCULO 28
    - Esta es una importante profecía concerniente a Ciro. Se le nombra aquí unos doscientos años antes de nacer. Se le designa como *"mi pastor"*. Esta es la única vez en la que un soberano pagano recibe un

título así. Él es una de las imágenes inusuales de Cristo, algo que desarrollaremos más en el siguiente capítulo.

CAPÍTULO 45

Es algo desafortunado que el último versículo del capítulo 44 no sea el primer versículo de este capítulo. Sin duda, es destacable que a Ciro se le nombre e identifique doscientos años antes de nacer. Esta inusual profecía ha hecho que la crítica liberal construya, de la telaraña de la imaginación, la fantasía de "el gran desconocido" o "el segundo Isaías". El hecho de que Isaías pudiera nombrar a un hombre dos siglos antes de que apareciera es un tónico demasiado fuerte para la débil fe de un incrédulo. No olvidemos que Isaías también nombró a Cristo muchas veces y describió partes de su vida y también de su muerte. Este capítulo está lleno de profecía, y al mismo tiempo lleva nuestra mente de regreso a la creación del universo.

1. VERSÍCULO 1
   - A Ciro se le nombra e identifica antes de nacer. Unos doscientos años pasaron entre esta profecía y la aparición de Ciro. Sería humanamente imposible hacer esto sin el liderazgo del Espíritu de Dios.
   - Jesús fue nombrado e identificado dos mil años antes de venir (ver Génesis 49:10).
   - Ciro recibe títulos de dignidad que le hacen ser una figura gentil de Cristo. Se le llama *"pastor"* en el último versículo del capítulo 44, un título que es un presagio de Cristo.
   - También recibe el título de *"ungido"*. Esto es bastante destacable. Sin duda alguna, Ciro recibió este título porque los liberó de la cautividad y les permitió regresar a la tierra de la promesa. También animó a los que se quedaron a enviar valiosos regalos de oro, plata y cosas preciosas con los que regresaron. En cuanto a esto, fue un mesías gentil de Israel y un difuso presagio de Aquel que había de venir.
   - *"Puertas"* es una referencia a las muchas puertas de Babilonia que impedían que Israel regresara a Palestina.
   - Ciro, el persa, era el sobrino del rey de Media. Media y Persia estaban, como reinos, íntimamente relacionados. Surgieron del mismo lugar y fueron estos reinos, unidos, los que finalmente conquistaron a los caldeos. Babilonia se convirtió en una de las ciudades principales del imperio persa hasta su destrucción. La historia secular da amplios detalles sobre esta conquista. Ciro finalmente tomó Babilonia desviando las aguas del Éufrates en otro canal, así que llegó a la orilla del río bajo las dos puertas, las puertas del río mismo. Ciro fue una figura legendaria.

2. VERSÍCULO 2
   - Dios también rompió las puertas de Babilonia, que habían impedido que Ciro entrara, y le permitió entrar y capturar esta fuerte nación.

3. VERSÍCULO 3
   - Los abundantes tesoros de Babilonia, los cuales los reyes de Babilonia habían tomado como botín de guerra de todas las naciones, especialmente de Jerusalén, le cayeron a Ciro.

4. VERSÍCULO 4
   - Podríamos preguntar legítimamente por qué Dios destacó a este único rey y lo identificó por nombre. La respuesta se encuentra aquí. Fue para que su pueblo, Israel, supiera que Dios no se había olvidado de ellos. Serían capaces de reconocer a Ciro cuando apareciera en la historia y estarían seguros de que era su libertador. Qué gozosa seguridad debió haber sido para el pueblo de Dios cuando Ciro llegó al trono. Él era y es un personaje de la historia. Las ruinas de su tumba se han hallado en Irán, y tienen esta inscripción: "Yo soy Ciro, el que dio a los persas un imperio y fue rey de Asia. No me tengas rencor por este monumento".

5. VERSÍCULO 5
   - Esta fue la palabra de Dios para Ciro. Ciro fue un monoteísta, como todos los persas. Ellos no adoraban ídolos, pero esto no significa que conocieran al Dios verdadero. Aquí, Dios se presenta ante ellos como el único Dios que no tiene igual, y el que escogió a Ciro.

6. VERSÍCULOS 6–7
   - El zoroastrismo comenzó y floreció entre los persas. Afirmaba que Mazda era el dios de la luz. Dios dice que Él crea la luz y que Mazda no es dios. Las tinieblas eran el dios de la adversidad. Dios asume la responsabilidad de las tinieblas aunque Él no crea la adversidad. La mejor traducción para *"adversidad* es "dolor" o "dificultades", los cuales son fruto del pecado. Esta es la manera que tiene el Antiguo Testamento de decir: *"La paga del pecado es muerte"* (Romanos 6:23).

7. VERSÍCULO 8
   - Dios crea todas las cosas buenas y el fruto de las cosas buenas.

8. VERSÍCULOS 9–10
   - Quizá haya algunos que protestarán ante el hecho de que Dios tome así el futuro en sus manos, incluso escogiendo y nombrando un rey. Estos versículos son la respuesta de Dios a eso. Nos recuerda a Romanos 9:19–21.

9. VERSÍCULO 11
   - Dios puede ser probado y demostrado mediante la profecía.

10. VERSÍCULO 12
    - Dios afirma ser el Creador. Notemos que Él extendió los cielos y creó todos los ejércitos: los cuerpos del universo. No olvidemos que el espacio es una creación en sí misma.

11. VERSÍCULOS 13–14
    - Los enemigos de Israel finalmente reconocerán a Ciro como el líder, bajo el liderazgo del Señor Dios.

12. VERSÍCULO 15
    - Este es el clamor profundo del profeta en oración expresando que los caminos de Dios son insondables.

13. VERSÍCULO 16
    - La confusión es el fin de todos los que se oponen a Dios. El mundo avanza de nuevo hacia una torre de Babel.

14. VERSÍCULO 17
    - Los que creen que Dios ha terminado con Israel deberían echar un vistazo a este pasaje. La salvación de Israel es tan segura como nuestra salvación; guardar su pacto es obligado para Dios.

15. VERSÍCULO 18
    - Aquí se nos lleva de nuevo a la creación y se nos recuerda que Él no creó la tierra y los cielos en vano, sino que este estado lo produjo alguna catástrofe (ver Génesis 1:2).

16. VERSÍCULO 19
    - Otra prueba de los tratos de Dios es el hecho de que son rectos.

17. VERSÍCULOS 20–21
    - Se insta a todo el mundo a volverse a Dios. Dios es un solo Dios; Él es justo; Él es el Salvador.

18. VERSÍCULO 22
    - Este es el versículo responsable de la conversión de Charles Spurgeon.

19. VERSÍCULO 23
    - Lea Filipenses 2:10–11.

20. VERSÍCULO 24
    - El profeta vio que tan solo la justicia de Dios es suficiente para la salvación del mundo.
21. VERSÍCULO 25
    - Solo el Señor puede justificar a Israel como solo Él puede justificarnos a nosotros. Notemos que *"será justificada y se gloriará toda la descendencia de Israel"*.

Nos han presentado ya a Ciro, quien finalmente permitió que Israel dejara el exilio en Babilonia y regresara a su tierra prometida, la tierra que Dios les había dado, para reconstruir los muros de la ciudad y el templo según Esdras y Nehemías. Dios tenía un plan y un propósito para la cautividad babilónica, la cual aún había de llegar, y esta es una parte de la profecía que da Isaías. El Señor Dios sigue hablando sobre ídolos, falsos dioses, y enfatiza una y otra vez que Él es el Dios verdadero. Él quería que Israel aprendiera una lección porque eran su pueblo, escogido para su propósito. ¿Cuál era el propósito de Dios para Israel? ¿Qué sacarían de la cautividad babilónica?

1. Israel tenía que ser testigo de la unidad de Dios en medio de la idolatría (ver Isaías 43:10–12 y todos los versículos que estudiamos en esta lección).
2. Ilustrar a las naciones la bendición de servir al Dios verdadero (ver 1 Crónicas 17:20–21; Salmos 144:15; Deuteronomio 33:26–29).
3. Recibir, preservar y transmitir el canon de las Escrituras (ver Romanos 3:1–2; Deuteronomio 4:5–8).
4. Producir, en cuanto a su humanidad, al Mesías (ver Isaías 7:14, 9:6; Mateo 1:1; Romanos 1:3; 2 Samuel 7:12–16).

Según los profetas, Israel, reunido de todas las naciones y devuelto a su propia tierra, aún ha de tener su mayor exaltación y gloria terrenal.

CAPÍTULO 46

Este capítulo contiene una de las mejores sátiras contra la idolatría que se encuentran en la Palabra de Dios. La sátira usa la ironía para ridiculizar el objeto de su desprecio, por lo general escribiendo. El capítulo inicia con el anuncio de la derrota de los ídolos de Babilonia. Esto parece extraño, ya que Babilonia aún no había pasado al frente como potencia mundial. Sin embargo, Babilonia era una gran fuente de idolatría, y es apropiado que tras anunciar la derrota de los ídolos de Babilonia, el profeta proceda a denunciar toda la idolatría, con un mandato a Israel de no olvidarse de su Dios. Con una ironía amarga y un ridículo mordaz, este capítulo describe el desesperado estado de los ídolos a la hora de dar una verdadera ayuda en tiempos de emergencia. Esta clara distinción entre Dios y los ídolos se enfatiza. Dios había llevado y soportado a Israel a través de largos y desgastantes siglos de pasado pecaminoso. Un ídolo es algo que hay que llevar como una carga si se quiere transportar a otro lugar.

La verdadera distinción entre el Dios verdadero y los ídolos es simplemente esta: ¿nos carga nuestro Dios a nosotros? ¿O cargamos nosotros a nuestro dios? ¿Es nuestra religión la que lleva nuestra carga, o es una carga? Esta es la diferencia básica entre lo verdadero y lo falso.

1. VERSÍCULO 1
    - Bel y Nebo son dioses de Babilonia. Bel es la forma corta de Baal y se encuentra en la primera parte del nombre Belcebú. *Belcebú* significa "Satanás" o "el diablo". *Nebo* significa "orador" o "profeta". Creo que puede ver por estas dos señales algo que aprendimos en Apocalipsis. Bel se tiene que personificar en el anticristo. Nebo, siendo el orador y un profeta, es un tipo o imagen del falso profeta. Ese es el significado distante, lejano para nosotros hoy. Otro nombre para estos dos es Júpiter para Bel y Mercurio para Nebo.

- En esta época moderna no nos entregamos a la idolatría del mismo tipo que tenía Babilonia en su época, pero Satanás sigue siendo nuestro enemigo y las batallas arrecian en otro frente (ver Efesios 6:10–18). La codicia se considera idolatría en esta época. Por ejemplo, lea Colosenses 3:5 y note especialmente las tres últimas palabras: *"que es idolatría"*.

2. VERSÍCULO 2
   - En tiempos de crisis, los ídolos no podían librar, sino que en cambio fueron derrotados.
3. VERSÍCULO 3
   - Esto debería ser una luz roja de alerta en el camino por el que viajaba Israel. Dios había estado cargando a Israel.
4. VERSÍCULO 4
   - Aquí se produce una distinción entre lo verdadero y lo falso: Dios no solo había estado cargando a la nación, sino que también había cargado a cada individuo desde la cuna hasta la tumba.
   - La palabra *"canas"* significa "blanco" o "cabeza blanca".
   - Dios lleva nuestros pecados. *"llevó él nuestras enfermedades, y sufrió nuestros dolores"* (Isaías 53:4).
5. VERSÍCULO 5
   - La razón por la que es tan difícil explicar a Dios es porque Él es infinito, mientras que nosotros somos finitos y vivimos en un universo finito. No hay nada con lo que comparar a Dios. Él no puede ser reducido a nuestra terminología sin perder todo el significado. No se le puede traducir al lenguaje humano. Esto explica una de las razones por las que Cristo vino en forma de hombre. Jesús reveló a Dios; Jesús redimió a los hombres.
6. VERSÍCULO 6
   - Aquí comienza la sátira sobre la idolatría. Esta es una imagen de metal que supera a la imagen de madera en belleza y valor. Aquí, la riqueza del hombre se emplea en hacer un ídolo, con los mejores materiales, las mejores mentes, la habilidad de las manos de los hombres y la devoción de su corazón. Los hombres adoran su propia obra y, a su vez, en verdad se adoran a sí mismos por lo que han hecho.
7. VERSÍCULO 7
   - Tras un gasto de dinero, tiempo y esfuerzo, uno pensaría que el ídolo respondería haciendo algo por el hombre, al menos aligerar su carga. Por el contrario, el ídolo se convierte en una carga y se le debe llevar como un peso añadido. Qué ridiculez tan grande es la idolatría. Deberíamos hacernos esta pregunta: ¿nos lleva nuestra religión a nosotros, o nosotros llevamos a nuestra religión? ¿Es una piedra de molino o un trampolín?
8. VERSÍCULO 8
   - Dios llama a los hombres a actuar como criaturas inteligentes y no como animales (ver Isaías 1:18). Si tan solo se detuvieran a razonar en la necedad de la idolatría, eso evitaría que cometieran una abominación.
9. VERSÍCULO 9
   - Dios sugiere que busquen en su historia pasada que contiene la inequívoca guía del Señor. ¿No es suficiente para estimular sus corazones?
10. VERSÍCULO 10
    - El pasado no solo es un estímulo para la fe, sino que el futuro lo es aún más. Dios ha entrado en el área en la que ningún hombre o ídolo se atreve a ir. Él se adentra en el futuro y narra la profecía como si fuera historia. Siempre suceden las cosas tal y como Dios predijo que lo harían. Esto revela la superioridad de Dios.

11. VERSÍCULO 11
    - Esta es una profecía extraña. Él no predice un futuro glorioso en los días venideros inmediatos para su pueblo. Un ave hambrienta viene contra su pueblo. Esta tiene que ser Babilonia. Jesús predijo que las aves se posarían en los árboles y que las aves se llevarían las semillas. Él predijo para nuestro tiempo no una conversión mundial, sino una apostasía total.
12. VERSÍCULOS 12–13
    - Habrá salvación para Israel y Dios no se demorará cuando llegue ese momento. Hay un día glorioso más allá de la noche de llanto, y es porque Dios así lo ha dicho.

CAPÍTULO 47

Esta es la cuarta ocasión en este estudio en la que hemos considerado la predicción del destino de Babilonia. Lo vimos en los capítulos 13, 14 y 21. Esto es sin duda alguna destacable a la luz del hecho de que Babilonia, en este tiempo, era un reino pequeño e insignificante. Esto fue casi un siglo antes de que se convirtiera en una potencia mundial. Había existido desde los días de la torre de Babel y había influenciado al mundo con confusión. Hay un significado espiritual para nosotros que no tiene nada que ver con la Babilonia del pasado. La Babilonia del pasado está bajo los escombros y las ruinas del juicio. Su gloria se apagó con el polvo acumulado de los siglos. Sin embargo, podemos ver esta tendencia babilónica hoy en la esfera de lo político. La cautividad de Judá y la caída de Babilonia están claramente ante nosotros aquí.

No puede haber ninguna sombra de duda de que la antigua y literal Babilonia tendrá un sucesor en los últimos días de esta era, no de una forma material, sino de un carácter espiritual y religioso. En Apocalipsis 14:8 leemos: *"Ha caído, ha caído Babilonia"*. Después, en Apocalipsis 18:2 encontramos palabras similares: *"Ha caído, ha caído la gran Babilonia"*. ¿Debemos entonces no tener interés en Babilonia? Claro que sí. La unificación del mundo políticamente, soldando las naciones actuales de la cristiandad en una, tiene una correspondiente unificación de hombres en la misma esfera, religiosamente, en una Iglesia universal, que está claramente anunciada en Apocalipsis 17 y 18.

1. VERSÍCULO 1
   - *"Desciende"* es la orden de Dios a Babilonia, similar a como se llama a un perro a obedecer. Babilonia es llamada *"virgen"* porque aún no había sido capturada por ningún ejército. Antes de que llegara a las orgullosas alturas que finalmente consiguió, su declive, su caída, se declara en términos muy claros.
2. VERSÍCULO 2
   - Este versículo describe la indescriptible humillación a la que iba a ser sometida.
3. VERSÍCULO 3
   - ¿Por qué se iba a vengar Dios de una manera tan horrible de Babilonia? Él no es vengativo, pero vindica su santidad y su justicia.
4. VERSÍCULO 4
   - Israel, en cautiverio, debe buscar en Jehová su liberación. Él no se ha olvidado de ellos.
5. VERSÍCULO 5
   - *"Señora de reinos"* es el diminutivo de Babilonia, el cual habla de todas sus comodidades, transigencia y confusión. Su caída es inevitable porque Dios ha hablado.
6. VERSÍCULO 6
   - Dios entregó a su pueblo en manos de Babilonia porque habían pecado contra él. Él estaba juzgando a su propio pueblo. Este es el mensaje de la pequeña profecía de Habacuc.

7. VERSÍCULO 7
   - La ira de Dios con su pueblo como se menciona en el versículo 6 fue parte de su juicio sobre su pueblo, y este hecho engañó a Babilonia. Ellos pensaron que era por su poder y fuerza que habían tomado al pueblo de Dios.
8. VERSÍCULO 8
   - Babilonia era arrogante y despreocupada; no creía que fuera a producirse una terrible caída.
9. VERSÍCULO 9
   - Lo repentino de la caída de Babilonia se narra en Daniel 6. Dos cosas ocurrirían: la pérdida de los niños y la viudez.
10. VERSÍCULO 10
    - Babilonia estaba confiando en su propia maldad, sabiduría y armas.
11. VERSÍCULO 11
    - De nuevo, la rapidez de la destrucción de Babilonia se anuncia en este versículo.
12. VERSÍCULO 12
    - Dios insta a Babilonia a volverse a su brujería, algo en lo que ella confiaba para su salida. Esta es una sátira que Dios usa.
13. VERSÍCULO 13
    - La confusión caracteriza a Babilonia en este tiempo. La ciudad vive acorde a su nombre porque Babilonia significa "confusión".
14. VERSÍCULO 14
    - Se ha determinado el juicio. No se aplazará.
15. VERSÍCULO 15
    - La gran fuerza económica que había en su comercio no sobreviviría. Se redujo y murió.

Ya hemos discutido sobre la cautividad de Babilonia y lo que surgió de esa cautividad. Encontrará todo esto en mis notas al final del capítulo 45.

¿Cuándo, entonces, fue necesaria la cautividad?

En Jeremías 25:11–12 tenemos alguna indicación. Esto nos lleva a Levítico 26:24–43 y 2 Crónicas 36:20–21. Los hijos de Israel habían desobedecido a Dios y no guardaron el año sabático durante 490 años. Por lo tanto, Dios los juzgó y les hizo guardar setenta años para compensar los setenta años sabáticos que no habían guardado.

CAPÍTULO 48

Este capítulo nos lleva a la conclusión de la primera parte de esta última gran división de Isaías. El capítulo comienza con un llamado a Israel como conjunto, pero antes de concluir este capítulo hay una distinción entre el gran grupo apóstata de Israel y el remanente de fe, lo cual observamos comenzando en el versículo 12.

1. VERSÍCULO 1
   - Aquí se trata a toda la casa de Israel: todos aquellos que pertenecían al linaje escogido a través de Abraham, Isaac y Jacob. La nación apóstata recibe aquí una orden final de volverse a Dios. Ellos hablan del Dios de Israel como si lo conocieran. En realidad, tenían una forma de piedad, pero negaban su poder.

2. VERSÍCULO 2
   - Alardean de ser ciudadanos de Jerusalén, pero eso es lo único que son. En verdad son extranjeros para Dios. Dios cambia de Babilonia a los que se llaman judíos y viven así externamente. Ellos son de la casa de Jacob, incluso se les llama con ese nombre de honor.
   - Entre los llamados "Israel", solo a unos pocos se les concede ese nombre en su pleno significado. Pablo habla de esto en Romanos 9:6: *"porque no todos los que descienden de Israel son israelitas"*. Pablo no está quitándole la nacionalidad a ningún judío, sino mostrando la soberanía de Dios al elegir a Isaac en lugar de Ismael y a Jacob en lugar de Esaú, para que la línea de la promesa no dependiera de ningún accidente. sino de la soberanía de la gracia electiva de Dios. No significa que cualquiera que sea judío de nacimiento no sea judío. Ismael solo podía ser hijo de Abraham aunque no en la línea de la promesa. Esaú era igual de hijo que Isaac de Jacob porque no podía ser menos, pero él no estaba en esa línea de la promesa. Así, todo lo que parece Israel no es Israel, en cuanto a lo que la fe en Dios se refiere.

3. VERSÍCULO 3
   - Dios les ha dado una amplia evidencia de que Él era Dios prediciendo el futuro, ya que todo sucedió como Él había dicho.

4. VERSÍCULO 4
   - Dios sabía que eran un pueblo obstinado y apiló evidencia para convencerlos y ganarse su corazón.

5. VERSÍCULO 5
   - Dios les dijo el futuro, para que no le dieran el crédito a ningún ídolo de lo que les había ocurrido.

6. VERSÍCULO 6
   - Esta es la razón por la que Dios levantó profetas no solo para advertir, sino también para hablar y predecir el futuro.

7. VERSÍCULO 7
   - Siempre existió el peligro de que estas personas dijeran de forma engreída que ellos ya sabían estas cosas.

8. VERSÍCULO 8
   - Rehusaron dejarse convencer y volverse a Dios. Qué estampa de tozudez. Qué estampa del corazón humano.
   - Dios no tratará con ellos según sus pecados, sino que encuentra la razón dentro de sí mismo en su misericordia y gracia.

9. VERSÍCULO 10
   - Israel es una nación elegida, pero notemos el precio de la elección. *"Te he escogido en horno de aflicción"* es una afirmación de verdad histórica y doctrinal.

10. VERSÍCULO 12
    - Parecería aquí que Dios ya no está dirigiéndose a la nación en general, sino que reduce su palabra al remanente conocido como *"a quien llamé"*.

11. VERSÍCULO 13
    - Él es creador y preservador (ver Colosenses 1:16–17).

12. VERSÍCULO 14
    - Dios tratará con Babilonia a su propia manera.

13. VERSÍCULOS 15–16
    - Este es el clamor de Dios en el versículo 15, y después vemos, en el versículo 16, que aquí comienza el ruego del mensajero de Dios, el Señor Jesucristo.

- Dos de los más famosos comentaristas del libro de Isaías, C. F. Keil y Franz Delitzsch, dijeron:

  > Ya que el profeta no ha hablado a su propia persona antes, mientras que, por otro lado, estas palabras van seguidas en Isaías 49:1 de un discurso con respecto a sí mismo de ese siervo de Jehová que se anuncia a sí mismo como el restaurador de Israel y luz de los gentiles, y que no puede ser por lo tanto ni Israel como nación ni el autor de las profecías, lo más natural es suponer que las palabras: "y ahora me envió Jehová", etc., forman un preludio a las palabras del único siervo de Jehová sin igual respecto a sí mismo que aparecen en el capítulo 49. La forma sorprendentemente misteriosa en la que las palabras de Jehová de repente pasaron a las de su mensajero…solo se puede explicar de esta manera.[2]

- Notará que las palabras, o la voz, es de uno que es enviado de Jehová. En Juan 3:34 encontramos: *"pues Dios no da el Espíritu por medida"*. Con los profetas, solo recibieron una comunicación parcial de la mente de Dios o un destello fugaz de su "espalda", pero con Cristo no había tal límite. El Espíritu que vino con Él, revelado en Él y por Él, es el corazón mismo de Dios para el hombre.

14. VERSÍCULO 17
    - Notemos el anhelo y la súplica amorosa de Jehová para el remanente.
15. VERSÍCULO 18
    - Si hubieran obedecido a Dios, habrían experimentado tanto la paz como la justicia.
16. VERSÍCULO 19
    - Dios nunca ha podido bendecir a Israel al máximo de su promesa. Esto es lo que le ocurre igualmente al creyente. Tanto Israel como la iglesia tienen promesas muchísimo más preciosas, pero ninguno ha entrado en todas las bendiciones.
17. VERSÍCULO 20
    - Dios instó a su pueblo a salir de Babilonia tras la cautividad. Solo un pequeño remanente regresó para construir el templo (ver Esdras 2:6, 7:6 y todo Nehemías).
18. VERSÍCULO 21
    - Dios los lleva de nuevo a la liberación de Egipto.
19. VERSÍCULO 22
    - Esta es la solemne bendición de esta sección en la que el siervo de Dios se establece sobre y en contra de todos los ídolos de los paganos. Solo Él da paz.

¿Cuánto recuerda?

1. Además de Israel y Jacob, ¿qué nombre da Dios a la nación en el capítulo 44? ¿Qué significado tiene?
2. Describa las sátiras contra la idolatría que se encuentran en los capítulos 44 y 46.
3. ¿A quién predice Isaías doscientos años antes de su existencia?
4. Recuerde la descripción de la caída de Babilonia.

Su tarea para la próxima semana:

1. Repase sus notas de esta lección.
2. Lea los capítulos 49, 50, 51, 52, 53 de Isaías.
3. Subraye su Biblia.

---

2. C. F. Keil y Franz Delitzsch, *Biblical Commentary on the Old Testament* (Edinburgh: T. and T. Clark, 1866).

Lección 16. Notas

Lección 17
CAPÍTULOS 49, 50, 51 y 52

CAPÍTULO 49

Esto nos lleva al corazón mismo del libro de Isaías, y al corazón mismo de la salvación de Dios. El "corazón del corazón" mismo se encuentra en el capítulo cincuenta y tres, con el que estamos familiarizados. Hasta ahora hemos caminado por los atrios. Ahora entraremos en el lugar santo, y pronto seremos conducidos hasta el lugar santísimo cuando lleguemos al capítulo 53.

Israel era el siervo de Jehová, pero como tal, Israel había fallado. Ahora Dios habla de otro siervo de Jehová, que es el Señor Jesucristo. Esta acción comienza con un discurso de Cristo, del mismo modo que los doce apóstoles oyeron tales discursos en Galilea. En este capítulo vemos a Cristo avanzando para convertirse en el Salvador del mundo. Israel no ha sido olvidado, porque su segura restauración en la tierra se reafirma aquí.

En la primera parte del capítulo encontramos a Cristo hablando en los versículos 1–6. Después, en los versículos 7–13, descubrimos que el Señor Dios Jehová está hablando. En los versículos 14–26 habla Sion.

1. VERSÍCULOS 1-3
   - Aquí, podríamos decir osadamente que el que habla no es otro que el Señor Jesucristo, llamando a las naciones fuera de Israel a prestar atención, porque Jehová lo ha llamado, al hijo de la virgen, y ha hecho que su nombre suene incluso desde el primer momento de su encarnación. Su boca, es decir, sus palabras, han sido afiladas, una espada que nadie, incluidos los fariseos y saduceos, los ritualistas o los racionalistas, podría soportar. Sin embargo por un tiempo, como se deja una flecha en la aljaba lista para su uso, así estuvo Él oculto en su humilde hogar en Nazaret unos treinta años.
   - El término *"costas"* ya lo hemos aprendido, y sabemos que es el término que se aplica a los gentiles.
2. VERSÍCULO 4
   - Aunque Él fue rechazado, y podría parecer que su trabajo fue en vano, su confianza está en Dios. Incluso su muerte fue una victoria. El énfasis en esta sección está en el siervo sufriente (ver Juan 1:11).
3. VERSÍCULO 5
   - En su primera venida, Él no reunió a Israel, ya que lo rechazaron. Él hizo algo mucho más maravilloso: trajo la salvación a este mundo. El sistema del hombre no desvió los propósitos de Dios.
4. VERSÍCULO 6
   - Dios tenía un propósito mucho mayor en mente que tan solo la reunión de Israel. Él estaba convirtiendo a Cristo en la luz del mundo, una luz para los gentiles (ver Hechos 13:46–49).
5. VERSÍCULO 7
   - Ahora oímos a Jehová cuando Él comienza a hablar. El siervo guarda silencio y Dios se dirige a Él. Es despreciado por el hombre; es aborrecido, los gobernantes lo oprimen; el pueblo lo rechaza. Pablo, en 2 Corintios 6:8, dice algo similar a lo que leemos aquí.
6. VERSÍCULO 8
   - Dios escuchó la oración de Cristo. Aquel a quien la nación crucificó será Aquel ante quien se postrarán los reyes. Toda rodilla debe reconocer su señorío.
7. VERSÍCULO 9
   - La palabra de reconciliación ahora es enviada a todos los hombres.

8. VERSÍCULO 10
    - Él está hablando aquí de la preservación física de la nación.
9. VERSÍCULO 11
    - Aquí, Él está dirigiendo nuestros pensamientos a la reunión de la nación de Israel.
10. VERSÍCULO 12
    - Sinim es China, que está al oriente. Notemos que también serán reunidos de todos los demás lugares.
11. VERSÍCULO 13
    - El propósito de Dios en la tierra se centra en una nación: Israel. Cuando vuelvan a estar en la tierra, tanto los cielos como la tierra podrán gozarse.
12. VERSÍCULO 14
    - Incluso Israel cree que ha sido olvidado hoy.
    - Sion habla aquí en los versículos 14–21.
13. VERSÍCULO 15
    - Ellos se habían olvidado de Dios.
14. VERSÍCULO 16
    - A algunos les gusta tener los nombres de sus seres queridos tatuados. Dios dice que Él ha grabado el nombre de Israel en la palma de sus manos; Él no puede olvidarlos.
15. VERSÍCULOS 17–21
    - Dios les reafirma de nuevo que ni se ha olvidado de ellos ni los ha abandonado.
16. VERSÍCULO 22
    - Dios asegura a Israel que los gentiles le ayudarán en la restauración final de la nación a la tierra. Hasta ahora, los gentiles los han dispersado. Esta es una destacada profecía en este versículo.
17. VERSÍCULO 23
    - Israel, que es la cola, algún día será la cabeza.
18. VERSÍCULOS 24–26
    - Dios finalmente redimirá a Israel. ¿Quién está preparado para contradecir con éxito y refutar la afirmación de Dios?

CAPÍTULO 50

La persona de Cristo aparece ante nosotros con más claridad según nos vamos acercando al capítulo 53. Al principio, había solamente una silueta en cada trasfondo. Aquí Él está sometido, como siervo sufriente, a indignidades y humillación. Lo oímos hablar en este capítulo. Este capítulo inicia con Dios explicando por qué dejó de lado a Israel. Isaías, el profeta, es proyectado al futuro y después mira atrás a la primera venida de Cristo. Cuando Cristo vino, Dios hizo la apremiante pregunta que encontramos en el versículo 2: *"¿Por qué cuando vine, no hallé a nadie, y cuando llamé, nadie respondió?"*. La respuesta a estas dos preguntas es obvia. Solo unos pocos pastores y una delegación de extranjeros del Oriente se dieron cuenta. Los líderes religiosos no estaban allí; el pueblo era tan indiferente e ignorante como el posadero de Belén. Cuando Jesús comenzó su ministerio, se nos dice que las personas comunes lo escuchaban con alegría. Los fariseos, sacerdotes y escribas se convirtieron en sus críticos más severos. La queja de nuestro Señor con la nación era: *"y no queréis venir a mí para que tengáis vida"* (Juan 5:40). Juan 1:11 dice: *"A lo suyo vino, y los suyos no le recibieron"*.

Este capítulo es similar al Salmo 2 en la estructura de su bosquejo. Las tres personas de la Deidad hablan y el capítulo queda bosquejado como sigue:

1. Primero, Dios Padre expone la razón del rechazo de Israel (versículos 1–3).

2. Segundo, Dios Hijo habla de su humillación (versículos 4–9).
3. Tercero, Dios Espíritu Santo proclama que los hombres confíen en el Hijo (versículos 10–11).

1. VERSÍCULO 1
   - Bajo la ley mosaica, un hombre podía dejar a su esposa por el más mínimo pretexto (ver Deuteronomio 24:1; Oseas 2:2). Un hombre cruel, duro de corazón, se aprovechaba de esto para deshacerse de su esposa. Se habla de Israel como la esposa de Jehová. Este es el tema de Oseas. Dios le preguntó a Israel sobre las bases sobre las que Dios los apartó. Ciertamente, Dios no es cruel ni brutal. No fue un látigo de Dios lo que hizo que Israel fuera dejada de lado, sino que fue por sus pecados e iniquidad. Estos se nombran en el siguiente versículo.

2. VERSÍCULO 2
   - Aquí encontramos el pecado específico por el que Israel fue dejada de lado: el rechazo del Mesías. No hubo ningún hombre que diera la bienvenida a Cristo en su nacimiento, ni cuando comenzó su ministerio. Pedro explica esto en Hechos 2:22–24.
   - Alguien podría cuestionar que la primera persona de la Deidad se use en este versículo. ¿Cómo podría ser que Dios Padre hable? Dejemos que las palabras de nuestro Señor sean una respuesta suficiente: *"El que me ha visto a mí, ha visto al Padre"* (Juan 14:9) y *"Yo y el Padre uno somos"* (Juan 10:30).

3. VERSÍCULO 3
   - El Señor Jesucristo controla el universo que Él creó. El bebé indefenso en el regazo de María pudo hacer existir este universo con su voz.

4. VERSÍCULO 4
   - El título mediante el que Cristo, el siervo perfecto, se dirigió a Dios es revelador. Es *"Jehová el Señor"* (Jehová Adonai). Cristo está hablando aquí, y para Él esa palabra *Adonai* lleva implícita la idea de la autoridad y posesión más supremas. Solo se usa cuando se desea expresar la más profunda reverencia, y aquí, el mismo Señor de gloria tomando el lugar del siervo perfecto llamó a Jehová: "Mi Señor y mi maestro", que es el significado de *Adonai*.
   - Cada mañana del sueño ligero de la noche Él, Cristo, se despierta, y como un discípulo, como un aprendiz, escucha la voz viva de "su Señor y maestro" (ver Juan 7:16; 8:28, 38; 12:49–50).

5. VERSÍCULO 5
   - Esto habla de su crucifixión (ver Éxodo 21:1–6; Salmos 40:6–8; Hebreos 10:5–7). Estos pasajes dejan claro que *"me abrió el oído"* se refiere a la crucifixión.

6. VERSÍCULO 6
   - Esto se cumplió cuando Jesús fue arrestado (ver Mateo 26:67, 27:26; Marcos 14:65).

7. VERSÍCULO 7
   - La confianza de Jesús durante las horas de su insoportable sufrimiento estaba en Dios. Él estaba haciendo la voluntad de su Padre y el Padre estaba muy complacido. Jesús bebió la copa amarga que el Padre puso en sus labios.

8. VERSÍCULO 8
   - Este versículo se refiere a la resurrección (ver Romanos 4:25). Él ha regresado de la muerte, y ¿quién puede cuestionar que no limpió los pecados del mundo? (ver Romanos 8:33–34). La justificación está conectada con la resurrección de Cristo.

9. VERSÍCULO 9
   - ¿Qué ocurrirá con los que entran en conflicto con Cristo? Aquí, son como una túnica harapienta comida por las polillas, lo cual es una descripción terrible de la lenta, pero cierta destrucción.

- Esta tercera parte de este capítulo nos da la consolación que el Espíritu Santo da al remanente perseguido.

10. VERSÍCULOS 10–11
    - El Espíritu Santo seductor habla dando una palabra reconfortante y de imploración, urgiendo a los oyentes a confiar y descansar en el siervo de Dios.
    - Encontramos en el versículo 11 una palabra de advertencia. Esto contrasta con el versículo 10. Ahí está la palabra seductora; y aquí está la palabra de advertencia.
    - La advertencia es para los que andan en la luz de su propio fuego, rechazando a Aquel que es la luz del mundo. Esta es una palabra de consejo para quienes confían en sí mismos, en su capacidad y sus obras para ganarse su propia salvación.

CAPÍTULO 51

Tras analizar el último capítulo podríamos tener la impresión de que Dios ha dejado de lado a la nación de Israel permanentemente, pero esta es una falsa impresión. Este capítulo descarta tal pensamiento o teoría. Así como Israel tiene un pasado arraigado en un pequeño comienzo, así hoy, ellos son pequeños y están dejados de lado, pero eso no significa que Dios se haya olvidado de ellos. Israel es como un tren que ha descarrilado. Dios pone a la iglesia en la vía principal, que es su propósito actual en este mundo. El tren descarrilado no está averiado, y en el tiempo estipulado por Dios volverá a funcionar rumbo a su destino eterno.

Este capítulo es como un despertador. Marca los lugares donde se producen expresiones como *"Oídme"* y *"Despiértate, despiértate"* (ver versículos 1, 4, 7, 9, 17, y el versículo 1 del capítulo 52). El reloj de Dios no es un Bulova o Gruen, sino Israel. En este capítulo, Dios hace sonar el despertador para despertar a los que están dormidos, para que sepan que pronto llega la mañana eterna.

1. VERSÍCULO 1
   - Este es un llamado a cada corazón sincero de Israel que anhela la justicia y desea conocer a Dios. No está limitado a Israel, sino que es un llamado cósmico para cualquier corazón. Este es un llamado a mirar al comienzo de la nación y la carrera de la que fue tomada. Todos los creyentes saben que han sido rescatados de las arenas movedizas y del barro fangoso. Han sido sacados del pozo de la muerte y el infierno.
   - Este versículo, y los siguientes, resultan ser un maravilloso texto sobre el que predicar de la libertad para adorar y esos aspectos de la vida que encontramos en nuestro propio amado país.

2. VERSÍCULO 2
   - Este es un llamado a cualquier israelita piadoso para que piense en su comienzo. Abraham y Sara marcaron el comienzo de la nación. También, Dios prometió hacer de ellos una bendición para el mundo. La nación de Israel falló, pero Dios no rompió su promesa, ya que Cristo vino para cumplirla (ver Génesis 12:1–2; Gálatas 3:16; Romanos 4:16).

3. VERSÍCULO 3
   - Sion es Jerusalén, el centro de la tierra de la promesa. La tierra será restaurada así como el pueblo a la tierra.

4. VERSÍCULO 4
   - *La "nación mía"* es Israel. Esta es una palabra de gloriosa anticipación para ellos.

5. VERSÍCULO 5
   - El término *"mi justicia"* es Cristo. Él nos ha sido hecho *"justicia"*. La palabra *"costa"* habla de todos los continentes habitados e islas (por lo general referido a los gentiles). *"Mi brazo"* se refiere a Cristo.

6. VERSÍCULO 6
   - Esto lo encontramos descrito en 2 Pedro 3:10.

7. VERSÍCULO 7
   - Esta es una palabra de ánimo para el fiel remanente en cualquier era.
8. VERSÍCULO 8
   - Estamos en el lado de los vencedores. Aquí, el remanente ha aprendido el secreto de la justicia y la gracia de Dios que ha provisto para ellos. Sin duda son como ovejas en medio de lobos.
9. VERSÍCULOS 9–10
   - *Brazo de Jehová* se refiere a Cristo y la salvación que Él trajo en la cruz. Esto está claro en el capítulo 53. *Rahab* es Egipto.
10. VERSÍCULO 11
    - Esta es otra profecía muy clara que afirma el regreso del israelita redimido de nuevo a su tierra. Nada en el pasado puede cumplir adecuadamente esta profecía.
11. VERSÍCULO 12
    - Esto es la continuación de los consuelos citados primero en Isaías 40. Ahora ellos son los redimidos, porque desde el capítulo 40 el siervo sufriente ha sido introducido. Mientras el hombre camine en esta tierra descontrolado en su naturaleza pecaminosa, no hay libertad del temor. El temor es el resultado de olvidarse de Dios.
12. VERSÍCULO 13
    - Como ellos se habían olvidado de Dios, temieron al hombre.
13. VERSÍCULOS 14–16
    - Dios libró a Israel de Egipto para poder hacerles su pueblo. Él hará milagros de nuevo para poder decir: *"Pueblo mío eres tú"* (versículo 16).
14. VERSÍCULO 17
    - Este es otro sonido de alarma. Esta vez es para alertarlos de que se beneficien de su actual angustia. Podían convertir el juicio de Dios sobre ellos en una buena experiencia si aprendían la lección del sufrimiento. La nación ha sufrido más que ningún otro pueblo. La historia enseña esto, y debería animar a todo el pueblo de Dios a orar por la paz de Jerusalén.
15. VERSÍCULO 18
    - Por desgracia, Israel no supo sacar partido de su sufrimiento y vagó por la oscuridad. No había habido ningún libertador entre sus hijos.
16. VERSÍCULO 19
    - ¿No debería hoy el pueblo de Dios compadecerse de Israel? El cristiano debe ser el mejor amigo que pueda tener un judío.
17. VERSÍCULO 20
    - La nación de Israel lleva las marcas de la represión del Señor.
18. VERSÍCULO 21
    - Dios los alerta de que salgan del estupor espiritual en el que viven.
19. VERSÍCULO 22
    - Dios ha estado poniendo el cáliz de furia en sus labios por su rechazo de Cristo. Llegará el día en el que Él retirará el cáliz.
20. VERSÍCULO 23
    - Los enemigos de Israel no escaparán del juicio de Dios. Toda nación que ha sido antisemita ha caído, como Egipto, Persia, Roma, España, Bélgica y Alemania. Este capítulo debería alertar a los

creyentes hoy de que Dios aún escogerá a Israel, y que los eventos del Medio Oriente indican que nos estamos acercando rápidamente al final.

CAPÍTULO 52

Este capítulo es una visión de Jerusalén durante la era del reino. Estamos a punto de cruzar el umbral del reino y el Rey. El despertador sigue sonando a medida que entramos en este capítulo. Es el último llamado y la invitación final ha sido dada. Entramos en este capítulo con gran anticipación al estar de puntillas ante el umbral del tan ansiado evento del futuro. La larga noche de llanto ha terminado. El tan anticipado día ha llegado. El evangelio del reino ha salido hacia el mundo.

Este no es otro evangelio porque Pablo nos dice que no hay otro evangelio. Dios ha tenido siempre un solo fundamento sobre el que salvar a los hombres, y es la muerte y resurrección de Jesucristo (ver 1 Corintios 15:1–4; Gálatas 1:8–9). La respuesta de los hombres en distintas eras ha variado. Abel presentó un pequeño cordero como sacrificio y ese cordero señalaba a Cristo. Este mensaje de arrepentimiento, el evangelio del reino, saldrá al mundo y multitudes responderán a él. Muchas exposiciones ponen los últimos tres versículos de este capítulo con Isaías 53, donde verdaderamente deberían ir, pero seguiremos la división de capítulos que tenemos y consideraremos los tres últimos versículos como una introducción al capítulo 53.

1. VERSÍCULO 1
    - Esta es la palabra tan esperada de Sion y Jerusalén. Su liberación final ha llegado. El reino milenial ha llegado. Nuestro Señor dijo que Jerusalén sería pisoteada por los gentiles hasta que se cumpliera el tiempo de los gentiles. Esos tiempos han terminado y Jerusalén está en paz. Se puede decir por este primer versículo, y la exposición del mismo, que estamos hablando sobre el futuro y sobre el milenio.
2. VERSÍCULO 2
    - La ciudad que ha sido cautiva durante 2.500 años y pisoteada por los gentiles ahora puede quitarse los grilletes de la esclavitud.
3. VERSÍCULO 3
    - Como Dios no recibió nada de los que tomaron cautiva su ciudad santa, Él no dará nada a cambio.
4. VERSÍCULO 4
    - Jacob descendió a Egipto por invitación, pero sus hijos fueron hechos esclavos. Los asirios y otros pueblos los oprimieron.
5. VERSÍCULO 5
    - Dios no recibió ganancia alguna de los años del rechazo de su pueblo.
6. VERSÍCULO 6
    - Este versículo es un bonito pensamiento. Cuando Él estuvo aquí hace dos mil años, ellos no conocieron a Cristo. Ellos le conocerán cuando Él regrese de nuevo y diga: *"he aquí, estaré presente"*.
7. VERSÍCULO 7
    - Los pies no son comúnmente bonitos. De hecho, son feos. Estos pies están *"calzados... con el apresto del evangelio de la paz"* (Efesios 6:15). Apresto significa que están listos y dispuestos para predicar el evangelio bajo cualquier circunstancia. Unos pies calzados se mueven más rápidamente que los pies descalzos. Este es el evangelio del reino: *"¡Tu Dios reina!"*. Este, como hemos indicado, no es otro evangelio. Solo hay un evangelio; Jesús es el evangelio.
8. VERSÍCULO 8
    - Habrá alabanza y unidad de la fe en ese día.

9. VERSÍCULO 9
    - Jerusalén es redimida. El Redentor ha llegado a Sion. Hay gozo sobre la tierra. Israel está de nuevo en la tierra. El Señor Jesucristo está sobre el trono de David. La iglesia es la nueva Jerusalén. El diablo está en el abismo (ver Romanos 11:1–33; Romanos 9:1–12, 25–33).
10. VERSÍCULO 10
    - Todo esto fue posible porque Dios desnudó su brazo poderoso en la redención con su primera venida (ver Isaías 53), y redimirá y restaurará a Israel en su segunda venida. Todas las inteligencias creadas por Dios verán su salvación.
11. VERSÍCULO 11
    - Esta es una limpieza y confesión personal, no la salida de alguna organización o grupo de creyentes o incrédulos.
12. VERSÍCULO 12
    - Su regreso a Israel no será en pánico o temor. Dios será su vanguardia y su retaguardia. Él los hará regresar en paz.
13. VERSÍCULO 13
    - Los tres versículos siguientes constituyen una adecuada introducción al capítulo 53. En este versículo tenemos la exaltación de Cristo (ver Filipenses 2:9–11).
14. VERSÍCULO 14
    - Este versículo pone ante nosotros la humillación de Cristo y de nuevo acudimos a Filipenses 2:5–8. Tras las tres horas de oscuridad sobre la cruz, la multitud debió haberse quedado atónita cuando volvió a irrumpir la luz. Él no parecía humano, tan solo una masa de carne temblorosa. Era indescriptible. No es de extrañar que Dios pusiera un manto de oscuridad sobre la cruz.
15. VERSÍCULO 15
    - *"Así asombrará él a muchas naciones"* se podría traducir como *"así impresionará él a muchas naciones"*. Esto contiene la idea de que su muerte asombrará cuando se entienda adecuadamente. La muerte de Cristo nunca se debería convertir en algo común para nadie. Su muerte fue distinta. Mantengámosla así. No la habremos relatado adecuadamente si no asombra a la gente.

¿Cuánto recuerda?
1. ¿Quiénes son los tres oradores distintos del capítulo 49?
2. ¿Cuál es el bosquejo estructural que se encuentra en el capítulo 50?
3. ¿Por qué el capítulo 51 está vinculado con un despertador?
4. ¿Cuándo sitúa a Jerusalén la visión del capítulo 52?

Su tarea para la próxima semana:
1. Repase sus notas de esta lección.
2. Lea los capítulos 53, 54, 55 y 56 de Isaías.
3. Subraye su Biblia.

Lección 17. Notas

Lección 18
CAPÍTULOS 53, 54, 55 y 56

CAPÍTULO 53

Aquí vemos la muerte sustitutiva de Cristo en la cruz por los pecadores. Quienes están familiarizados con la Palabra de Dios entienden que el capítulo 53 de Isaías y el Salmo 22 nos dan relato más gráfico de la crucifixión de Cristo que el que se encuentra en ningún otro lugar en la Biblia. Esto puede ser asombroso para muchos que están acostumbrados a pensar que solamente los cuatro Evangelios describen el triste episodio de la horrible muerte del Hijo de Dios. Si examinamos detalladamente el relato del evangelio, descubriremos que solamente se nos dan unos pocos eventos no conectados que están relacionados con la crucifixión, y que la crucifixión en sí se trata con límites reverentes. El Espíritu Santo ha corrido un velo de silencio sobre la cruz, y no se presenta ninguno de los detalles horribles para que la multitud curiosa pueda verlos. Se dice de la brutal multitud que lo asesinó, que estaban sentados observándolo. A usted y a mí no se nos permite unirnos a esa multitud. Incluso ellos no lo vieron todo, porque Dios puso una nube de oscuridad sobre la agonía de su Hijo. Algunos oradores sensacionalistas atraen hacia sí mismos un poco de notoriedad dibujando, con un discurso pintoresco, los detalles más minuciosos de lo que creen que tuvo lugar en la crucifixión de Cristo. Usted y yo probablemente nunca sabremos, incluso en la eternidad, hasta qué punto llegó su sufrimiento. Es muy probable que Dios no quiera que estemos familiarizados con aquello que no necesitamos saber. No deseaba que tratáramos como algo común lo que es tan sagrado. Deberíamos recordarnos constantemente a nosotros mismos el peligro de llegar a familiarizarnos demasiado, con las cosas santas.

Isaías, 700 años antes de que naciera Cristo, nos deja ver algo de su sufrimiento que no encontraremos en ningún otro lugar. Antes de avanzar más, debemos pausar por un momento para responder las preguntas que alguien, incluso en este momento, sin duda está planteando: "¿cómo sabemos que Isaías se está refiriendo a la muerte de Cristo? Isaías escribió 700 años antes del nacimiento de Cristo". Esa es precisamente la pregunta que planteó el eunuco etíope cuando Felipe le pidió que lo llevara en su carro en el desierto. El eunuco etíope estaba leyendo el capítulo 53 de Isaías, y se nos dice incluso el lugar mismo en el capítulo donde estaba leyendo (ver Hechos 8:26-35). Felipe responde la pregunta de este modo: "*Entonces Felipe, abriendo su boca, y comenzando desde esta escritura, le anunció el evangelio de Jesús*" (Hechos 8:35). Cristo, en Juan 12:38, citó Isaías 53 y hace la aplicación a sí mismo. Pablo, en Romanos 5:15-18, cita este mismo capítulo en conexión con el evangelio de Cristo. Sin intentar alargar esta referencia, afirmamos que Isaías 53 se refiere a Cristo, e incluso más que eso, es una fotografía de la cruz.

Este capítulo nos dice dos cosas acerca de Cristo:
1. El sufrimiento del Salvador (versículos 1-9).
2. La satisfacción del Salvador (versículos 10-12).

No tomaremos este capítulo versículo por versículo, sino haremos una exposición de la primera parte, es decir, los versículos 1-9, y después la exposición de la segunda parte: versículos 10-12.

Descubriremos que estas dos secciones van juntas: sufrimiento y satisfacción. El sufrimiento siempre precede a la satisfacción. No hay una ruta corta hacia la satisfacción. Incluso Dios no fue por ese camino. Él podría haber evitado la cruz y aceptado la corona, y esa fue la sugerencia de Satanás. El sufrimiento llega siempre antes de la satisfacción. La fraseología registra ese hecho: de la prueba al triunfo, la luz del sol llega tras las nubes, la luz sigue a la oscuridad, y las flores llegan tras la tormenta. Ese parece ser el modo de hacer las cosas que tiene Dios. Ya que es su método, entonces es el mejor método.

1. EL SUFRIMIENTO DEL SALVADOR (versículos 1–9)

- Este capítulo comienza con la pregunta: *"¿Quién ha creído a nuestro anuncio?"*. El profeta parece estar registrando una queja porque no creen su mensaje. Lo que le fue revelado a él no es recibido por los hombres. Este es siempre el triste oficio del profeta. Su mensaje es rechazado hasta que es demasiado tarde. Los mensajeros de Dios no han sido recibidos con los brazos abiertos por el mundo. Los profetas han sido apedreados y su mensaje no ha sido escuchado.

- Existe una fascinación peculiar acerca del capítulo 53 de Isaías. Aquí vemos a Aquel que sufre como nadie más ha sufrido. Aquí contemplamos a Aquel que sufre dolor como una mujer que está de parto. Nos vemos extrañamente atraídos al Él y a su cruz. Él dijo: *"Y yo, si fuere levantado de la tierra, a todos atraeré a mí mismo"* (Juan 12:32). El sufrimiento tiene una atracción singular. El dolor nos une a todos. Cuando vemos a alguna pobre criatura quejándose en desgracia y cubierta de sangre, nuestros corazones instintivamente se compadecen y queremos ayudar de algún modo.

- Mire conmigo los extraños sufrimientos del Hijo de Dios. Dejemos que Él atraiga nuestros fríos corazones hacia la calidez de su sacrificio y el brillo de su amor.

- Isaías desarrolla su primera pregunta planteando otra pregunta: *"¿y sobre quién se ha manifestado el brazo de Jehová?"* (versículo 1). El término "brazo" significa "poder, Cristo, fuerza", y es simbólico de una tarea tremenda. Cuando Dios creó los cielos y la tierra, se sugiere que es meramente la obra de sus manos.

- Ahora tenemos ante nosotros a la persona de Cristo. Se nos dice algo de su origen por el lado humano en el versículo 2.

- Cristo era una raíz que salió de una tierra seca (Isaías 11:1; Romanos 15:12). En la época del nacimiento de Cristo, la familia de David había sido cortada del reinado. Ya no eran príncipes; eran campesinos. La nación de Israel estaba bajo el talón de hierro de Roma. El Imperio Romano no produjo ninguna civilización grande; eran solamente buenos imitadores de grandes civilizaciones. Los logros fueron mediocres y el fundamento moral no existía. Una fuerte masculinidad y una virtuosa femineidad fueron suplantados por los placeres del pecado. La religión de Israel se había venido a menos; realizaban meramente un ritual vacío y el corazón seguía frío e indiferente. A esa situación llegó Cristo. Vino de una familia noble que fue cortada, de una nación que se había convertido en vasallo de Roma, en una época que era decadente. La flor más hermosa de la humanidad, Jesucristo, salió del lugar y el periodo más secos de la historia del mundo. Era humanamente imposible que su época y generación lo produjeran, pero de todos modos Él vino, porque salía de Dios.

- El profeta enfoca nuestra atención inmediatamente en su sufrimiento y muerte en la cruz; *"no hay parecer en él, ni hermosura; le veremos, mas sin atractivo para que le deseemos"* (versículo 2). Algunos han sacado la conclusión por esta frase de que Cristo era poco atractivo, y otros se atreven incluso a sugerir que Él era repulsivo en su aspecto personal. Eso no puede ser cierto, porque Él era el hombre perfecto. Los Evangelios no dan ningún apoyo a ese punto de vista. Fue en la cruz donde esta declaración de Él se cumplió en un sentido muy real. Su sufrimiento fue tan intenso que quedó demacrado, y su cuerpo desfigurado. Esa cruz no fue algo bonito; era totalmente repulsivo mirarla. Los hombres han fabricado cruces que se ven muy atractivas, pero no representan la cruz de Él. No era bonito mirar su cruz; su sufrimiento fue indescriptible, y su muerte horrible. Él ni siquiera tenía aspecto humano tras la terrible experiencia de la cruz.

- Naturalmente, tenemos deseos de saber por qué su muerte fue diferente y horrible. ¿Cuál es el significado de las profundidades de su sufrimiento? Ahora observemos con mucha atención las respuestas en los versículos 3 y 4:

   Despreciado y desechado entre los hombres, varón de dolores, experimentado en quebranto; y como que escondimos de él el rostro, fue menospreciado, y no lo estimamos. Ciertamente llevó él nuestras enfermedades, y sufrió nuestros dolores; y nosotros le tuvimos por azotado, por herido de Dios y abatido.

- El profeta tenía tanto temor a que usted y yo pasáramos eso por alto que lo mencionó aquí tres veces: *"Jehová cargó en él el pecado de todos nosotros"* (versículo 6); *"Jehová quiso quebrantarlo, sujetándole a padecimiento"* (versículo 10). Debemos reconocer que fue Dios quien trató al hombre perfecto de un modo tan terrible. Por lo tanto, como no lo entendemos, somos guiados a preguntarnos por qué Dios lo trató de esa manera. ¿Qué había hecho Él para merecer ese trato? Volvamos a mirar un momento a esa cruz. Cristo estuvo en la cruz seis horas, colgado entre el cielo y la tierra desde las nueve de la mañana hasta las tres de la tarde. En las primeras tres horas, el hombre hizo lo peor; Él soportó ridículo e insultos, escupitajos, lo clavaron a la cruz sin piedad, y entonces se sentaron para verlo morir. A las doce de la mañana, tras haber estado colgado tres horas en agonía, Dios corrió un velo sobre el sol y la oscuridad cubrió esa escena, cerrando al ojo humano la transacción entre el Padre y el Hijo. Porque Cristo se convirtió en el sacrificio por el pecado del mundo. Dios hizo de su alma una ofrenda por el pecado, y Él fue tratado como pecado, porque se nos dice que Él, que no conoció pecado, fue hecho pecado por nosotros (ver Mateo 8:16.17; 2 Corintios 5:21).

- Si quiere saber si Dios aborrece el pecado, mire a la cruz. Si quiere saber si Dios castigará el pecado, mire lo duradero de las torturas de Cristo por su castigo. ¿Con qué vana arrogancia podemos esperar usted y yo escapar si descuidamos una salvación tan grande? Aquella cruz se convirtió en un altar donde contemplamos al Cordero de Dios quitando el pecado del mundo.

- Escuchemos de nuevo en los versículos 5 y 6:

    Mas él herido fue por nuestras rebeliones, molido por nuestros pecados; el castigo de nuestra paz fue sobre él, y por su llaga fuimos nosotros curados. Todos nosotros nos descarriamos como ovejas, cada cual se apartó por su camino; mas Jehová cargó en él el pecado de todos nosotros.

    Él estaba ocupando el lugar de usted y el mío. Él no había hecho nada malo; era santo, inofensivo, puro y separado de los pecadores. Él fue un sustituto que proveyó el amor de Dios por usted y yo, para que pudiéramos ser salvos.

- Sin duda, nuestros corazones se compadecen de Él cuando expira allí sobre el madero. Ciertamente, no quedamos impávidos ante tal dolor y sufrimiento. Seríamos crueles si en nuestros corazones no hubiera una respuesta.

- Algunos pueden pensar que Él murió como mártir. Él no murió como mártir, ¡porque Él no apoyaba una causa perdida! Él no murió como los mártires que en su muerte cantan alabanzas de gozo y confiesan que Cristo estaba a su lado. Él no murió así, porque Él fue desamparado por Dios. Él dijo: *"Dios mío, Dios mío, ¿por qué me has desamparado?"* (Mateo 27:46). Su muerte fue diferente porque murió totalmente y completamente solo.

- Cuando lo vio y lo escribió Isaías, pensaba en sí mismo y en nosotros cuando dijo: *"Todos nosotros nos descarriamos como ovejas"* (versículo 6).

2. LA SATISFACCIÓN DEL SALVADOR (versículos 10-12).

- Hay una frase que se cita generalmente con un sentido erróneo en relación con el versículo 3 y el versículo 10 donde tenemos la idea de que Cristo fue "varón de dolores, experimentado en quebranto", etc. La deducción es que Cristo fue un hombre muy infeliz mientras estuvo aquí en la tierra, y para afianzar su posición se citan algunos incidentes aislados donde dice que Él lloró. Ahora bien, voy a corregir eso si puedo. Leamos en Isaías 53 y encontraremos esto: *"Ciertamente llevó él nuestras enfermedades, y sufrió nuestros dolores"* (versículo 4). Fue *nuestras* enfermedades y dolores lo que Él llevó; Él fue muy feliz en su misión aquí en la tierra, porque se dice de Él: *"por el gozo puesto delante de él sufrió la cruz"* (Hebreos 12:2). Con gozo, Él ocupó nuestro lugar en la cruz. Hizo de esa cruz un altar sobre el cual se ofreció un pago satisfactorio por el castigo de nuestros pecados. Él murió allí dispuesto, porque se afirma además que *"como oveja delante de sus trasquiladores, enmudeció, y no abrió su boca"* (Isaías 53:7).

- Él no solo murió por usted y por mí; se levantó de nuevo y resucitó desde el sepulcro a la victoria, y ascendió otra vez al cielo. En este momento está sentado a la diestra de Dios, y el profeta dice: *"Verá el fruto de la aflicción de su alma, y quedará satisfecho"* (versículo 11). Tenemos un Salvador vivo y que se regocija, porque su sufrimiento condujo a la satisfacción. Él soportó el infierno para que nosotros pudiéramos tener su cielo. Él está feliz, porque a lo largo de las épocas ha habido multitudes, sí, millones que han llegado a conocerlo a Él y han encontrado un dulce alivio de la culpabilidad, perdón de pecados, y sanidad de la lepra del pecado. Cristo dijo que hay gozo en el cielo por un pecador que se arrepiente (ver Lucas 15:7), y ese número puede multiplicarse por millones.

3. UN RESUMEN DE LOS ÚLTIMOS TRES VERSÍCULOS DEL CAPÍTULO 52 Y TODO EL CAPÍTULO 53

- Los versículos 13-15 del capítulo 52 son la introducción al capítulo 53. Esto nos da un total de quince versículos, y están divididos en cinco grupos de tres.
- En estas cinco secciones de tres versículos cada una tenemos de nuevo un Pentateuco, cuyas partes tienen una correspondencia asombrosa con el primer Pentateuco de la Biblia.
- Los tres primeros versículos (capítulo 52:13-15) son el Génesis de la profecía. En Génesis vemos ruina: pecado. Esta sección concluye con la profecía del reporte que sale a quienes nunca habían visto ni oído tal maravilla: los gentiles. Tiene en ella toda la simiente que sigue.
- En segundo lugar, en los versículos 1-3 vemos la sección del Éxodo. Aquí se anuncia redención. La salvación es anunciada y rechazada.
- La tercera sección, los versículos 4-6, nos llevan a la sección levítica, y como ese libro nos llevó al santuario con las muchas ofrendas relacionadas con él, también aquí tenemos la única ofrenda que ha desplazado a todas esas sombras y por la cual tenemos acceso incluso al lugar santísimo. Estos tres versículos revelan el secreto de esos sufrimientos; y nos irá bien si escuchamos, no con frialdad, sino con algún grado de afecto avivado por la revelación. Levítico, por lo tanto, significa comunión con Dios o expiación.
- En cuarto lugar tenemos la sección que se encuentra en los versículos 7-9 y que se compara con Números, un libro de guía o dirección. Se relata la senda del peregrino de Israel con todas sus pruebas del desierto, y sus constantes fracasos en esas pruebas. Aquí también llegamos a ese aspecto de los sufrimientos y pruebas del Salvador por parte del hombre y su aguante perfecto en ellas porque Él nunca falló.
- Llegamos ahora a la última sección (versículos 10-12) que se compara con el libro de Deuteronomio. Se describe la fidelidad de Dios, y es un libro de destino. Estos versículos en Isaías 53 resumen los tratos de Dios con Israel cuando, con sus viajes en el desierto ya pasados, ahora están en el punto de su destino.

De principio a fin tenemos un tipo de Biblia en miniatura en este Pentateuco con respecto al sufrimiento y satisfacción de nuestro Salvador.

CAPÍTULO 54

El capítulo 54 estalla en exaltación tras las profecías de los sufrimientos, la carga del pecado, y la gloria del siervo de Jehová en el capítulo 53. Israel es llamado a regocijarse con canto y proclamación, pues su estado de esterilidad dará lugar a la fructificación. En este capítulo vemos la aplicación de la redención de Cristo a

Israel y la tierra. La Iglesia no está a la vista aquí, y la Iglesia se define como una *"virgen pura"* (2 Corintios 11:2) y no una esposa restaurada. Personas de todas las dispensaciones (pasado, presente y futuro) son salvas por la redención que Cristo produjo en la cruz. Que la iglesia no robe a Israel los gloriosos beneficios de la redención de Cristo retratados aquí.

En primer lugar, veremos la reunión y restauración de Israel como la esposa de Jehová en los versículos 1-10.

En segundo lugar, veremos el regocijo y la justicia de Israel como la esposa restaurada de Jehová en los versículos 11-17.

1. VERSÍCULO 1
   + La primera palabra después de la crucifixión en Isaías 53 es *"canto"*. Es un llamado a Israel a cantar. En el pasado, Isaías ya ha comentado que el dolor del pasado solamente produjo vanidad y su futuro es más glorioso, ya que habrá muchos hijos.

2. VERSÍCULO 2
   + La nación Israel nunca ha ocupado toda la tierra que el Señor les ha entregado. Leemos en Josué 1:4: *"Desde el desierto y el Líbano hasta el gran río Éufrates, toda la tierra de los heteos hasta el gran mar donde se pone el sol, será vuestro territorio"*. Entonces, sin duda hay otras referencias a la tierra de Israel. Durante el milenio ocuparán las fronteras totales. Además, la ciudad de Jerusalén se extenderá hacia las zonas suburbanas, y eso ya se está haciendo.

3. VERSÍCULO 3
   + Los gentiles han ocupado la mayor parte de la tierra de la promesa. Ellos tendrán que retirarse a sus propias fronteras.
   + Las manos derecha e izquierda representan el sur y el norte como en Génesis 15:17, Egipto y el Éufrates. También, para el oriente y el occidente encontramos esa escritura en Génesis 18:14.
   + Habrá mucho más en el futuro de lo que se disfrutó durante el reinado de Salomón. Ellos han de convertirse en cabeza de las naciones.

4. VERSÍCULO 4
   + Su pasado es una causa de vergüenza y profunda humillación, pero al mismo tiempo estará todo bajo la sangre. Este versículo está lleno de la tierna y amorosa bondad del Señor, sus misericordias del pacto y el futuro glorioso preparados para la nación: Israel.

5. VERSÍCULO 5
   + Dios los poseerá como sus redimidos.

6. VERSÍCULO 6
   + Israel es hoy como una esposa que se ha divorciado por adulterio, pero Dios la llamará otra vez a sí mismo. La gracia restauradora de Dios es maravillosa. Él llama a Israel otra vez a sí mismo como un esposo recibe de nuevo a su esposa que amó en su juventud, pero que rechazó a causa de adulterio.

7. VERSÍCULO 7
   + El pasado está olvidado, y aunque los largos siglos discurrieron lentamente, parecerá solo un breve momento en comparación con las grandes bendiciones para el futuro. La Iglesia tiene una promesa similar, y la encontramos en 2 Corintios 4:17-18.

8. VERSÍCULO 8
   + La ira de Dios fue pequeña en comparación con su gran misericordia.

9. VERSÍCULO 9
   + Dios prometió a Noé no volver a destruir nunca la tierra con un diluvio. Dios ha cumplido esa promesa y, por lo tanto, cumplirá su promesa a Israel. El Señor hace una promesa, y Él nunca rompe una promesa.

10. VERSÍCULO 10
    + Esta es una promesa gloriosa. Léala una y otra vez hasta que entienda el significado en su corazón. El gran pacto de paz de Dios nunca será eliminado. Él comunica esa seguridad en la ilustración cuando los montes han huido y las colinas han sido removidas, pero su bondad nunca se apartará de Israel.
11. VERSÍCULO 11
    + Ahora Dios comienza a consolar a Israel para que pueda regocijarse.
12. VERSÍCULO 12
    + Comparemos estas descripciones con la Nueva Jerusalén (ver Apocalipsis 21:9-27). Dios es un Dios de belleza. El pecado es feo.
13. VERSÍCULO 13
    + Este es el día cuando el conocimiento del Señor cubrirá la tierra. Esto produce paz.
14. VERSÍCULO 14
    + La paz produce justicia. Ambas cosas van juntas. Entonces llega libertad del temor (ver Salmos 85:10).
15. VERSÍCULO 15
    + Los enemigos ya no atacarán a Israel. Estarán lejos de la opresión. Jerusalén será invencible.
16. VERSÍCULO 16
    + Dios envió a los enemigos en el pasado, pero nunca permitirá que otros salgan contra ellos.
17. VERSÍCULO 17
    + Incluso en el pasado y el presente Dios ha estado opuesto al antisemitismo. Ningún enemigo de la nación escogida de Dios ha prosperado nunca. Los testigos de esta verdad son muchos en número. Israel no podrá reclamar nada por su propio mérito, más de lo que podemos nosotros que somos justificados gratuitamente por su gracia mediante la redención que es en Cristo Jesús.

CAPÍTULO 55

La obra del Siervo sufriente en el capítulo 53 hace posible la oferta de salvación en este capítulo. En el capítulo 54 la invitación estaba limitada solo a Israel; aquí, la invitación se extiende al mundo entero. En los capítulos 54 y 55 tenemos los resultados de la redención producida en el capítulo 53. El evangelio fue primero a Israel y después a los gentiles. Romanos 1:16 dice: *"Porque no me avergüenzo del evangelio, porque es poder de Dios para salvación a todo aquel que cree; al judío primeramente, y también al griego"*.

Este versículo aún ha de tener su cumplimiento completo en Israel. Actualmente es para todo el mundo, y la única condición es la sed del individuo. Aunque la salvación de Dios ha de ser proclamada a toda criatura, solamente los sedientos responderán.

Esta no es una oferta mecánica guardada bajo llave en el compartimiento hermético de la elección de Dios, sino que descansa en el libre albedrío de cada oyente. Se le insta, se le ordena que busque al Señor.

1. VERSÍCULO 1
    + El primer versículo del capítulo comienza con las palabras *"a todos"*. Es un clamor del corazón de Dios a que todos pausen y consideren su salvación. Él quiere que toda alma débil contemple su poderoso brazo en la salvación. Aunque la invitación es ecuménica, está limitada a cierta clase y esa clase resulta ser los sedientos. Quienes se han emborrachado en los pozos de este mundo han gustado los sabores de sus placeres y siguen teniendo sed. Se les invita a venir y beber del agua de vida. Para aquellos cuya sed no ha sido saciada por las cisternas hechas por hombres, la invitación es beber profundamente del manantial eterno.

- Es una invitación triple expresada por las tres veces que se repite el verbo *"venid"*. Se ofrecen tres tipos de bebida.
    a. a. Primero, *"aguas"*. Se utiliza esta forma plural, ya que el agua es demasiado maravillosa para expresarle en singular. *"Aguas"* también habla de cantidad al igual que de calidad. El agua es esencial para la vida y habla de la obra del Espíritu Santo, como regenerador y dador de vida (ver Juan 3:5). Primero hay que recibir el agua, ya que es vida. La invitación del Señor Jesucristo era a que los hombres vayan a Él y beban. Las aguas que dan vida eran el Espíritu Santo, como Él afirmó claramente.
    b. b. *"Vino"* es el segundo tipo de bebida que se ofrece. Esto nos habla de la bebida del alma, que es el gozo. Proverbios 31:6 dice: *"Dad la sidra al desfallecido, y el vino a los de amargado ánimo"*. El gozo siempre sigue a la recepción de vida, nunca la precede.
    c. c. *"Leche"* es el tercer tipo de bebida que se ofrece. La leche es esencial para el crecimiento y el desarrollo, especialmente para los bebés. Primera de Pedro 2:2 dice: *"desead, como niños recién nacidos, la leche espiritual no adulterada, para que por ella crezcáis para salvación"*. La Palabra de Dios es la única fórmula que Dios tiene para los bebés recién nacidos.
- Estas tres bebidas están enumeradas en el menú de Dios a un precio exorbitante, aunque no tienen precio. El dinero no es el requisito, ya que no están a la venta con un valor monetario. El único requisito es la sed. Todos están invitados a venir. ¿Está usted sediento?

2. VERSÍCULO 2
    - Observemos: *"¿Por qué gastáis el dinero en lo que no es pan?"*. Los placeres de este mundo son caros. No solo son caros, sino que nunca satisfacen. Los placeres del mundo son falsificaciones; son como aserrín y nunca pueden satisfacer el alma. Hay un pan que satisface. Juan 6:35 dice: *"Jesús les dijo: Yo soy el pan de vida; el que a mí viene, nunca tendrá hambre"*.

3. VERSÍCULO 3
    - *"Inclinad vuestro oído"* es la petición urgente de Dios para que prestemos particular atención a su oferta misericordiosa. Está repitiendo de nuevo: *"Venid luego... y estemos a cuenta"* (Isaías 1:18). Apartemos las tentadoras voces que nos distraerían.

4. VERSÍCULO 4
    - A Jesús se le llama *"un testigo"*. Aún ha de convertirse en el gran jefe.

5. VERSÍCULO 5
    - La invitación a participar en las misericordias de David no conoce fronteras nacionales ni raciales, sino que se ciñe a todos (ver también Efesios 2:11-12).

6. VERSÍCULO 6
    - El camino de Dios y el camino del hombre están en contraste y en conflicto. A menudo se pone la objeción de que no es un llamado del evangelio legítimo para el presente, ya que no se pide al hombre que busque a Dios sino que, por el contrario, Dios es quien busca al hombre. Esto sin duda es preciso, pero sin embargo este llamado es para el presente, ya aquí está a la vista el aspecto humano. La responsabilidad humana no es derrotada por los propósitos soberanos y la elección de Dios porque sus ovejas sí oyen su voz y lo siguen.

7. VERSÍCULO 7
    - El camino del hombre es un camino malvado y conduce a la muerte (ver Proverbios 14:12; Isaías 53:6).

8. VERSÍCULO 8
    + El camino de Dios es diferente al camino del hombre. El evangelio es el camino de Dios, y ningún hombre podría haberlo imaginado. *"Mas os hago saber, hermanos, que el evangelio anunciado por mí, no es según hombre; pues yo ni lo recibí ni lo aprendí de hombre alguno, sino por revelación de Jesucristo"* (Gálatas 1:11-12).
    + Los hombres orgullosos nunca habrían escogido este camino. El hombre mediante la sabiduría no podría haberlo pensado.
9. VERSÍCULO 9
    + El evangelio solo pudo llegar por revelación, ya que la razón del hombre nunca parece seguir la ruta de la redención.
10. VERSÍCULO 10
    + En estos últimos versículos se da prominencia a la Palabra de Dios. La salvación es una revelación de Dios. La Palabra de Dios se compara a la lluvia que desciende del cielo. El hombre no consigue ascender hasta Dios mediante algún esfuerzo de Torre de Babel, sino que recibe la revelación de Dios que desciende del cielo. La lluvia hace que la tierra sea fructífera. La semilla germina y produce en abundancia.
11. VERSÍCULO 11
    + La Palabra de Dios es lluvia y semilla. Cae sobre las almas secas y desiertas de los hombres. Germinará en los corazones de muchos, y logrará el propósito de Dios (ver Mateo 13:3-23). La Palabra nunca sale para regresar vacía, sin lograr el propósito para el que se envíe.
12. VERSÍCULO 12
    + La lluvia hace que la tierra responda con una nota de alabanza al Creador y Redentor. *"Porque también la creación misma será libertada de la esclavitud de corrupción, a la libertad gloriosa de los hijos de Dios. Porque sabemos que toda la creación gime a una, y a una está con dolores de parto hasta ahora"* (Romanos 8:21-22).
13. VERSÍCULO 13
    + Esto mira al milenio cuando la tierra será redimida. La maldición del pecado se expresa por los espinos y cardos (ver Génesis 3:18).

CAPÍTULO 56

Aquí en este capítulo vemos la bendición de Israel en el milenio bajo el nuevo pacto. Este capítulo, que sigue a la salvación de Dios en el capítulo 53 y sus proposiciones a Israel en el capítulo 54 y al mundo en el capítulo 55, no es una retirada de nuevo al Monte Sinaí, sino más bien una marcha de victoria por el arco del triunfo hacia el milenio. Es un movimiento hacia adelante que es el resultado lógico de lo que ha precedido. Pertenece particularmente a Israel e irradia hacia el círculo más amplio de beneficios globales. Todo esto se nos da en lo que llamamos el Nuevo Pacto.

Porque reprendiéndolos dice: He aquí vienen días, dice el Señor, en que estableceré con la casa de Israel y la casa de Judá un nuevo pacto; no como el pacto que hice con sus padres el día que los tomé de la mano para sacarlos de la tierra de Egipto; porque ellos no permanecieron en mi pacto, y yo me desentendí de ellos, dice el Señor. Por lo cual, este es el pacto que haré con la casa de Israel después de aquellos días, dice el Señor: Pondré mis leyes en la mente de ellos, y sobre su corazón las escribiré; y seré a ellos por Dios, y ellos me serán a mí por pueblo.
(Hebreos 8:8-10)

En este capítulo, nuestra atención se dirige desde los grandes eventos del futuro hacia los aspectos más prácticos de la vida diaria en el reino. El énfasis es la ética y no los acontecimientos: práctica y no profecía.

Todo esto debería influenciar nuestra vida cotidiana. El estudio de la profecía no es para entretener al curioso o intrigar el intelecto, sino para alentar una vida santa.

En la primera parte de este capítulo, los versículos 1-8, veremos los detalles del reino; y después en la última parte del capítulo, los versículos 9-12, veremos algunos de los lamentables apuros de Israel durante la época de los escritos de Isaías.

1. VERSÍCULO 1
   - Ninguno de los profetas anunció un largo intervalo antes del establecimiento del reino. Para ellos, era algo inmediato. La salvación de la que se habla aquí es la salvación nacional de Israel, una nación nacida en un día. Esto es lo que estaba en la mente de Pablo en Romanos 11:26 cuando dijo: *"y luego todo Israel será salvo, como está escrito: Vendrá de Sion el Libertador, que apartará de Jacob la impiedad"*.

2. VERSÍCULO 2
   - El día de reposo ha de ser restaurado después de este día de gracia, y la Iglesia es llevada al lugar preparado en las alturas. Esto será durante la gran tribulación y el milenio. Mientras tanto, no hemos de ser juzgados según un día de reposo. El día de reposo fue un trato entre Dios e Israel (ver Éxodo 41:16-17 y Ezequiel 20:12). No había ningún mérito en observar el día de reposo solo por hacerlo; sus vidas debían ser de tal modo que su observancia de este día significara que lo guardaban.

3. VERSÍCULO 3
   - El gentil en ese día no ha de sentir que es un forastero a causa del trato particular de Dios con Israel; por el contrario, es invitado a compartir las bendiciones.
   - Un eunuco no podía servir como sacerdote bajo la ley mosaica. Un hándicap físico no apartará a nadie en el futuro.

4. VERSÍCULOS 4-5
   - El discapacitado, los extranjeros, y todos los marginados son invitados a aceptar la misericordiosa proposición de Dios de una posición que es mejor que un hijo o una hija, y una seguridad que es para siempre. Esto, la ley no podía proporcionarlo.

5. VERSÍCULO 6
   - Al extranjero se le dará un nuevo corazón para que pueda amar al Señor.

6. VERSÍCULO 7
   - Este es el versículo que el Señor citó cuando limpió el templo la segunda vez, no Isaías 21:13. La intención original de Dios era que el templo fuera para todas las personas sin tener en cuenta su raza, lengua, clase o condición. Hacía mucho tiempo que había dejado de funcionar como tal en los días de Cristo. La Iglesia en el presente está tan alejada de su objetivo principal como lo estaba el templo.

7. VERSÍCULO 8
   - El reino ha de ser mundial en su extensión e incluirá a miembros de toda familia y raza. Esta es la intención.

8. VERSÍCULO 9
   - Nuestra visión cambia de la elevada contemplación del glorioso reino futuro a la lamentable condición del reino de Israel existente entonces. Dios estaba permitiendo que las naciones del mundo llegaran como bestias salvajes y feroces, y habían de robar al pueblo. Asiria ya había entrado y Babilonia seguiría pronto. Más adelante llegarían otras para saquear y destruir Israel.

9. VERSÍCULO 10
   - La razón por la que Dios permitió que llegaran fue por el liderazgo débil e inadecuado del pueblo. Como vigías, eran ciegos. Eran como perros perezosos, y se les llama perros mudos. Los reyes,

sacerdotes y falsos profetas eran considerados responsables del bienestar de la nación, y su destrucción estaba a la puerta. ¿Hay algo que le resulte familiar aquí?

10. VERSÍCULO 11
    + Eran perros comilones que buscaban su propio interés personal en lugar del bienestar de la nación. Su codicia los cegaba a los eminentes peligros que llegaban contra la nación.
11. VERSÍCULO 12
    + Embriagaban su triste situación con bebida y enfrentaban el futuro como borrachos y optimistas ciegos.

Cuánto recuerda?

1. ¿Qué dos partes componen el capítulo 53?
2. Describa el estado del mundo cuando Jesús entró en él en su nacimiento (capítulo 53).
3. Recuerde la promesa de Isaías 54:10 y cópiela aquí:

_____
_____
_____
_____
_____
_____

4. Describa cómo cambia la oferta de salvación a lo largo de estos capítulos.

Su tarea para la próxima semana:

1. Repase sus notas de esta lección.
2. Lea Isaías, capítulos 57, 58, 59, 60 y 61.
3. Subraye su Biblia.

Lección 18. Notas

Lección 19
CAPÍTULOS 57, 58, 59, 60 y 61

CAPÍTULO 57

Este capítulo nos lleva a la escena final antes de la venida del Rey para establecer su reino. Por lo tanto, estamos mirando en este capítulo los días de la gran tribulación. Este capítulo nos lleva a la encrucijada donde algunos morirán por su fe, y como nos dice Juan en Apocalipsis: *"Estos son los que han salido de la gran tribulación, y han lavado sus ropas, y las han emblanquecido en la sangre del Cordero"* (Apocalipsis 7:14).

1. VERSÍCULOS 1-2
   - El justo es quitado en los versículos 1 y 2. Esta es una imagen de 1 Tesalonicenses 4:13-18 y Apocalipsis 7:14.

2. VERSÍCULO 3
   - Dios se dirige a los malvados. Incluso sus ancestros son malos. Notemos la etiqueta que se da a sus madres.

3. VERSÍCULO 4
   - Ellos han sido los perseguidores de los justos, y aquí vemos que Dios pronuncia una acusación contra su pueblo llamado Israel con los términos más feroces.

4. VERSÍCULO 5
   - Israel, hablando generalmente, pero no todos (porque sigue habiendo ese remanente), son los idólatras que han dado la espalda a Dios y son culpables de grave inmoralidad y asesinato.

5. VERSÍCULO 6
   - Ellos adoran incluso las piedras lisas en el valle y adoran todo, excepto al Dios vivo y verdadero.

6. VERSÍCULO 7
   - La idolatría, asociada con los sepulcros en los montes altos, da lugar a escenas de la más vil inmoralidad.

7. VERSÍCULO 8
   - El pecado normalmente se comete en secreto, pero ellos se han vuelto descarados y presumen de su pecado públicamente.

8. VERSÍCULO 9
   - Este versículo tiene un interés único. Israel, en sus lujurias, se rebajó hasta el extremo en que Dios dice: *"y te abatiste hasta la profundidad del Seol"*. Se han hundido tan bajo que rinden homenaje al representante de Satanás que es "el rey": el anticristo.

9. VERSÍCULOS 10-11
   - El camino de la maldad conduce a cansancio y frustración. No hay esperanza en el sendero de rebeldía que ellos toman, ni tampoco hay remordimiento por su parte. No había temor de Dios delante de sus ojos, ya que seguían como mentirosos por su camino sin sentido. Dios guardó silencio y no actuó. Como siempre, Él fue paciente con ellos.

10. VERSÍCULO 12
    - Llegará un día en el que los libros serán abiertos y sus obras serán juzgadas. Ellos son lanzados en el lago de fuego.

11. VERSÍCULO 13
    + Las cosas en que ellos confiaban fallarán, y verán la total futilidad de su camino. Dios está decidido a que quienes confían en Él poseerán la tierra. Su rebelión no frustró el propósito de Dios.
12. VERSÍCULO 14
    + Se hará un camino para el pueblo de Dios. El evangelio de la cruz ya no será una piedra de tropiezo para los judíos.
13. VERSÍCULO 15
    + Dios consuela a los suyos debido a quién es Él: el Alto y Sublime. Él es el Dios de la eternidad. Cuán débil es el hombre cuando ronda los 70 años. El Dios eterno promete tomar a quienes no confían en sí mismos, sino que confían en Él, y cubrirlos como una mamá gallina cubre a sus polluelos. Qué paz y qué seguridad.
14. VERSÍCULO 16
    + Él es el Dios eterno, pero no siempre estará enojado con el pecado, porque ha de ser quitado.
15. VERSÍCULO 17
    + Dios explica por qué Él castiga a los malvados. Los malvados son codiciosos y siguen en rebelión contra Dios.
16. VERSÍCULO 18
    + Él sanará y salvará a quienes abandonen la maldad de sus caminos.
17. VERSÍCULO 19
    + Solo Dios puede declarar paz al corazón del pecador.
18. VERSÍCULO 20
    + Esta es una de las descripciones más pintorescas de los malvados en la Escritura. Como el mar en tempestad, el malvado no puede encontrar descanso ni paz en sus caminos de maldad. Siguen adelante como criminales perseguidos buscando liberación y seguridad.
19. VERSÍCULO 21
    + Esta es la segunda vez que se ha repetido esta afirmación. La encontraremos también en Isaías 48:22.

CAPÍTULO 58

Este capítulo nos lleva a la sección final del libro de Isaías. La gloria del Señor ha sido retirada de Israel. El pueblo era muy arrogante y cínico con respecto a su relación con Dios. Observaban las formas y se atrevían a cuestionar las acciones de Dios hacia ellos. Se sentaban en juicio a Dios y sus métodos. A pesar de su observancia externa de la religión, seguían en sus propios caminos de maldad. Este mismo espíritu fue manifestado tras la cautividad en Babilonia.

¡Qué audacia cuestionar a Dios! Este es el espíritu del hombre natural con su muestra externa de forma religiosa. El corazón está lejos de Dios, y su camino es malvado. El barniz de piedad es nauseabundo para el Señor Jesucristo.

1. VERSÍCULO 1
    + El Señor Dios ordena al profeta que grite en voz alta un mensaje que es siempre impopular. Destacar las transgresiones y pecados de un pueblo que cree que es religioso es causar el amargo desagrado y actitud cáustica del pueblo. Solamente un hombre muy valiente lo hará.
    + La debilidad básica del liberalismo es su objetivo de agradar al hombre natural sin decirle la verdad real sobre su enfermedad fatal. Aquí, el Señor Dios dice: *"anuncia a mi pueblo su rebelión, y a la casa de Jacob su pecado"*.

2. VERSÍCULO 2
   + Hay un elemento de sátira mordaz en la declaración de Dios. Estas personas asistían a la adoración en el templo regularmente y realizaban todos los rituales. Eran meticulosos a la hora de seguir la forma de la adoración. En realidad les gustaba ir a la iglesia, y sin embargo sus vidas estaban lejos de ser apartadas y santas.
3. VERSÍCULO 3
   + Sarcásticamente, preguntan la razón para el ayuno y la humillación si Dios no se dio por entendido. Evidentemente, habían hecho del ayuno una parte importante de su religión. Dios les dio días festivos, pero no días de ayuno.
   + Ellos habían de afligir sus almas en relación con el gran día de expiación. En tiempos de pecado debían ayunar. El ayuno era la expresión externa del alma, y ellos lo habían convertido en una forma que ministraba a su propio ego y su propio orgullo. El ayuno era un asunto privado entre el alma y Dios, y no una expresión pública. Nuestro Señor tuvo mucho que decir sobre esto, y concretamente sobre abusar del ayuno:

   > *Cuando ayunéis, no seáis austeros, como los hipócritas; porque ellos demudan sus rostros para mostrar a los hombres que ayunan; de cierto os digo que ya tienen su recompensa. Pero tú, cuando ayunes, unge tu cabeza y lava tu rostro, para no mostrar a los hombres que ayunas, sino a tu Padre que está en secreto; y tu Padre que ve en lo secreto te recompensará en público.* (Mateo 6:16-18)

4. VERSÍCULO 4
   + Dios explica por qué Él no puede aceptar su ayuno. Ellos pensaban que les daba una aceptación especial ante Él.
5. VERSÍCULO 5
   + Dios no había ordenado su ayuno, y sus actos de adoración eran totalmente externos.
6. VERSÍCULO 6
   + Dios quería que sus actos reflejaran sus ayunos. Eran de oprimir a los pobres y aprovecharse de sus hermanos israelitas.
7. VERSÍCULO 7
   + Ellos estaban dando la espalda a los pobres y necesitados. Incluso se negaban a mostrar bondad y amor a su propia carne y sangre. Su religión era tan fría como el lado norte de un sepulcro en enero.
8. VERSÍCULO 8
   + Dios no podía manifestar su bendición y su gloria a un pueblo que practicaba su religión de tan mala manera.
9. VERSÍCULO 9
   + Dios quería oír sus oraciones y quería bendecir. Quería abrir las ventanas de los cielos y derramar sobre ellos una bendición, pero sus corazones no estaban abiertos a recibirla.
10. VERSÍCULO 10
    + Dios les pidió que practicaran una cosa concreta que Él pudiera bendecir, y era dar de sí mismos al hambriento y satisfacer a las almas en aflicción.
11. VERSÍCULO 11
    + Dios prometió bendecirlos si ellos mostraban realidad en su religión.
12. VERSÍCULO 12
    + Su regreso a Dios repararía el caos de los pecados de generaciones pasadas.

13. VERSÍCULO 13
    + Dios usa otra cosa concreta con ellos. Él dio el día de reposo a Israel, como hemos indicado antes (ver Éxodo 31:12-17). El Sabbat o día de reposo era entre Dios y los hijos de Israel. Incluso para ellos tenía que ser algo más que una formalidad, y lo convirtieron en un día para sus propios placeres. Era solamente una forma hueca. Tenían que entrar en ese día para el descanso del cuerpo y el alma.
14. VERSÍCULO 14
    + El horizonte aquí se extiende y el futuro está abierto ante nosotros. Ellos puede que demoren la gloria que se acerca, pero no pueden destruir el plan de Dios para la próxima manifestación de gloria.

CAPÍTULO 59

Este capítulo continúa con los cargos de Dios contra Israel. Sus pecados han producido su triste estado. La religión se había convertido en un encubrimiento para sus pecados. Dios se negó a escuchar sus oraciones debido a sus iniquidades, y no porque Él fuera duro de oído. Se hace referencia a sus pecados treinta y dos veces. Se utilizan muchas palabras para describir sus muchos pecados, por ejemplo: 1. Iniquidades, 2. Pecados, 3. Ensuciados con sangre, 4. Mentiras, 5. Perversión, 6. Vanidad, 7. Delito, 8. Huevos de víbora, 9. Tela de araña, 10. Víbora, 11. Obras, 12. Violencia, 13. Maldad, 14. Desperdicio, 15. Destrucción, 16. Caminos torcidos, 17. Oscuridad, 18. Transgresiones, 19. Alejamiento, 20. Opresión, 21. Revuelta, 22. Concebir, y 23. Profundas falsedades. Hay veintitrés cargos distintos contra ellos, y nueve ofensas repetidas.

Este capítulo nos proyecta hacia el futuro cuando la gloria del redentor será revelada. Habrá un tiempo de confesión nacional de pecado (ver Zacarías 12:11–14).

1. VERSÍCULO 1
    + La razón por la que Israel no es salvo no se debe a ninguna debilidad en el "poderoso brazo de Jehová". Tampoco se debió a una conexión defectuosa en la comunicación de Él con ellos.
2. VERSÍCULO 2
    + Los pecados de Israel los habían separado de Dios. Nuestro pecado es lo que nos separa de Dios.
3. VERSÍCULOS 3–4
    + Dios enumera los pecados específicos de esta fea simiente.
4. VERSÍCULO 5
    + Un "*áspid*" es una serpiente. Son huevos de serpiente. El pecado tiene un modo de multiplicarse. La tela de araña es una malla endeble que no tiene valor. Se usa para atraer la comida de la araña.
5. VERSÍCULO 6
    + Las telas de araña no son como la seda del gusano de seda. La justicia del hombre no es solo trapos de inmundicia, sino que tampoco puede cubrir la desnudez del hombre.
6. VERSÍCULOS 7–8
    + Pablo hace en esta lista la imagen universal del hombre (ver Romanos 3:15–18).
7. VERSÍCULO 9
    + El cambio de pronombre aquí indica que hay otro orador. En lugar de "vuestras" y "su" cambiamos a "*nosotros*". Ellos ahora confiesan que están en tinieblas. Sus rituales religiosos han sido todos ellos un fingimiento.
8. VERSÍCULOS 10–19
    + Los cargos son específicos. Aquí, la confesión es específica. Cada pecado es confesado por separado; es catalogado y repudiado. La confesión de pecados hoy por parte de los cristianos debería ser específica. Normalmente, son generales en nuestros pensamientos y en nuestras oraciones. Cada pecado debería etiquetarse y confesarse en privado como pecado.

- El versículo 16 es evidentemente una referencia a Cristo.

9. VERSÍCULOS 20–21
    - Esto nos lleva a la última división del capítulo, y los pronombres vuelven a cambiar. El Redentor vendrá a Sion. Todos los propósitos de Dios concernientes a esta tierra avanzan hacia este tiempo. Cuando el Redentor regrese, habrá una gran confesión de pecado.
    - Dios ha hecho un pacto de que el Redentor viene a Sion. Nunca habrá un tiempo en el que esta promesa sea totalmente abandonada.
    - El Redentor del que se habla aquí en los versículos 20–21 es el Señor Jesucristo. *Redención* significa "liberar pagando un precio". El Nuevo Testamento registra el cumplimiento de los tipos y profecías de redención del Antiguo Testamento mediante el sacrificio de Cristo. El momento cuando el Redentor vendrá a Sion es fijado relativamente por Romanos 11:23–29 siguiendo la terminación de la iglesia gentil: esta época. Ese es también el orden del gran pasaje dispensacional en Hechos 15:14–17. En ambos, el regreso del Señor a Sion sigue el llamado a salir afuera de la Iglesia.
    - La redención del Antiguo Testamento puede encontrarse principalmente en los libros de Levítico, Éxodo y Rut. Aquí encontramos al tipo de redentor "pariente", lo cual es un hermoso tipo de Cristo.
    - La redención del pariente era de personas o de una herencia (ver Levítico 25:48; Gálatas 4:5). El redentor debía ser un pariente (ver Levítico 25:48–49; Rut 3:12–13; Gálatas 4). El redentor debía ser capaz de redimir (ver Rut 4:4–6; Juan 10:11, 18). La redención es afectada por que el pariente pague la justa demanda al completo (ver Levítico 25:27; 1 Pedro 1:18–19; Gálatas 3:13).
    - Encontramos en Romanos 11, comenzando con el versículo 23, que Israel es ciega en parte hasta que la plenitud de los gentiles sea manifestada. Entonces todo Israel será salvo. ¿Cómo? De Sion saldrá el Redentor, o el Libertador, su Pariente, y Él (Cristo) apartará la impiedad de Israel. Este es el pacto de Dios con ellos, cuando Él quitará sus pecados.

CAPÍTULO 60

El tema de este capítulo es el Sol de justicia que amanece sobre Israel. Israel refleja esta gloria y brilla sobre toda la tierra.

Tenemos que llegar a la manifestación plena de la gloria milenial. El profeta asciende a nuevas alturas de lenguaje extravagante. No debemos tomarlo como que quiere decir que el significado de las palabras sea meramente simbólico. El contenido literal del lenguaje no ha de ser aguado adoptando un bajo sistema de interpretación simbólico. El Señor Dios utiliza lenguaje extravagante mediante la pluma de Isaías porque solamente ese tipo de lenguaje puede describir el estado exaltado del milenio.

Hay una similitud asombrosa entre la descripción de la Jerusalén terrenal y la Jerusalén celestial. Esto no supone que ambas son una y la misma ciudad. La ciudad celestial desciende del cielo. Diríamos que se convierte en parte del sistema terrenal, o podríamos darle la vuelta y decir que la tierra se convierte en una parte del plano celestial. Los hombres actualmente lanzan satélites a los cielos disparando cohetes hacia arriba. Dios enviará un satélite hacia abajo desde el cielo, y su nombre es Nueva Jerusalén.

1. VERSÍCULO 1
    - Obviamente, el Señor Jesucristo es la luz a la que se refiere el profeta. Él es la Luz del mundo, y Malaquías lo llama el Sol de justicia: *"Mas a vosotros los que teméis mi nombre, nacerá el Sol de justicia, y en sus alas traerá salvación; y saldréis, y saltaréis como becerros de la manada"* (Malaquías 4:2).
    - El tema introducido en el capítulo anterior continúa aquí. En Isaías 59:20, Él es identificado: *"y vendrá el Redentor a Sion"*.

2. VERSÍCULO 2
    - La llegada de la luz la necesita la noche de oscuridad espiritual que ha cubierto la tierra. A pesar de la predicación del evangelio durante dos mil años, hay un amplio círculo de oscuridad hoy más que nunca. La luz debe preceder a las bendiciones futuras. El Sol de justicia debe amanecer para traer la época milenial.

3. VERSÍCULO 3
    - La presencia del Redentor en Sion traerá a los gentiles desde lejos. Romanos 11:15 dice: *"Porque si su exclusión es la reconciliación del mundo, ¿qué será su admisión, sino vida de entre los muertos?"*.

4. VERSÍCULO 4
    - Rebeldes y dispersos, llegarán a la tierra de la promesa. Las mujeres que son más débiles que los hombres, a las que aquí se hace referencia como *"hijas"*, serán llevadas del mismo modo como se carga a los hijos con frecuencia en el oriente: sobre las caderas de sus mamás o de niños mayores.

5. VERSÍCULO 5
    - Los tremendos movimientos de toda la gente hacia Jerusalén, por tierra, mar y aire, serán una ocasión de asombro.

6. VERSÍCULO 6
    - Otra vez, hombres sabios no solo del Oriente llegarán con regalos de oro e incienso para el Redentor. Notemos la omisión de la mirra, que hablaba de su muerte en su primera venida. Esto se deja fuera en el versículo 6.

7. VERSÍCULO 7
    - Rebaños se llevan a Jerusalén para el sacrificio. Los sacrificios volverán a instituirse en el templo milenial. Puede que a algunos les resulte difícil aceptar esto, pero el Antiguo Testamento es definido en este punto, como puede demostrar leyendo Ezequiel 40–44. Evidentemente, los sacrificios señalarán a la muerte de Cristo, igual que el Antiguo Testamento señalaban hacia su muerte.

8. VERSÍCULO 8
    - Si hay alguna profecía en la Escritura que sugiera el avión, es esta. Aparentemente, la referencia directa es a barcos en el mar.

9. VERSÍCULO 9
    - Tarsis, tal como se usa aquí, es evidentemente una referencia a todas las naciones que salen al mar. Los barcos de los gentiles serán utilizados para llevar de regreso a Israel a la tierra de la promesa.

10. VERSÍCULO 10
    - Las naciones que una vez destruyeron Israel no ayudarán en su recuperación.

11. VERSÍCULO 11
    - En la Jerusalén terrenal prevalecerá la misma condición que prevalece en la ciudad celestial.

    > *Y las naciones que hubieren sido salvas andarán a la luz de ella; y los reyes de la tierra traerán su gloria y honor a ella. Sus puertas nunca serán cerradas de día, pues allí no habrá noche. Y llevarán la gloria y la honra de las naciones a ella.* (Apocalipsis 21:24–26)

12. VERSÍCULO 12
    - *"Se doble toda rodilla... y toda lengua confiese que Jesucristo es el Señor"* (Filipenses 2:10–11). En el milenio, los hombres se verán forzados a postrarse ante Jesús.

13. VERSÍCULO 13
    - Árboles de todo el mundo adornarán Jerusalén, lo cual está pasando incluso en el presente.

14. VERSÍCULO 14
    + Todo antisemitismo terminará. Quienes antes despreciaron a Israel se postrarán delante de Israel.
15. VERSÍCULO 15
    + Jerusalén se convertirá en el centro de la tierra literalmente.
16. VERSÍCULO 16
    + Las riquezas de Jerusalén, que las naciones arrebataron, serán recuperadas con intereses.
17. VERSÍCULO 17
    + Los metales preciosos volverán a ser comunes.
    + *"Tributo"* se refiere a "recaudadores de impuestos". Incluso los recaudadores de impuestos serán rectos en el milenio. Recordemos que los publicanos en tiempos de Cristo eran recaudadores de impuestos.
18. VERSÍCULO 18
    + Notemos los cambios radicales que tendrán lugar en el milenio.
19. VERSÍCULOS 19–20
    + Jesús, la luz del mundo, estará allí. Él es igualmente la luz de la Nueva Jerusalén. Apocalipsis 21:23 dice: *"La ciudad no tiene necesidad de sol ni de luna que brillen en ella; porque la gloria de Dios la ilumina, y el Cordero es su lumbrera"*.
20. VERSÍCULO 21
    + De nuevo, esta es una declaración clara con respecto al futuro de Israel. Ellos serán hechos justos; heredarán la tierra para siempre.
21. VERSÍCULO 22
    + La fuerza humana será aumentada sin recurrir a medicamentos o vitaminas. La vida será más larga.

CAPÍTULO 61

Aquí encontramos la primera y la segunda venida de Cristo, y un énfasis particular en los resultados de su segunda venida. Este capítulo es de peculiar interés a la vista del hecho de que el Señor Jesús comenzó su ministerio público en Nazaret citándolo. Este capítulo continúa las bendiciones plenas del milenio con Israel como el centro de todos los beneficios terrenales. Esta última sección nos proyecta a los beneficios totales del periodo de los mil años.

1. VERSÍCULO 1
    + Este es el pasaje que Jesús leyó en su ciudad natal de Nazaret en la sinagoga, lo cual inició su ministerio público:

    > *Vino a Nazaret, donde se había criado; y en el día de reposo entró en la sinagoga, conforme a su costumbre, y se levantó a leer. Y se le dio el libro del profeta Isaías; y habiendo abierto el libro, halló el lugar donde estaba escrito: El Espíritu del Señor está sobre mí, por cuanto me ha ungido para dar buenas nuevas a los pobres; me ha enviado a sanar a los quebrantados de corazón; a pregonar libertad a los cautivos, y vista a los ciegos; A poner en libertad a los oprimidos; A predicar el año agradable del Señor. Y enrollando el libro, lo dio al ministro, y se sentó; y los ojos de todos en la sinagoga estaban fijos en él. Y comenzó a decirles: Hoy se ha cumplido esta Escritura delante de vosotros.* (Lucas 4:16–21)

    + Tel modo en que Jesús manejaba las Escrituras es profundamente significativo.

2. VERSÍCULO 2
    + Observará que Jesús interrumpió la lectura en medio de este versículo con la frase *"el año agradable del Señor"*. Interrumpió en medio del versículo diciendo que todo lo anterior estaba relacionado con

su primera venida. Él afirmó definitivamente que la Escritura, hasta este punto, se cumplió en su primera venida.
- La siguiente afirmación, *"y el día de venganza del Dios nuestro"* está relacionada con su segunda venida (ver Isaías 34:8.) Este método de Cristo revela que los profetas (Isaías al menos) no distinguían entre la primera y la segunda venida de Cristo. Pedro confirma esto (ver 1 Pedro 1:10–11.)
- Esto nos da un sistema de interpretación bíblica. Los profetas vieron la primera y segunda venida de Cristo como dos picos montañosos en el horizonte. No vieron el ancho valle que había entre los dos picos montañosos, y es en este valle donde encontramos la Era de la Iglesia, cuya duración ya se ha extendido más de dos mil años.

3. VERSÍCULO 3
    - Más allá del *"día de la venganza"* están la paz y prosperidad del milenio. Isaías hace un juego de palabras con *"gloria"* y *"cenizas"*; es como decir que Él cambiará el juicio por gozo o un suspiro por un canto.
4. VERSÍCULO 4
    - La tierra de Israel aún ha de recibir un estiramiento facial que restaurará su belleza.
5. VERSÍCULO 5
    - Esta es una imagen de prosperidad (gentiles).
6. VERSÍCULO 6
    - La intención original de Dios era que toda la nación de Israel fueran sacerdotes. En Éxodo 19:6 leemos: *"Y vosotros me seréis un reino de sacerdotes, y gente santa. Estas son las palabras que dirás a los hijos de Israel"*. También nosotros somos sacerdotes como creyentes (ver 1 Pedro 2:9.)
7. VERSÍCULO 7
    - Aquí encontramos una expresión de plenitud de gozo.
8. VERSÍCULO 8
    - Sus vidas adornarán su ritual religioso.
9. VERSÍCULO 9
    - El antisemitismo terminará. El prosemitismo comenzará porque ellos son testigos genuinos para Dios.
10. VERSÍCULO 10
    - El Mesías sigue hablando aquí. Él es el Novio. Todos los que son suyos pueden unirse a este canto de alabanza.
11. VERSÍCULO 11
    - No solo habrá beneficios materiales y mejoras físicas, sino que las bendiciones verdaderas serán espirituales.

¿Cuánto recuerda?

1. ¿Cómo son descritos los malos y a qué se asemejan en el capítulo 57?
2. ¿Qué mensaje desagradable, pero necesario, debe dar Isaías en el capítulo 58?
3. ¿Por qué es inaceptable para Dios el ayuno de los israelitas en el capítulo 58?
4. Recuerde el pasaje del capítulo 61 que Jesús citó al inicio de su ministerio público en Nazaret.

Su tarea para la próxima semana:
1. Repase sus notas de esta lección.
2. Lea Isaías, capítulos 62, 63, 64, 65 y 66.
3. Subraye su Biblia.

Lección 19. Notas

Lección 20
CAPÍTULOS 62, 63, 64, 65 y 66

CAPÍTULO 62

En este capítulo encontramos más detalles sobre los gozos milenarios del restaurado Israel. El anhelo del Mesías de que Israel participe de los gozos venideros convierte a este capítulo en un retrato de puro deleite. Benditos los que tienen hambre y sed de justicia, y aquí vemos esa sed y hambre siendo saciadas.

1. VERSÍCULO 1
   - Este es el anhelo del Redentor del tan esperado día. El verdadero Jehová de los ejércitos hará esto. Toda la creación y todos los creyentes gimen en su actual estado mientras contemplan el futuro. ¿Está cansado del viaje terrenal y desea la comunión de la casa del Padre?
2. VERSÍCULO 2
   - Un nuevo corazón, una nueva situación, y una nueva justicia demandan un nuevo nombre. Vemos esto en el versículo 4.
3. VERSÍCULO 3
   - Israel también tendrá una nueva posición; será una corona de gloria en la casa del Señor.
4. VERSÍCULO 4
   - Israel ha sido *"Desamparada"*; esta es la imagen y el nombre de Israel desde la crucifixión de Cristo.
   - *"Desolada"* es un nombre además de una descripción. En el reino venidero, será llamada *"Hefzi-ba"* que significa "encantadora". *"Beula"* es el nombre dado a la tierra, que significa "casada".
   - El rey está presente para proteger.
5. VERSÍCULO 5
   - Él se deleita en Israel como el novio se deleita en su novia.
6. VERSÍCULO 6
   - Este anhelo es contagioso. El alma sedienta anhela beber.
7. VERSÍCULO 7
   - Solo el cumplimiento de estas promesas tan esperadas podría satisfacer el alma anhelante.
8. VERSÍCULO 8
   - El Señor ha hecho juramento de que todo se cumplirá.
9. VERSÍCULO 9
   - Viene el reino en el que todo se cumplirá. La satisfacción será la marca cuando llegue.
10. VERSÍCULO 10
    - Esa gloriosa expectación demanda una preparación.
11. VERSÍCULO 11
    - Hay algunos que declaran que las promesas para Israel, aunque sean ciertas, no deberían ser parte del mensaje del evangelio en la actualidad. Este anuncio es pertinente para la época actual, como indica este versículo. La salvación de Israel es parte del plan global de Dios de salvación. La segunda venida de Cristo significa la segunda venida de Cristo.

12. VERSÍCULO 12
    - La experiencia de la salvación de Dios logrará una transformación en la nación de Israel. El pueblo será llamado pueblo santo y la tierra será muy deseada. Hoy día sucede justamente lo contrario.

CAPÍTULO 63

El contenido de los primeros seis versículos de este capítulo contrasta con la última sección de este capítulo. El juicio precede al reino, y este es el orden divino. Los padres de la iglesia primitiva asociaron estos seis primeros versículos a la primera venida de Cristo. Tomaron el lagar como los sufrimientos de Cristo en la cruz. Tal interpretación es inconcebible, ya que la sangre sobre sus vestidos no es su sangre sino la de otros. También, el *"día de la venganza"* se ha identificado ya con la segunda venida de Cristo y no con su primera venida, como el Señor mismo dijo claramente en Isaías 61:2 (ver también Lucas 4:18–20). La mayoría de los comentaristas han seguido este desvío que ha producido confusión. El Señor Jesús vertió su propia sangre en su primera venida, pero ese no es el cuadro que se nos presenta aquí. Él fue pisoteado en su primera venida, pero aquí es Él quien pisotea.

1. VERSÍCULO 1
    - La forma aquí es una antifonía, o una respuesta de dos grupos el uno al otro.
    - Los que hacen la pregunta con respecto al que viene de Edom quedan abrumados por su majestad y belleza. No había majestad y belleza en la primera venida. Él viene de Edom en el Oriente y se nos dice en otros lugares que sus pies tocarán el Monte de los Olivos en el este. Edom y Bosra son lugares geográficos y se deben considerar como tales, pero esto no agota la mente del espíritu. Edom simboliza la carne y toda la raza adámica.
    - El Señor Jesús responde que Él está juzgando en justicia y que siempre es el Salvador.
2. VERSÍCULO 2
    - Los espectadores ven que hay sangre en sus hermosos vestidos como si él hubiera pisoteado el lagar.
3. VERSÍCULO 3
    - El rey toma la figura del lagar y afirma que solo Él lo ha pisoteado. Él es el juez de toda la tierra.
    - El lenguaje aquí inspira asombro y es una expresión de terror: *"los pisé con mi ira"*.
    - Él pasó por el lagar por los pecadores cuando estuvo aquí por primera vez, y ahora, los que rehúsan aceptar su salvación deben pasar por el lagar.
    - Notará que es *"su sangre"*, la de ellos, y no la sangre de Jesús. Así como las uvas se revientan, del mismo modo la sangre de ellos chorrea. Esto da miedo, pero el pecado da miedo.
    - Esto tiene una vinculación con Apocalipsis 14:15–20, donde tenemos la vendimia y el vino de la tierra está totalmente maduro y se ha echado en el gran lagar de la ira de Dios. Es la figura oriental al recoger sus uvas, arrojarlas en un gran lagar, y después, quitándose parte de sus vestidos, los jóvenes entran en el lagar con los pies descalzos y pisotean el fruto, quedando salpicados con la sangre roja de las uvas.
    - Siempre es tiempo de gozarse mucho. Esto era algo anual para los hebreos. El cuadro aquí es Dios poniendo en el lagar a todos los enemigos de Israel, todos los que han intentado destruir a su pueblo escogido, y después buscando a alguien que ayude con ese lagar. No había nadie, así que solo Él tuvo que estar en el lagar.
4. VERSÍCULO 4
    - Este es su juicio de la tierra cuando Él venga, y se define aquí como *"el día de la venganza"*.
5. VERSÍCULO 5
    - Solamente Él trajo salvación, y solamente Él establece el juicio.

6. VERSÍCULO 6
   + Este es el final del día del hombre.
7. VERSÍCULO 7
   + Todo el contenido e intención de este capítulo cambian abruptamente en este punto. Es como salir de la oscuridad a la luz del sol del mediodía. Es un paso de lo negro a lo blanco. Nuestro Dios es *"magnífico en santidad, terrible en maravillosas hazañas, hacedor de prodigios"* (Éxodo 15:11). Este es solo un aspecto de sus muchos atributos. Él es bueno y muestra bondad. Él también es un Dios de misericordia. Si estos atributos no fueran evidentes, todos seríamos consumidos.
8. VERSÍCULO 8
   + Su pueblo aquí es Israel. Es como si Él tuviera grandes esperanzas puestas en ellos, pero ellos le decepcionaran. Como Él era su Salvador, ellos no mentirían. ¿Acaso no espera Él que andemos agradándolo?
9. VERSÍCULO 9
   + Qué tiernas son estas palabras. Él entró en los sufrimientos de su pueblo.
10. VERSÍCULOS 10–11
    + Esto se refiere directamente a Israel, pero es un dibujo de toda la familia humana. Hay algunos comentaristas que no creen que la referencia aquí sea para el Espíritu Santo, la tercera persona de la Trinidad. El Antiguo Testamento no contiene una distinción muy clara, así que hay espacio para debatir. Creo, sin embargo, que sí se está refiriendo aquí al Espíritu Santo.
11. VERSÍCULOS 12–13
    + De nuevo, Dios mira atrás en la historia a su liberación de Egipto.
12. VERSÍCULO 14
    + Aquí, Él continúa esa historia.
13. VERSÍCULO 15
    + El profeta y el pueblo rogaron a Dios que viese su gran necesidad y su deseo.
14. VERSÍCULO 16
    + Dios era el Padre de la nación, Israel, pero no está la idea en el Antiguo Testamento de que fuera el Padre del israelita individualmente. Era un término colectivo y no personal en el Antiguo Testamento, mientras que es personal en el Nuevo Testamento y no colectivo. Abraham era el padre de la nación y no de cada israelita individualmente.
15. VERSÍCULO 17
    + Esta es una oración de súplica por parte de Isaías y el pueblo.
16. VERSÍCULO 18
    + Los enemigos han pisoteado el santuario de Dios, pero ellos, a cambio, serán pisoteados. En el tiempo de Isaías, esto aún no había tenido cumplimiento.
17. VERSÍCULO 19
    + Ellos se rinden por completo a Dios. Esta debería ser la actitud del cristiano hoy, una entrega completa a Dios Padre a través de su Hijo.

CAPÍTULO 64

Este capítulo es una oración del remanente del pueblo de Dios que continúa del último capítulo. Este capítulo sigue la plegaria de los corazones hambrientos por la presencia de Dios en sus vidas. Ningún hijo de Dios hoy puede ser inmune a tales peticiones ardientes. El cristiano puede clamar, con el mismo deseo apasionado: *"Sí, ven, Señor Jesús"* (Apocalipsis 22:20).

1. VERSÍCULO 1
    - El profeta es un representante del remanente de Israel en un día futuro. Está rogando con el corazón, desbordante de emoción porque Dios rompa la cortina de acero del espacio y descienda. Quiere, por encima de todo, que Dios aparezca en escena.
2. VERSÍCULO 2
    - Así como el fuego hace hervir el agua, así la presencia de Dios hace que las naciones tiemblen.
3. VERSÍCULO 3
    - Las montañas mismas se derriten en su presencia. Los enemigos entonces clamarán para que las montañas les escondan.
4. VERSÍCULO 4
    - Pablo expresa esta misma idea en 1 Corintios 2:9: *"Antes bien, como está escrito: Cosas que ojo no vio, ni oído oyó, ni han subido en corazón de hombre, son las que Dios ha preparado para los que le aman"*.
5. VERSÍCULO 5
    - Aquí comienza el reconocimiento de los pecados, y al mismo tiempo, una confianza en la redención del Salvador.
6. VERSÍCULO 6
    - Este versículo es familiar por el uso extensivo del mismo al establecer el hecho de que el hombre no tiene justicia. Esto no solo es cierto con respecto a Israel, sino también con respecto a toda la familia.
7. VERSÍCULO 7
    - Debido a sus pecados y transgresiones, Israel pensó que Dios había vuelto su rostro de ellos.
8. VERSÍCULO 8
    - Este es el reconocimiento de Dios como Creador, y tenemos algo similar a eso expresado en Hechos 17:28–29:

        Porque en él vivimos, y nos movemos, y somos; como algunos de vuestros propios poetas también han dicho: Porque linaje suyo somos. Siendo, pues, linaje de Dios, no debemos pensar que la Divinidad sea semejante a oro, o plata, o piedra, escultura de arte y de imaginación de hombres.

9. VERSÍCULO 9
    - El profeta suplica misericordia, la cual Dios no es reticente a conceder.
10. VERSÍCULO 10
    - Esto no era cierto en el tiempo de Isaías, pero pasó poco después con la llegada de Babilonia contra Jerusalén (ver 2 Reyes 25:9–10).
11. VERSÍCULO 11
    - El templo fue destruido cuando Jerusalén fue destruida.
12. VERSÍCULO 12
    - El profeta concluye con una pregunta. ¿Se negará Dios a actuar? El resto de la profecía de Isaías es la respuesta de Dios.
13. EXPLORANDO EL MILENIO
    - Hay muchas ideas con respecto al milenio, tales como: no habrá ninguna enfermedad durante el milenio y la muerte ya no existirá. Examinemos eso por un momento. En Zacarías 14:18, se menciona una plaga enviada por el Señor. Sin duda, incluso en esa era milenaria maravillosa habrá la posibilidad de que haya enfermedad, pero solo para los que desobedezcan a conciencia la Palabra del Señor.

- La muerte ya no será prevalente, pero se impondrá judicialmente. Notemos cuidadosamente en Isaías 65:18–20 que en el día venidero del poder de Jehová, los que entran en la bendición milenaria sobre la tierra recibirán, bajo circunstancias ordinarias, el regalo de una larga vida, como la que disfrutaron los patriarcas antes del diluvio. De hecho, parecerá como si fueran a vivir todo el periodo, a menos que haya algún pecado voluntario con el que se tratará de inmediato en un juicio. Bajo tales circunstancias, leemos que un pecador que se muera con cien años será maldito y su muerte será como la muerte de un niño.
- Esto nos muestra que la era del reino no será como el estado eterno conocido como el reino de Dios, en el que el pecado no puede levantar nunca más la cabeza y la muerte será algo totalmente desconocido. Aún será posible que el hombre peque contra la luz divina, aunque no habrá adversario que lo tiente, pero tal conducta no se consentirá cuando la justicia reine. Por lo tanto, no habrá tratos judiciales inmediatos.
- Será un periodo de mil años sin guerra (ver Miqueas 4:3; Isaías 2:4).
- La pobreza será abolida, como veremos en Isaías 65:21–23.
- Las condiciones cambiadas de la creación más baja se producirán, como vimos en Isaías 65:25 e Isaías 11:6–9.
- Así, al margen de lo que hayamos pensado en tiempos pasados sobre el milenio, será un tiempo de justicia y un tiempo en el que Satanás está atado, pero aún existe la vieja naturaleza adámica con la que tratar. Existirá, y cuando muestre su fea cabeza, el Señor tratará con ello de inmediato. De lo contrario, los que sirven y se deleitan en estar con el Señor vivirán durante ese periodo.

CAPÍTULO 65

En el último capítulo vimos la ferviente oración del profeta y el pueblo suplicándole al Rey que rompiera todas las barreras y que volviera a la tierra. Este capítulo y el siguiente, el capítulo final, contendrán su respuesta. Dios les recrimina sus pecados e infidelidad. Sin embargo, ha preservado un remanente a través del cual Él cumplirá todas sus promesas y profecías. De nuevo, da una visión del reino y un prospecto de la posición eterna de Israel en los *"nuevos cielos y nueva tierra"* (versículo 17).

1. VERSÍCULO 1
   - Estos son los gentiles a quienes el evangelio ha llegado ahora. Pablo dice que Isaías era valiente, sin duda, como fiel israelita para hacer tal predicción. *"E Isaías dice resueltamente: Fui hallado de los que no me buscaban; Me manifesté a los que no preguntaban por mí"* (Romanos 10:20).
2. VERSÍCULO 2
   - Este es el judío a quien Dios dio primero el evangelio. Pablo continúa citando de Isaías en Romanos 10:21: *"Pero acerca de Israel dice: Todo el día extendí mis manos a un pueblo rebelde y contradictor"*.
3. VERSÍCULO 3
   - Esta es la razón por la que las bendiciones fueron retiradas de Israel.
4. VERSÍCULOS 4–5
   - Esta es una lista parcial de las razones del rechazo de Israel.
5. VERSÍCULOS 6–7
   - Ellos, Israel, andaban con orgullo, ya que practicaban todo lo externo de una religión dada por Dios. Sus corazones estaban lejos de Dios. Practicaban la iniquidad tan fácilmente como practicaban los rituales de la religión.
6. VERSÍCULO 8
   - A pesar de sus pecados, Dios no los exterminaría por completo.

7. VERSÍCULO 9
    - Una simiente de Jacob podría referirse a Cristo, pero más concretamente se refiere al remanente de Israel en este versículo.
8. VERSÍCULO 10
    - Por causa del remanente, Dios cumplirá sus promesas.
9. VERSÍCULOS 11–12
    - Para el resto de la nación que se apresuraba sin prestar atención a la Palabra de Dios, no queda otra cosa que el castigo.
10. VERSÍCULO 13
    - El remanente sobrevivirá. Dios no puede exterminarse a sí mismo en el pecado.
11. VERSÍCULO 14
    - Hay una distinción entre la nación y el remanente, y aquí, al remanente se le llama *"mis siervos"* y a la nación de Israel se le llama *"vosotros clamaréis"*.
12. VERSÍCULOS 15–16
    - El remanente sobrevivirá. La nación como en general perecerá. Todos los pecadores que rehúsen la gracia de Dios serán castigados al margen de cuál sea su nación, raza o condición.
13. VERSÍCULO 17
    - Aquí tenemos la creación de los nuevos cielos y la nueva tierra. Parecen preceder, cronológicamente, al establecimiento del reino aquí. Está igual de claro en Apocalipsis 21:2 que los nuevos cielos y la nueva tierra siguen al milenio. Se producirá una transformación radical de la tierra durante el reino, que se equipara a una nueva tierra. Esos cambios tan radicales sucederán en la tierra con el rapto de la Iglesia. Yo he tomado la posición de que los nuevos cielos y la nueva tierra comenzarán a existir después del milenio. Creo que este versículo se refiere justo a eso. Dios dice aquí en Isaías: *"Porque he aquí que yo crearé nuevos cielos y nueva tierra"*. Lo que sucede durante el milenio es meramente una sombra de lo que está por venir.
14. VERSÍCULO 18
    - Aquí, Isaías definitivamente regresa a la bendición milenial y Jerusalén será un pueblo alegre y un pueblo lleno de gozo.
15. VERSÍCULO 19
    - Este es un gran cambio para Jerusalén. No habrá más llanto y solo habrá gozo en el pueblo.
16. VERSÍCULO 20
    - La longevidad de la vida que hubo antes de los patriarcas será uno de los elementos del reino. Notemos: *"porque el niño morirá de cien años"*.
17. VERSÍCULO 21
    - La prosperidad es otro elemento del reino.
18. VERSÍCULO 22
    - La permanencia y la estabilidad serán también una marca del milenio.
19. VERSÍCULO 23
    - No existirán ni los esfuerzos sin fruto ni la frustración. Todos los esfuerzos serán bendecidos.
20. VERSÍCULO 24
    - La oración en ese día recibirá un nuevo poder y velocidad a la hora de recibir una respuesta.

21. VERSÍCULO 25
    - El colmillo afilado y la garra sangrienta ya no reinarán en el mundo animal. La ley de la jungla cambiará para adaptarse al gobierno del Rey. No habrá nada que dañe, hiera o cause miedo en todo el mundo. Este es el tan anhelado reino de Cristo.

CAPÍTULO 66

Esto nos lleva al último capítulo de Isaías. Un último destello de la profecía pasa ante nuestros ojos. Está también el destello del fuego del juicio que aún arde. Eso solo nos advierte de que el reino aún no ha llegado, y antes de ese día, *"los muertos de Jehová serán multiplicados"* (versículo 16). Isaías no concluye como un cuento de hadas en el que todos vivieron felices. No hay dulzura aquí. Está la cruda realidad del juicio del pecado que debe preceder inevitablemente al establecimiento del reino. El reino viene, porque este es el persistente propósito de Dios, y nadie puede detenerlo. Todos los hijos de Dios pueden *"alegraos con Jerusalén"* (versículo 10).

1. VERSÍCULO 1
    - El reino son mil años, pero es también eterno. El carácter eterno del reino está ante nosotros en esta escena final. Habrá un templo milenial, pero ¿será necesario para la eternidad? Claro, la Iglesia del Señor Jesús en la Nueva Jerusalén no tendrá un templo, porque leemos:

      Al que venciere, le daré que se siente conmigo en mi trono, así como yo he vencido, y me he sentado con mi Padre en su trono. El que tiene oído, oiga lo que el Espíritu dice a las iglesias.
      (Apocalipsis 3:21–22)

    - Nunca ha sido el concepto del pueblo de Dios que Él pudiera habitar en un templo: *"Pero ¿es verdad que Dios morará sobre la tierra? He aquí que los cielos, los cielos de los cielos, no te pueden contener; ¿cuánto menos esta casa que yo he edificado?"* (1 Reyes 8:27).

2. VERSÍCULO 2
    - Dios ha creado este vasto universo y Él está por encima y más allá de él. Sin embargo, Él morará con el humilde y contrito de corazón que sabe que es pobre. ¡Qué diferencia!

3. VERSÍCULO 3
    - El sistema de sacrificios será abandonado después del milenio. Ofrecer un toro sin comprensión espiritual era lo mismo que asesinar. Todo en la eternidad debe señalar a Cristo, o eso que antes se ordenó se convertirá en pecado.

4. VERSÍCULO 4
    - Para los que rehúsan responder al llamado de Dios, habrá engaño y temor.

5. VERSÍCULO 5
    - Dios hará una distinción entre lo verdadero y lo falso. Los fariseos que eran meticulosos en su práctica religiosa serán echados. El publicano que se alejó y se arrepintió será recibido.

6. VERSÍCULO 6
    - Dios finalmente tratará con los enemigos de Israel (ver Apocalipsis 16:17).

7. VERSÍCULO 7
    - Antes de la gran tribulación, Cristo nació de esta nación llamada Israel.

8. VERSÍCULO 8
    - Nacerán como nación en un día, en el tiempo de la gran tribulación.

9. VERSÍCULO 9
    - Dios se ocupará de que todo esto se cumpla. Los 144.000 que son sellados al comienzo de la gran tribulación sobreviven intactos a lo largo de todo el periodo de sufrimiento.
10. VERSÍCULOS 10–11
    - Cada cristiano que ha orado por la paz de Jerusalén se gozará cuando el reino sea introducido con Jerusalén como el centro. Recuerde: estamos en el milenio en este capítulo.
11. VERSÍCULO 12
    - Ahora la paz llegará a esta ciudad, el nombre que significa "paz". Los gentiles ya no destruirán Jerusalén, sino que andarán a la luz de la ciudad.
12. VERSÍCULO 13
    - Qué tierno es Dios con su pueblo, Jerusalén.
13. VERSÍCULO 14
    - El gozo aguarda a los que entran en los sentimientos de Dios por esta ciudad.
14. VERSÍCULO 15
    - Sin embargo, el Señor viene en juicio sobre sus enemigos.
15. VERSÍCULO 16
    - Los fuegos del juicio no se pueden apagar hasta que hayan ardido por completo.
16. VERSÍCULO 17
    - Dios juzgará al malvado.
17. VERSÍCULO 18
    - Todas las naciones deben comparecer ante Él:

    Cuando el Hijo del Hombre venga en su gloria, y todos los santos ángeles con él, entonces se sentará en su trono de gloria, y serán reunidas delante de él todas las naciones; y apartará los unos de los otros, como aparta el pastor las ovejas de los cabritos. (Mateo 25:31–32)

18. VERSÍCULO 19
    - Muchos gentiles serán salvos en el reino.
19. VERSÍCULO 20
    - Las naciones adorarán en Jerusalén. Zacarías deja esto muy claro. Así como la reina de Saba acudió en tiempos de Salomón, así los reyes de la tierra acudirán a Jerusalén.
20. VERSÍCULO 21
    - De nuevo, el profeta dice que Israel será una nación de sacerdotes.
21. VERSÍCULO 22
    - Los propósitos y las promesas de Dios para Israel son tan eternas como los nuevos cielos y la nueva tierra.
22. VERSÍCULO 23
    - Los redimidos de todas las eras adorarán a Dios por la eternidad. De eso se trata la eternidad.
23. VERSÍCULO 24
    - El infierno es eterno. El libro de Isaías concluye con una advertencia para la raza humana. *"El que tiene oído, oiga"* (Apocalipsis 2:17, ver también 2:17; 3:6, 13).

Ahora que hemos estudiado este gran libro, es mi oración que sea una bendición para todos los que lean las notas y todos los que abran la Palabra de Dios y la estudien junto a las notas. Ahora, que el Señor le dé ánimo y sabiduría para enseñar estas lecciones también a otros.

Al que está sentado en el trono, y al Cordero, sea la alabanza, la honra, la gloria y el poder, por los siglos de los siglos. (Apocalipsis 5:13)

¿Cuánto recuerda?

1. Describa la transformación que se producirá en la nación de Israel tras la experiencia de la salvación de Dios (capítulo 62).
2. Recuerde la imagen y simbolismo del lagar del capítulo 63 en términos de la primera y segunda venida de Jesús.
3. Compare y contraste el milenio y el reino eterno con la información de las notas del capítulo 64.
4. ¿Qué elementos conocidos marcan el reino? ¿Y el milenio? (Capítulo 65)
5. Resuma el capítulo final de Isaías. ¿Cómo será el juicio?

Lección 20. Notas

ACERCA DEL AUTOR

El Dr. Alan B. Stringfellow (1922–1993), maestro bíblico y ministro del evangelio durante más de cuatro décadas, se especializó en la educación cristiana. Preocupado siempre por la batalla de muchos cristianos por entender la Biblia, se dispuso a escribir un curso que aportara a los creyentes más conocimiento y mayor aprecio de la Palabra de Dios. Escribió A través de la Biblia en un año, Grandes verdades de la Biblia, Grandes personajes de la Biblia, y Lecciones sobre el libro de Apocalipsis para laicos, para que fuera enseñado por laicos. El Dr. Stringfellow se preparó en Southwestern Baptist Theological Seminary en Fort Worth, Texas, y después trabajó en Travis Avenue Baptist Church in Fort Worth; First Baptist Church of West Palm Beach, Florida; First Baptist Church of Fresno, California; y First Baptist Church of Van Nuys, California.

www.ingramcontent.com/pod-product-compliance
Lightning Source LLC
Chambersburg PA
CBHW081916170426
43200CB00014B/2740